U05B3260

智慧校园技术

林俊发　著

吉林科学技术出版社

图书在版编目（CIP）数据

智慧校园技术 / 林俊发著 . -- 长春 ：吉林科学技
术出版社，2023.7
ISBN 978-7-5744-0823-4

Ⅰ . ①智… Ⅱ . ①林… Ⅲ . ①智能技术－应用－学校
管理－研究 Ⅳ . ① G47-39

中国国家版本馆 CIP 数据核字（2023）第 177109 号

智慧校园技术

著	林俊发	
出版人	宛 霞	
责任编辑	周振新	
封面设计	树人教育	
制 版	树人教育	
幅面尺寸	185mm×260mm	
开 本	16	
字 数	280 千字	
印 张	12.75	
印 数	1–1500 册	
版 次	2023年7月第1版	
印 次	2024年2月第1次印刷	

出 版　吉林科学技术出版社
发 行　吉林科学技术出版社
地 址　长春市福祉大路5788号
邮 编　130118
发行部电话/传真　0431-81629529 81629530 81629531
　　　　　　　　　81629532 81629533 81629534
储运部电话　0431-86059116
编辑部电话　0431-81629518
印 刷　三河市嵩川印刷有限公司

书 号　ISBN 978-7-5744-0823-4
定 价　82.00元

版权所有　翻印必究　举报电话：0431-81629508

前　言

随着移动互联网的快速发展，云计算、物联网、大数据等新技术的迅速普及，教育信息化进程的不断推进，"智慧化"理念的不断深入，"互联网＋"智慧校园建设将成为未来高校信息化的主要发展方向。所谓"智慧校园"是指通过利用云计算、物联网等新技术，将学校的教学、科研、管理与校园资源和应用系统进行整合，从而实现智慧化服务和管理的校园模式。网络智慧校园采用了较为先进的技术，对教育的发展起到了极大的促进作用，其发展也是教育发展的一个重要方向。建设一个智慧型的校园满足了社会发展的需求，符合了新课改的标准。

本书主要讲述了基于网络智慧校园的技术架构及其实现的方式、意义以及问题，以此来供相关人士的交流参考。首先概述了智慧校园的基本概念、"互联网＋"校园技术概论，之后重点探讨了智慧校园理论模型、智慧校园系统规划、智慧校园系统的技术路线、教育资源平台，最后在智慧校园网络体系、智慧校园模式以及智慧校园技术应用等方面做出重要探讨。

本书在编写过程中，编者参阅和应用了相关教材、专著、期刊和网络文献等资料，在此我们对所有著作者表示最诚挚的谢意！由于编者水平有限，书中如有不足之处，敬请使用本书的师生与读者批评指正！

目　录

第一章　智慧校园概述

随着云计算、大数据、物联网、移动互联网等新兴技术的成熟和应用，高校信息化建设进入了"互联网+"时代。这给科技工作者带来了高校信息化建设应用创新的新形势和新挑战，需要科技工作者通过深度融合各类信息技术来加以有效地应对和解决。"互联网+校园"是指以校园学习科研生活为中心，以互联网为基础，深度应用多种信息技术，构建学习者学习环境的智慧校园。"互联网+校园"意味着互联网与高校的教学、科研、管理和服务的深度融合，这种融合为学习者的个性化学习开辟了新的空间，为校园信息化建设提供了新的技术解决方法和手段，加深了学习者对整个教育过程的体验，以及在此过程中个人的收获，是高校信息化建设的新阶段。

第一节　智慧校园的基本概念

智慧校园（smartcampus）指的是以"互联网+"、云计算、大数据和普适计算技术为基础的智慧化校园工作、学习、生活一体化环境，在这一环境中，各种应用服务系统作为智慧化载体，将校园环境中所涉及的教学、科研、管理和生活等各个方面进行了充分的融合。作为"互联网+"在校园环境下的具体应用，智慧校园工作近年来得到了快速的发展。

一、校园信息化

校园信息化是指在校园内广泛利用各种信息技术最终实现教育现代化的过程。这一过程要以信息的观点对校园进行信息分析，在此基础上将信息技术在教育中有效应用，信息技术的有效应用伴随着技术进步大大促进了传统教育观念和教学方式的变革。我国的校园信息化建设历经了电子校园、数字化校园和智慧校园三个阶段，每个阶段都有效地推动了教育改革与创新。教育信息化的发展不仅是解决知识的数字化、存储和传播问题，更多的是促进师生之间、学生之间跨越时间地域的沟通与协作。信息技术已广泛渗透到社会的各个方面，人们的生活方式和学习方式正在发生深刻变化，全民教育、优质教育、个性化学习和终身学习已成为信息时代教育发展的重要特征。为了促进教育信息化建设，教育部专门制定了相关政策，明确要求落实信息技术和教育实践深度融合的核心思想。教育信息化正面临政策性和历史性的双重发展机遇。目前，随时随地的师生互动、无处不在的个性化学习、智能化的教学管理和学习过程跟踪评价、一体化的教育资源与技术服务、家校互通的学习社区、师生共同成长的校园文化等"互联网＋校园"模式已展现了崭新的生命力和创造力，必将进一步有效推动新一轮智慧校园建设工作。

智慧校园兼有技术、教育和文化的多重属性，是以互联网为基础的，信息技术与教育高度融合、信息化应用与教育深度整合、网络与信息化终端广泛感知的信息化校园。其主要内涵和特征如图 1-1 所示，主要包括以下方面。

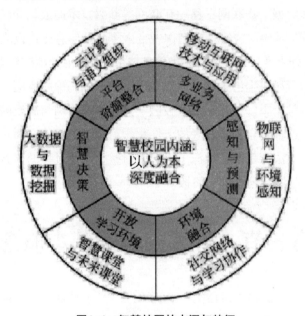

图1-1　智慧校园的内涵与特征

（1）融合的网络与技术环境。实现校园有线网、无线网、传感网、视频监控网等多种网络的融合和多种信息化应用系统的融合，形成一体化的网络环境和应用环境。

（2）环境全面感知。为广大师生提供一个全面的智能感知环境，可以随时随地感知、捕获和传递有关人、设备、资源的信息，实现对学习者学习偏好、认知特征、注意状态、学习风格等个体特征和学习时间、学习空间、学习伙伴、学习活动等学习情景的感知、捕获和传递。

（3）智能的管理决策与综合业务的处理的数据支撑。架构科学合理、低耗高效运转的学校智能化管理与决策支持系统，能够对学校的人、财、物、活动、事件和业务流程进行感知、识别、跟踪、判断、处理、评价与提示指引。对新到的信息进行趋势分析、展望和预测，做出快速反应、主动应对，更多地体现智能、聪慧的特点。

（4）师生个性化的信息服务。以有效解决师生在校园生活、学习、教学、科研中的诸多实际需求为目的，并成为现实中不可或缺的组成部分，能提供基于角色的个性化信息定制服务。

（5）开放共享与智慧学习的环境。灵活配置学校及社会教育教学资源及平台，拓展延伸资源环境，让学生冲破教科书的限制；支持拓展时间和空间环境，虚实融合，开放生态，让学习从课上拓展到课下，让有效学习在真实情境和虚拟情境中能得以发生。学生、教师、管理人员能够及时互动，分享教育经验与智慧，能对教学过程进行动态跟踪与评价。

二、智能空间

1. 智能空间的定义

智能空间（smartspace）就是"一种将计算、通信、感知和控制设备置入其中的工作生活空间，可以帮助其中的人们高效地工作或协作"。这里包含了两层含义：

（1）智能空间实际上是一种人机交互系统，它将计算资源分布和嵌入校园的教学、科研与办公环境中，方便师生获得计算机系统的服务；

（2）智能空间通过计算将用户的信息空间与设备的环境空间融合在一起，计算融合可以在不同尺度上得到体现，其在房间、建筑物这个尺度上的体现就是智能空间。

一般而言，智能空间具备的功能和为用户提供的服务包括如下内容：

①能识别和感知用户以及他们的动作和目的，理解和预测用户在完成任务过程中的需要；

②用户能方便地与各种信息源进行交互；

③用户携带的移动设备可以无缝地与智能空间的基础设施进行交互；

④提供丰富的信息显示；

⑤提供对发生在智能空间中的经历（experience）的记录，以便在以后检索回放；

⑥支持空间中多人的协同工作以及与远程用户的沉浸式协同工作。

2. 智能空间的特点

智能空间一般被认为是普适计算的物理集成和在空间上自发交互的表现，所以智能空间系统也延续了普适计算的一些特点，具体如下。

（1）由于情景感知模块被嵌入了应用场景中，所以计算设备不需要用户在特定的位置完成计算工作，这些情景感知模块之间通过相互协作为用户提供服务，使得智能空间的交互通道具有立体而连续的特点。

（2）智能空间有一个重要特性是游牧服务，该服务可实现信息空间和物理空间的融合，即用户带入空间的智能设备不仅可以和其他模块进行交互，还可以与周围设施中较强的设备进行交互。智能空间可以找到离用户最近的各种资源和服务，而环境中的其他设施也可通过用户携带的智能设备为用户提供个性化服务。

（3）不同的空间之间也可自发地进行交互。即当用户的需求在一个空间中得不到满足时，智能空间就可向邻近的空间发出请求来满足用户的需求。

智能空间是基于普适计算的一体化、集成化体系环境，校园智能空间的建立是智慧校园与传统电子校园以及数字化校园的明显区别。之所以这么说，是因为智能空间是一个隐藏性和透明性很高的计算环境，由于物联网设备以及移动智能设备的不断加入和离开该环境，智能空间又是一个对移动性要求很高的计算环境，这一特征也是智慧校园中感知与预测工作的重要体现。智能空间同时也综合了智慧校园内的环境融合和开放学习环境工作，提供智慧的校园社交网络与学习协作。

3. 智能空间的结构

智能空间的结构之一如图1-2所示，分为设备层、中间件层和应用层。

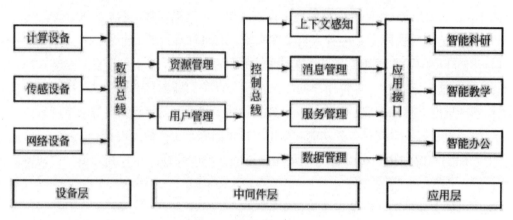

图1-2 智能空间的结构

设备层包括传感器设备、网络设备以及计算设备，这一层为用户提供了访问智慧校园中相关服务的条件和方式。其中，计算设备包括 PC 机、笔记本电脑、移动电话以及 PDA 等，传感器设备主要包括可以侦测物理环境参数的一些设备，网络设备的主要职责是确保网络连接和传输的畅通。

中间件层包括资源管理、用户管理、上下文感知、消息管理、服务管理和数据管理等模块。其中资源管理模块和用户管理模块是智能空间的核心模块，此层也执行着上下文情境信息感知的任务。上下文是指智能空间为需要上下文信息的应用提供一个访问空间中上下文信息的服务，通过处理获取的数据来推理得到应用希望获得的上下文信息。情境感知是指适应情景动态变化并响应用户情景信息，为智能空间提供个性化服务。为了增强智能空间的安全性，中间件层中的各个模块间的通信被限定于必须通过控制总线进行。在智能空间里存在很多的计算设备，并且设备与设备之间会有很多交互操作，依靠人工管理这些设备是不现实的。这就要求智能空间能够对这些计算设备进行自发管理，从而使用户能够便捷地使用空间中的各种设备和资源，这一工作主要由资源管理模块负责。智能空间具备很多功能并且能为用户提供多种服务。比如，在用户做出某个动作时，识别并感知用户的动作的目的，在用户完成任务的过程中理解并预测用户的需要，方便用户携带的各种设备无缝地与空间中的其他设备进行交互操作等。因此，用户管理模块承担了大量的用户交互功能和服务。

应用层中包括了一系列的应用模块。这些应用模块都是系统基于中间件层所构建出来的一系列服务。从某种程度上来讲，任何特定的智能空间都可通过调用和整合一系列的底层服务来实现一个此种类型的应用模块。对于智慧校园应用而言，包括智能科研、智能教学以及智能办公。

在智慧校园建设中，可以根据智能空间的结构对用户进行建模和跟踪，对用户的基本信息进行收集，并动态捕捉用户动态的上下文情境信息。也可以调整资源发现模型将资源组成两层结构，外层结构的结点及时检测资源的加入或离开，然后通知内层结点更新。

三、情景感知服务

1. 情景感知服务的定义

情景感知服务就是基于用户的情景及个人信息来为用户提供的一种个性化的服务。它能够根据用户当前所处的时间、地点、周围的环境以及用户的个人喜好，来为用户提供当前最需要的个性化服务。这里包含了三层含义：

（1）情景是任何描述实体情形的信息，实体可以是人、场所以及任何与用户或应用系统交互过程相关的对象，包括用户和应用系统自身；

（2）无论是用桌面计算机还是移动设备，在智能空间环境中使用情景的应用，都叫情景感知；

（3）个性化服务可以分为被动服务和主动服务两种，被动服务一般可以称为"拉"式服务，主动服务一般又称为"推"式服务。

2. 情景建模方法

对情景进行建模的目的是让系统"理解"用户当前所处的情景环境。情景建模可以描述用户所处的环境，在构建情景感知系统中起着非常重要的作用。主流的情景建模方法包括以下五种。

（1）键值对模型。键值对模型是最简单的情景建模方法，在早期的系统中经常用键值对对情景信息进行建模，随后键值对模型还经常被用于分布式服务框架中。其优点是简单易用且易于管理，缺点就是在描述复杂结构的情景信息时会显得异常烦琐，甚至不能同时实现有效的情景和获取算法。

（2）模式标识模型。模式标识模型大多是在标准的通用标记语言基础上建立起来的，如 CC/PP 和 UAProf 标准的扩展。其优点是可以方便且精确地描述情景信息的类型和结构，缺点是很难定义情景信息之间的关系。

（3）面向对象模型。面向对象模型以抽象为手段，达到封装、继承和多态的效果。

采用面向对象模型就是为了利用面向对象方法的优点。项目 TEA 中便是使用 cue 作为物理和逻辑传感器，降低了系统内部的耦合度。但该模型的缺点在于需要定义多种接口，相对其他模型来说较为烦琐。

（4）基于逻辑的模型。在基于逻辑的情景模型中，情景信息通常被表达成一系列的事实、公式和规则，而逻辑则被定义为从一个事实或表示衍生出来的新的事实或表示的条件。最早使用逻辑模型描述情景信息的是在 Stanford 大学团队的 Mc Carthy。通常基于逻辑的模型对推理的支持会更好一些。

（5）基于本体的模型。本体（ontology）的概念最早属于哲学范畴，指的是"一种形式化的，对于共享概念体系的明确而义详细的说明"。本体建模的核心是明确领域中的概念、属性、约束及关系。目前国际上应用最广泛的本体描述语言是 W3C 的 OWL（Web ontology language）语言，而比较常用的本体模型有 ASC（Aspect-Scale-Context information model）等。

第二节　"互联网+"校园技术概论

"互联网 +"（internet plus）校园是一种互联网化的智慧校园，它表明互联网与传统高校教学、科研、管理以及社会服务的深度融合。"互联网 +"校园具备数据化、连接化、共享化、要素化、广泛化等特点。这种意义上的智慧校园不是将互联网简单接入各校园内部组成校园网的传统数字化校园，而是以互联网化的校园为基础，能够与师生互动、反馈的新型智慧校园。它表现出新的技术形态、数据形态、组织形态与关系形态，从而实现对高校信息化建设的重塑。

一、"互联网 +"的概念

1. "互联网 +"的定义

根据教育部、国家语委发布的《中国语言生活状况报告（2016）》，"互联网 +"属于普通话的新词。它是互联网形态演进及其催生的经济社会发展新形态。"互联网 +"是互联网思维的进一步实践成果，推动经济形态不断地发生演变，从而带动社会经济实体的生命力，为改革、创新、发展提供广阔的网络平台。

"互联网 +"对应的英文为"internet plus"，plus 不是加法、加号的意思，而是"化"。"互联网 +"中文含义是"互联网化"。简单来说，"互联网 +"就是"互联网 + 各个传统行业"，但并不是两者简单的相加，而是利用信息通信技术以及互联网平台，让互联网与传统行业进行深度融合，创造新的发展生态。这里包含了以下三层含义。

（1）跨界融合。"互联网+"把信息技术跟行业内容结合起来，可以创造出一种新的模式、新的业态和新的领域。

（2）创新驱动。运用互联网思维、平台和信息技术开展自我变革、实现创新驱动，这正是互联网的特质和优势所在。

（3）重塑结构。当前，"互联网+"已深入经济社会发展和人们的生活、工作中，将会更深入广泛地重塑原有的社会结构、经济结构、地缘结构、文化结构。

2. "互联网+"校园的功能

"互联网+"时代，高校信息化建设发生了深刻的转变，国外已经出现了密涅瓦（Minerva）大学、University Now、2U等一些新兴的高等教育形态。以密涅瓦大学为例，该校实现了所谓"沉浸式的全球化体验"（global immension），也就是大学的校区分离，学生在大学四年的每个学期都会去到世界上不同的城市生活和学习；该校提供了现代化的课程（modern curriculum），包括理论分析、实证分析、综合系统分析、多元模式交流能力培养等，而将传统高校提供大学低年级课程改为学生自修，也就是大学的课程分离；该校还提供"终身的成就支持"（future success），学校通过与世界顶尖合作机构的关系，为学生提供类似公关公司、人力资源公司和风险投资公司的种种服务，也即终身就业服务；该校还试图实现"真正无地域限制、歧视的招生"（admission），对已经录取的2014年、2015年两届学生，密涅瓦大学提供了全额奖学金，包括学费和所有住宿和书本费用，真正做到完全免费，也就是教育与收费分离。这种借助互联网和新技术的力量，将提升学生的能力与潜力、改善学生的生活状态作为目标，试图使大学成为学生能力获得的起点，而不是以取得本科教育学历为目标。显然，密涅瓦大学的学业收获、时空形态和教育模式都发生了重大改变，其部分做法对我国高校信息建设工作有很好的借鉴意义。分析密涅瓦大学的案例，可以发现"互联网+"校园的融合与创新主要发生在以下方面。

（1）教与学的融合。可以使学生、教师、课程、课件、教室、实验室、教务、书刊等教学相关要素相互联系、相互沟通和相互操作，通过智能终端来实现各类资源库、智慧数字图书馆的共享使用，实现多渠道学习、课程自组织、知识推送、心得分享等功能。在"互联网+"校园人才培养环境中的"知识管理"和"在线教育"等平台建设将是主要的创新融合方向。在此平台中，校园中的师生将摆脱时间、空间以及个人知识孤岛现象的局限性，老师也能够根据历年的教学资料、同行的教学状态和学生学习的反馈信息等综合信息推送进行有针对性的备课。

（2）科研与学生实践融合。即通过开放实验室、计算机仿真实验室、共享实验平台等，实现教师、学生、实验器材、计算机辅助工具、实验室守则和实验大纲等要素相互联系、相互沟通和相互操作；通过无线传感网络、高性能计算平台和云存储设备，实现传输实验数据、分析历史数据、前推实验结果等功能。此外，"互联网+"校园能够在资料查找、课题申报以及项目结题等各环节发挥出巨大的作用。同时，基于智慧校园的科研项目管理和先进的研究支持工具也将使得老师和学生的科学研究过程变得更加协调，从而将有效提高科研项目的质量和效率。

（3）多业务网络融合。建立泛在的无线 Wi-Fi 和移动网络环境、物联网网络环境、核心宽带网络环境等基础设施之上，满足高接入、高并发、高带宽的移动教学、智慧课堂要求，最终构建成智慧校园网络体系。

（4）各级各类数据的融合。运用虚拟化技术、云桌面技术，构建云数据存储中心，实现数据中心的智能化管理，为师生提供教学、科研、生活等云服务，如虚拟桌面、云盘、云教学资源、云课堂等。

（5）校园生态环境融合。针对学生学习、教师教学科研及师生生活中的各类能源与资源、环境保护等情况建设的深度融合的信息化综合服务。这种融合能够将能耗监控、节能环保、水电系统和实时告警等建设为互联互通互操作的信息结点，系统可集成数据分析、智能监控、生态监控等深入智能化控制系统。

（6）校园办公系统融合。实现数据共享融合与应用协同，面向服务、面向师生打造基于流程管理的综合校园办公系统，为师生提供网上一站式服务。师生不再需要分别登录各应用系统，只需要在统一门户平台上进行操作即可。高校门户平台着重强化移动应用，不仅可以进行信息发布查询，还可以进行各类功能操作。

（7）校园决策支持系统融合。通过数据统计、指标展现、横向对比、趋势分析、数据挖掘等技术方法将教学、财务等数据转化为相应知识，向相关业务人员和学校各级领导提供主题数据分析以及决策支持。这可有效解决学校数据分析和利用的难题，为决策者、管理者提供最充分、详细和完整的决策依据，从而更科学、准确地为学校宏观发展做出决策。

"互联网+"并不是把互联网叠加到传统产业上，相反，是要将信息技术与各行业深度融合，将互联网思维、互联网技术融入传统行业的每一条脉络。对于高校而言，要避免只做简单的加法，而是需要对"互联网+"涌现的诸多新特征展开深入探究，使互联网与大学校园的方方面面进行深入融合。对于"互联网+"下的高校信息化建设而言，已经开始借助移动端即时通信应用（如微信服务号、微信公众号）等师生使用性较高的社会化媒体，快速、低成本地建设高质量的校园移动轻应用，打造新型的校园服务平台，实现教学、科研、管理、服务的移动化，使用者中心化。总之，走向"互联网+"校园，不仅是高校信息化智慧校园建设的升级，更是高等教育迎接互联网时代挑战，勇于做出变革的一种姿态。展望未来，未来的大学应是与互联网充分融合的，打破时间、空间界限的，真正实现学习无边界的。在高等教育改革和大学业态转型的道路上，"互联网+"校园将扮演越来越重要的角色。

二、物联网技术

物联网（internet of things，IoT）是促进"互联网+"发展的基础，物联网的技术思想就在于利用互联网将世界上各种事物（包括物理的和虚拟的）连接起来，构建一个人、机、物之间信息实时动态交互的物联网环境，使客观世界甚至主观世界的事物都以拟人化的方式"主动上网"提供服务，进而实现服务智慧化（smart service）。物联网并不是一个具体的网络或技术，其核心内容应该表述为利用"泛在网络技术"满足"泛在服务需求"。物联网驱动"互联网+"产业的革命性变化就是信息产业将从以"信息传输"为中心向以"信息服务"为中心进行战略转移。

物联网由感知层、网络层和应用层三个部分组成。感知层又称为传感层，其基本功能是感觉物或环境，主要利用M2M终端、摄像头、射频识别、条码、磁条、全球定位系统及各种传感器等技术进行感知、辨别和追踪，并收集各种静态和动态的信息。网络层又称为传输层，其基本功能是传输信息，主要利用互联网、广电网、电信网、局域网等各类有线或无线的网络传输信息，既传递感知层获取的信息，也传递所需的资料和给它的命令。应用层又称为计算层，其基本功能是处理数据，主要利用云计算、数据挖掘、专家系统等技术对传递来的信息根据不同的需求目标进行处理，形成智能化处理方案，并传送给各种终端（如PC机、智能终端、智能家电、机器人等）来达到智能化应用。

物联网技术从根本上来说就是现实物理世界和虚拟数字世界的双向融合。两个方向相伴而生相辅相成，两者的完整融合展现了物联网的本质含义，代表着物联网世界的价值。第一个方向是虚拟世界向现实世界的融入，物理世界中的实体通过读卡器、传感器、RFID等网络技术被信息世界识别、感知与控制。数字世界通过对物理世界的自动识别、控制、管理、调度、应急措施等技术，创造出一个智能化的生存环境——智能化物理世界。第二个方向是现实世界与虚拟世界的融入，即现实世界通过有线、无线通信，嵌入式技术等，随时产生数字信息，通过各种方式接入通信网络，进入虚拟世界，完成信息的产生、分析、加工、存储、共享等功能，使数字虚拟世界无处无时不在——数字世界实体化。

物联网与智慧校园相结合的技术融合，主要集中在无线智能感知技术、泛在接入技术、智能大数据处理技术等方向上，形成创新突破，着力开发新型传感器和智能感知终端、智能服务终端与系统、智能化异构融合接入节点、面向用户服务的软件定义关键技术、通用控制和智能业务管理平台等重大产品。物联网在智慧型校园中的具体应用包括以下方面。

（1）人员可视化管理。为学校的老师和学生配备的管理卡，实现了对学生的考勤、身份识别、门禁等多方面全天候不间断、无死角的安全保护和监管，时刻掌握学生情况。不仅如此，学校其他各单位还可掌握下属成员的日常情况、工作时间、电子签到等情况，多方面实现可视化、智慧化的监管，节省人力物力，优化配置学校有限资源。

（2）校内生活的监管。通过这种技术，可实现对校内人员的监管，还可对学校内其他日常生活进行监管，如学生的水、电、餐食，老师的教学资料、车位停放、优惠待遇等全方位的监控。时刻了解校内资源的使用情况。可用更优化、准确的方式结算每个人的消费，用科学的手段管理资源，及时了解校内变化。

（3）教学管理。引入物联网技术后，在原有系统的基础上，对原系统的改造，构建一套全新的全方位的教学管理系统。依托身份识别，构建全新的教学评价系统，选课系统，建立完善的教学质量监控，提高师生之间的互动，开发学生的兴趣点，全面培养学生。另一个方面是对图书馆的管理。依托物联网技术，最大限度实现图书馆无人化管理，学生通过入口处刷卡，寻找自己所需书籍，刷卡借阅刷卡还书，一切过程由系统自动办理，同时通过这种方式收集学生阅读信息，分析发现学生的兴趣点。还可借由这项技术实现实验室等多种用途教室的合理使用，优化资源配置，合理安排学生和老师的时间，提高教学质量和效率，实现对设备的统一监管。

（4）安全保护。在开放型的高校中，如何保证学生、老师的安全也是重要的问题。对于经常发生在学生之间的丢失等问题的解决，物联网技术也给予了大力支持。通过大门的身份识别和校内高清监控系统，全方位了解校内发生的一切，对各个角落和事件多发地的监控，可以及时发现问题，对可疑人员重点监护，确保校园安全。

在进行智慧校园的校园生活方面管理时，应注意将物联网技术进行合理应用提高管理效率。例如在进行学生的考勤管理时，常规考勤需要教师承担主要工作，往往会耗费教师额外的时间与精力。智慧校园技术的应用要求将射频识别技术应用到考勤管理当中，即每位学生可在上课前利用含有 RFID 的学生校园卡刷卡进入教室，教室内的接受设备则能够将学生的刷卡记录产生的信息转换为数据信息，随后将数据发送至远程服务器并存储到数据库内。如此教师或教务人员便可从对应网站进入数据库进行查询；在学期结束之后还能生成每位学生的出勤记录，便于评价与比较。

三、移动互联网

移动互联网将互联网和移动通信两者结合起来，使之融为一体。它把互联网的连接功能、无线移动功能以及智能移动终端的计算功能整合起来，为用户提供移动互联网业务的网络与服务体系。用户可以通过手持终端，利用移动无线 Modem 通过各种网络（Wi-Fi、4G 等）接入互联网，使移动用户方便快捷地享受移动互联网服务。

随着我国高校校园无线网络的全面覆盖和智能手机使用率的不断上升，越来越多的学生通过手机和平板电脑上网获取资讯、学习阅读、收发邮件、社交聊天，移动互联网已经成为"互联网＋"智慧校园的一个重要特征。对于智慧校园建设而言，移动互联网并不是传统的校园网的简单增容，或是直接在其终端的一个扩展。校园移动互联网的建设是结合智能手机本身的应用特点（屏幕小、便携、可定位、实时性、准确性等），再结合高校业务的需求，将两者融合，从而形成全新的平台和应用。

在"互联网+"校园建设的大背景下，移动互联网相关的创新创意正不断出现在高校信息化建设过程中，从高校的招生宣传到学生管理、从教学服务到生活保障，各种各样的移动端校园应用软件层出不穷。目前，移动校园信息服务中包括以下较成熟的技术。

（1）手机短信服务。利用短信中心，将校园内各种信息使用手机短信的形式进行收集或分发。此外，用户根据自身的需要也可以编辑手机短信自主查询。

（2）校园微信。对于学生，可用于发布关于学生课程、活动、成绩等各项内容，实现更新学校重大通知、展示学校特色、实现自助查询。对于家长，可查看公告、查询学生成绩与课程表、查费与缴费、一对一答家长问等。对于教师，可以办公应用、互动交流，可发布工作日程并可与同事共享，可查询工资发放情况与明细，更多功能可定制研发，如媒体发布、选课、互动教学等功能。

（3）移动图书馆。移动图书馆集成了数字图书馆的功能，读者可以使用智能移动终端设备随时随地使用图书馆提供的各项信息服务。

（4）移动办公。通过将校园办公自动化系统中的业务以触发的方式与移动智能终端进行绑定，实现双向互动，可以进行文件流转、信息发布、文档编辑等办公操作。

移动应用目前主流的开发模式有两种，分别是传统的原生开发和基于 HTML5 的 Web 应用开发。两者在功能开发、用户体验、设备方面有较大的差异。原生应用开发技术可访问手机所有功能（GPS、摄像头），速度更快、性能高、整体用户体验较好。但是，它的开发周期较长，成本较高，且原生应用没有跨平台兼容的能力，所以针对每个平台都要完全重新开发。基于 HTML5 的 Web 应用开发能轻松实现跨平台，开发效率高且成本低。但是，它调用本地文件系统能力较弱，运行受到网络环境的限制较多。WebAPP 基于 W3C 标准的 HTML 语言开发，能够轻松跨平台，开发者不需要考虑复杂的底层适配和跨平台开发语言的问题。同时，相较于传统的 Native APP，Web APP 在投入上也会大大降低。Web APP 无须安装，只需通过浏览器进行域名访问即可。移动应用的迭代周期较短，平均不到一个月。Web APP 免去了频繁更新的麻烦，无须用户下载，同传统网站一样可以实现动态升级。

四、云计算

云计算（cloud computing）是基于互联网的相关服务的增加、使用和交付模式，通常涉及通过互联网来提供动态易扩展且经常是虚拟化的资源。云是网络、互联网的一种比喻说法。过去在图中往往用云来表示电信网，后来也用来表示互联网和底层基础设施的抽象。狭义云计算指 IT 基础设施的交付和使用模式，指通过网络以按需、易扩展的方式获得所需资源；从广义上讲，云计算是互联网相关服务的增加、使用和交付模式，通过互联网来提供虚拟化且动态易扩展的资源，它意味着计算能力也可作为一种商品通过互联网进行流通。

云计算可以分为基础设施即服务（IaaS）、平台即服务（PaaS）、软件即服务（SaaS）等多个层次，其相关技术涉及虚拟化、集群管理、分布式计算、Web 服务和大数据处理等多个领域。

IaaS 就是指以服务的形式交付计算机基础设施。基础设施即服务提供了计算功能和基本存储作为网络上的标准服务。网络中包含了服务器、存储系统、交换机、路由器以及其他系统并可用于处理工作负载。IaaS 云可以以一种非常经济的方式提供资源，比如按需从头构建应用程序环境所需的服务器、连接、存储和相关的工具。

PaaS 是一个虚拟化的平台，包括一个或多个服务器（经过物理服务器集合虚拟化）、操作系统和特定应用程序（例如面向 Web 应用程序的 Apache 和 MySQL）。在某些情况下，可以提供一个包含所有必需的特定于用户的应用程序的 VM 映像。平台即服务包含一个软件层并将其作为服务提供，这个服务可用于构建更高级的服务。从服务的创建者或消费者的角度来看，PaaS 至少存在两种视角：创建 PaaS（这里指 VCL）的人可能会通过集成 OS、中间件、应用程序软件甚至一个开发环境来生成一个平台，这个平台稍后会以服务的形式提供给用户。高校中的 PaaS 用户会看到一个封装好的服务，这个服务通过一个界面呈现给他们。用户只能通过界面与这个平台进行交互，该平台执行必需的任务来进行管理和扩展，从而提供给定级别的服务。虚拟设备可以归类为 PaaS 实例。通过使用 VCL，学生不需要在其机器上安装任何特定的服务、解决方案堆栈或数据库。VCL 为他们提供了映像，他们只需要选择这些映像并在云中提供的机器上使用它们。

SaaS 是指以服务的形式通过 Internet 访问软件的能力。软件即服务以服务形式按需提供完整的应用程序。软件的一个实例在云中运行并为多个终端用户或客户组织提供服务。远程应用程序服务的一个最佳例子就是 Google Apps，它通过一个标准 Web 浏览器提供了多个企业应用程序。VCL 允许使用任何软件即服务解决方案、虚拟化解决方案和终端服务解决方案。VMWare、XEN、MSVirtual Server、Virtuoso 和 Citrix 都是典型的例子。VCL 还允许任何访问/服务交付选项，这些选项适合从 RDP 或 VNC 桌面访问到 X-Windows 再到 Web 服务或类似服务等各种内容。

云计算作为一种成熟的互联网商业模式，最早应用在教育领域中，它代表着两大方面：云技术和云服务。前者指的是云计算底层的实现技术，如虚拟化、分布式计算等技术；后者指的是一种软件能力交付模式，即所有的软件能力都是以 Web 服务的形式来提供的。将云计算的这两个方面引入智慧校园基础服务平台的建设中，为智慧校园智慧特征的实现提供支撑，使其智慧特征更易实现和更加突出。基于云计算的支撑服务平台可以为智慧校园提供从应用端到基础设施端的基础云服务，并带来如下提升。

（1）软硬件资源整合与共享。在目前的技术架构下，高校校区之间由于地理位置原因，很多硬件能力无法共享；由于数据标准、技术架构不同的应用系统之间的软件能力共享也存在不便。云计算将软硬件资源通过网络组织起来，形成一个虚拟的、巨大的资源池，达到资源的整合与共享。

（2）资源动态分配和资源服务自助化。根据校园应用系统的实际需求动态调用软硬件资源：当有新需求进入时，通过接口调用可用的资源，实现服务的快速提供；当系统不再使用某服务时，服务占用的资源会提供给其他应用或用户。在服务的调用过程中，应用或用户无须同服务提供商或管理者交互就能自助得到需要的服务。

（3）服务快速访问和服务可计量化。用户可使用不同的智能终端设备，根据自身需求随时随地通过网络实现对校园服务的快速访问；在用户使用服务的过程中，资源的占用以一种可计量的方式被监测和控制。

（4）低成本、高性能的数据服务。高校中有非常多的大数据业务场景，例如实验课程和科研工作对计算资源的要求越来越高，实验室配备的数据中心已无法满足科研需求。通过云计算中的分布式处理技术，将大量中低端服务器，甚至是已经闲置的服务器资源组合起来形成计算机集群，利用集群的威力向外提供服务，在获得高性能的同时也降低了成本。

（5）智能、透明的决策服务。以贫困生助学贷款为例，按照以往的流程，助学贷款只需要提交一次来自外部的纸质证明便可获得，其透明度、真实性都不高，而利用云计算技术，可以将学生的一卡通消费总额和消费次数之比作为消费因子，按照季度、学期、年度多个维度进行离线计算，根据学校政策制定出贫困线，以此来辅助贫困生助学贷款的评定。利用云计算的数据挖掘和数据计算技术，使校园决策更加透明和智能。

云计算在高校信息化建设中的作用并非仅限于基础设施的建设，高校在平台云（如高性能计算平台）和应用云（如资源共享平台）等方面也有着相应的需求和建设。在私有的基础设施云的建设基础上，通过各种云计算技术，统一规划，统一部署，统一管理，建设面向各种群体、各种领域和各种用途的混合云，是目前高校信息化建设中云计算的主要发展方向和目标。随着云计算技术的发展，出现了很多成熟的云解决方案。例如：VM-ware、Microsoft、Citrix 或者其他厂商提供的集成云解决方案，特别是免费开源的 Openstack 或者 Eucalyptus，可以方便廉价地进行云计算的部署和管理。在智慧校园中，云计算的建设更多集中在高性能计算平台的建设，即将硬件系统，包括服务器、存储系统以及网络系统，通过高性能计算管理系统（如 Rocks、Lustre 以及曙光），构建为高性能计算平台，提供给各需要的学科、科研项目等进行科学运算，需要在平台上进行计算的用户只需将其相应的运算软件安装到平台上运行，并分配其相应的系统资源，即可获得平台的服务，实现所需的科学计算。

云计算的本质是改变 IT 模式，能够让全局的 IT 资源更灵活、更高效、更经济地进行统一调配。其中，大集中是前提，虚拟化是方法，而云计算则是未来数据中心的目标。目前，部分信息化建设开展较早的高校已经完成了数据大集中，正处于虚拟化的阶段，通过服务器虚拟化和网络虚拟化等技术手段，整合了资源，提供了多样化的教学方式，真正使信息化建设给学校的教学和科研带来了帮助。随着越来越多的高校数据中心进入虚拟化阶段，云计算也离我们越来越近，构建云计算中心成为占领云计算制高点的重要环节。

五、大数据

大数据（bigdata）指无法在可承受的时间范围内用常规软件工具进行捕捉、管理和处理的数据集合，是需要新处理模式才能具有更强的决策力、洞察发现力和流程优化能力来适应海量、高增长率和多样化的信息资产。

随着云计算机时代的到来，数据出现了爆炸式的增长，大数据受到了越来越多的关注。大数据通常指生成的大量半结构化和非结构化的数据。在智慧校园中，随着云教育平台的建设和应用，校园的各种数据快速增长，通过从沉淀的海量数据中深入挖掘和建模分析，为学校的政策制定和决策提供科学依据，更好地服务智慧管理决策。

大数据可以从数据实体、数据技术、数据思维三个方面来阐释其内涵。它是一种海量多样的数据信息，是挖掘信息价值的新工具，还是合理运用新工具的新思维。从数据实体方面来讲，大数据是蕴含巨大价值的海量、高增长率、多样化和复杂关联的信息数据集，此种意义上也可称之为"海量数据"；从数据技术方面来说，大数据是包含新的数据挖掘技术、数据处理技术、数据储存技术、数据分析技术、数据可视化技术以及大数据平台技术等成系列的技术体系；从数据思维方面而言，大数据具有更广泛的意义，不仅是更多的全体数据代替随机抽样、更多的混杂性代替精确性以及更多的寻求相关关系代替寻求因果关系的一种思维，还蕴含着一种价值观和方法论，一种在人的价值理性的指引下合理运用工具理性的价值观，一种试图运用数据认识世界、量化世界、理解世界和预测未来的方法论。但归根结底，大数据是一种认识世界、解决问题的技术，其数据实体是产生和使用此技术的基础和前提，其具体数据技术是完成其目的的实现路径，其数据思维是技术内涵的价值负载，它规定了技术的目的和手段。

第二章 智慧校园理论模型

第一节 智慧教育的特征

对智慧教育的特征进行分析，将进一步深化对智慧教育的认识，对智慧校园的理论模型构建、系统开发、实践应用具有重要意义。下面就从教育信息化的重要构件——技术、资源、教学三个维度分析智慧教育的特征。

一、智慧教育的技术特征

智慧教育在技术层面是通过新一代信息技术，如物联网、云计算、移动互联网等技术，对教育信息进行感知、识别、捕获、汇聚、分析，进而辅助智能化的教育管理与决策。智慧教育环境的技术特征在宏观层面主要表现为采用面向服务的 SOA 软件架构体系，实现了各类应用系统的无缝整合，各类资源、数据、信息及业务流程的有效整合，大大提高了系统的适应性、扩充性、可维护性和易用性；在微观层面主要表现为对学习环境的物理因素进行感知和智能调节，对校园环境进行智能化管理，对教与学的过程进行跟踪与记录，对家校互通提供立体化的网络支持。智慧学习环境中部署了传感网，利用各类传感器能捕获并识别各类学习环境中当前的温度、湿度、照度等物理信息，并根据预设，将其调整为最适宜的状态，为师生提供最佳的学习环境；通过传感网技术还可实现对重要设备的位置信息、工作状态进行捕获与跟踪，实现智能安防，同时通过物联网还可实现师生的自动考勤、校园门禁系统、车位的自动管理等，将大幅度提高学校管理效率；通过部署在教室和其他学习环境中的自动录播系统，可在不打断正常教学秩序的情况下，将师生的教学实况自动录制，并实时存储于一体化的资源平台，学生可借此进行巩固复习，老师可借此进行教学反思和教学观摩；智慧环境实现了传感网、有线网、无线网的无缝融合，形成了一体化的网络环境和应用环境，为构建家校互通的绿色学习社区提供了有效的技术支持。

二、智慧教育的资源特征

云计算的在教育领域的应用推动了教育资源建设、存储、共享与应用模式的变革。智慧教育视域下的资源建设体现出全新特征。从资源平台的建设理念与技术模式来看，第一，资源平台的建设理念正在从产品层次上升至服务层次，资源平台建设的中心任务正在从技术平台的搭建转向服务体系的构建；第二，平台功能正在从单纯的资源存储与管理转变为融知识获取、存储、共享、应用与创新于一体的知识管理平台；第三，在运作机制上，Web2.0时代的以用户为中心的理念正在逐步体现，各种有效的社会化驱动和信息聚合机制正在逐步引入，资源平台的建设和应用绩效逐步提升；第四，在技术模式上，正在从传统的数字化向智能化方向转变。从资源的表现形式来看，智慧教育作为崭新的教育形态，对学习资源提出了新的需求。随着学习技术和学习方式的变革，当前的数字化学习资源已从传统的静态、封闭文体、图像等素材资源转向动态、开放、共享的移动学习资源、微课资源、幕课（MOOCS大规模开放在线课程）、基于社会化网站（SNN）与知识类网站的学习资源建设及电子教材的设计与开发等。

三、智慧教育的教学特征

信息技术的广泛应用将改变学生认知事物的过程，将改变某些教学原则，将改变教学内容和教材形式，将改变教师、学生、教材三者之间的关系。新一代信息技术的应用为开展多种教与学的方式提供了可能，智慧教育视域下的教与学也体现出了崭新的特征。笔者认为，智慧的教学应该是与学习者自身的能力与水平相适应的教学，以培养学习者高阶思维能力、促进学习者生成以智慧为目的的教学。智慧教学的核心是以新一代信息技术为手段，捕获、记录、分析学习者风格（包括学习者的能力、兴趣、水平、认知特点），并以学习风格为依据，推送差异化的学习内容，使每位学习者均能在各自的起点水平上获得知识、能力、情感的完善与发展。在学习方式上是以人（教师、学生）为主体，通过人与环境（设备环境、技术环境、资源环境）高效互动，促进知识建构，获得能力发展。智慧教育的教学特征具体表现在以下五个方面。第一，实时、便利的教学资源获取及课堂生成性资源的捕获和存储。智慧的教学可根据实际需求，在不打断原有思路的情况下便捷地获取海量的优质教育资源，实时拓展教学内容，调整教学进度。实现动态、灵活、开放的课堂教学。此外，可将学生的笔记、作业、练习的作答，老师的反思、教学灵感，对教学课件进行的标注、修改等生成性信息实时存入资源平台。为学生巩固复习、交流经验，教师专业成长提供资源支持。第二，对课堂教学状态信息进行跟踪、分析，辅助教学决策。智慧的教学可对学生的学习状态信息进行及时的收集、统计与分析，辅助教师进行教学决策。同时，可基于教学反馈信息的分析，进行分层教学、个性化教学。第三，实现及时高效的课堂互动。新一代信息技术为课堂互动提供了有效的技术支持，实现了人与技术、设备、资源、环境的多维度互动，营造了情境化的教学环境，增强了师生互动的体验感。第四，自主学习真正成为主要的学习方式。智慧环境下，学生的主体地位进一步凸显。技术的发展提供了高效便捷的互动交流、协作分享的工具，为学生开展自主学习提供了有效支持，研究性学习、协作学习、混合学习、竞争性学习将会易于开展。第五，教学将没有明显的时空界限。随着移动互联网技术的成熟、移动终端的普及、移动学习资源及工具的进一步丰富，学生可以通过无线网络，利用电子书包、智能手机等移动学习终端，随时随地进入资源系统点播教学视频、下载学习资源、开展自主学习。同时可随时随地和老师进行互动交流，获取帮助，学生的学习不再局限于教室空间和课堂时间。

第二节　智慧校园的理论模型

通过对智慧校园的内涵与特征的分析与把握，并结合笔者近年来在"佛山市禅城区智慧校园示范工程项目"的实践，笔者将智慧校园的理论模型概括为四大体系，四个支撑平台和八个应用系统。四大体系包括标准体系、安全体系、云平台监控体系和教育云服务体系。四个支撑平台包括云平台基础设施支撑平台、云系统支撑服务平台、智慧校园服务总线和云应用支撑服务平台。智慧校园理论模型如图 2-1 所示。

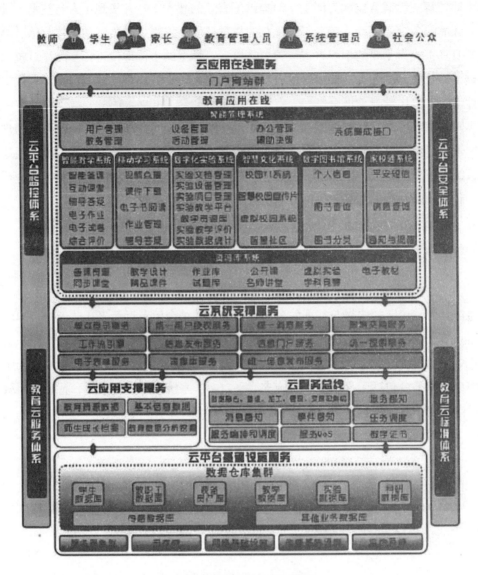

图2-1 智慧校园平台技术架构

一、四大体系

1. 标准体系

基于教育云的智慧校园标准目前还没有统一的规范。云计算本身就缺乏统一的标准，在云平台上运行的应用系统又千差万别，难以有统一的资源管理、资源发布、资源应用。因此，本系统平台的构建首先需要建立一套标准体系。

系统平台遵循从信息编码和数据交换、软件开发、集成到硬件环境、在线应用三个层次的标准体系建设。内容包括如下方面。

（1）建立完整的信息编码与数据规范体系。采用国际通用标准和中国教育信息化标准委员会制订的学习技术系统《体系架构与参考模型（CELTS-1）》和《教育资源建设规范 CELTS-41》等 10 个标准以及《智慧校园示范学校自定义信息编码标准》多种代码体系相互补充；代码分层定义，方便用户分级选择输入信息，同时支持代码扩充、自定义和更新。

（2）软件开发采用《GB/T19001-ISO 9001 在软件开发、供应和维护中的使用指南》、《计算机软件产品开发文件编制指南（GB/T8567—1988）》和《角色访问控制标准 ANSIINCITS359—2004》等国际与国家标准。

（3）智慧校园硬件设施标准。采用中国教育技术协会技术标准委员会制订的《多媒体教学环境工程建设规范》。

2. 安全体系

智慧校园安全体系包括操作系统级安全、网络级安全和应用级安全三层次安全体系。

（1）操作系统级安全

在操作系统级，平台使用最新的主流 Linux 操作系统，启用 Linux 的内核防火墙和身份认证机制保障操作系统的安全，并基于心跳（Heart Beat）技术检测系统的崩溃并尽可能自动恢复。如果安全服务系统没有收到某一计算节点的定时心跳数据流，则说明该节点或网络出现了故障，此时重新启动该节点，如果不成功就将该节点排除在计算之外。

（2）网络级安全

在网络级，平台使用下列手段保证平台的网络传输安全，使用硬件防火墙保障整个云平台的安全。①为了防止教育云平台系统被非法侵入，在前端计算机安装双网卡将内部和外部网络隔离开。在系统区域网络中使用在 Internet 上没有实际意义的内部 IP 地址，并用 TP 伪装（IPM asquerading）和 IP 端口转送（IP Port Forward）技术实现网络地址转换。②为了防止云平台与用户之间的网络通信被窃取，教育云平台采用了基于 SSL 安全协议的扩展 HTTP 协议 HTTPS。

（3）应用级安全

在应用级，平台使用下列手段保证平台的应用安全。①可信的单点登录（SSO）。单点登录是解决门户系统安全认证问题的一种理想和有效的认证策略，CAS（Ceritral Authentication Service）是 Yale 大学发起的一个开源项目，作为智慧校园平台的一个安全而又简单的 SSO 安全实现。②云平台权限控制。为了防止非授权用户的非法入侵和授权用户的越权使用，教育云平台进行各种级别的权限控制，并具备审核功能，自动记录用户访问的情况和操作过程，以备日后查询。

系统开发中，由于不同身份的用户其业务处理逻辑不同，如果单独为每类用户开发与之工作相对应的应用程序，无疑将十分复杂，也不利于以后的维护工作。系统为控制系统信息的阅读范围和业务办理权限，将用户划分为不同的角色。不同的用户角色具有不同的系统操作权限和查询权限。通过权限控制为不同身份的用户赋予与之身份对应的各项操作，屏蔽不能执行的操作调用，以此实现分工负责。系统用户按照其职务、业务类别、管辖区域，被授予不同的操作权限。操作权限包括数据库（表）操作限制、业务模块操作限制、地理范围限制、数据读写改操作的限制等。平台采用专业的用户细分，针对教育系统的独特性，研发出一套专业的用户系统，将用户根据教育部门、学校、地区、身份、角色、岗位、职位、科目、年级、班级等分类归档，并赋予不同功能和权限，同时，云教育的用户将终身有效。

系统也采用严格的权限和隐私设置，用户可为自己发布的内容和上传的资料快速设置或详细设置读写权限。详细设置可将权限赋予指定地区、身份、年级等细分用户和指定好友等。同时还为用户提供私密保护，设置为私密的信息，除了用户本人，其他任何人包括平台管理员也无法查看到该信息，最大限度地保护了用户的隐私。

3. 云平台监控体系

对教育云平台访问量数据统计分析、用户数统计分析、功能模块访问统计分析、用户使用习惯统计分析、用户在线时间统计分析、流量统计分析等平台使用监控体系。

4. 教育云服务体系

教育云服务体系以教育资源共享为核心形成多层次的服务推广体系。

（1）基础设施即服务（Infrastructure as a service）

平台以服务的形式提供虚拟硬件资源和服务器等的租用，使教育相关部门无须购买服务器、网络设备、存储设备，只需通过互联网租赁即可搭建自己的应用系统。

（2）平台即服务（Platform as a service）

平台能提供完善的平台即服务功能，包括云应用支撑服务、云系统支撑服务和智慧校园云服务总线。平台通过提供二次开发接口、教育软件定制接口等功能以及开放式的支撑服务功能，提供完善的应用服务引擎和应用编程接口，用户能通过应用服务引擎，构建相应的教学应用。

（3）软件即服务（Software as a service）

区域智慧校园服务平台的用户和客户端软件均能通过标准的 Web 浏览器来使用云平台上的各类在线服务，用户不必另行购买软件，平台能提供完善的软件即服务功能。

二、四大支撑平台

1. 云平台基础设施支撑平台

云平台基础设施支撑平台包括底层的服务器集群、数据仓库集群、云存储和监控系统。该平台为整个系统提供稳定、可靠的应用基础支撑平台。

2. 云系统支撑服务平台

云系统支撑服务平台包括系统中间应用服务器，进行系统支撑。系统支撑层能提供业务功能模块与云平台层的连接，包括对单点登录和统一用户授权、统一消息服务、统一数据交换服务、工作流服务、信息门户服务、统一搜索服务、统一信息发布服务等云支撑服务。

3. 智慧校园云服务总线

这是各类学校和教育机构的数据融合和交换中心，包括数据融合、重组、加工、管理、变换和集成，服务感知、消息感知、事件感知、任务调度、服务编排和调度、服务 QoS、数字证书等功能

4. 云应用支撑服务平台

该平台形成用户的基本信息数据、教育资源数据、师生成长档案，并提供数据分析和挖掘、教育资源共享等。

三、八大应用系统

八个应用系统分布在教育应用在线服务层，能提供各类在线教育软件服务，包括智慧校园管理系统、智能教学系统、移动学习系统、数字化实验系统、教育资源系统、智慧系统文化、家校通系统、数字图书馆系统等八大在线服务系统。

1. 教育资源平台

教育资源平台是七个子系统的接入口。通过整合全区各类学校的教学资源，建立了涵盖中小学各学科的素材库、课件库、教案库、电子教材库、试题库、名师讲堂库、同步视频课堂库等优质的教学资源，实现了跨校共享。教育资源平台具有良好的用户体验。支持教学资源的智能管理、智能检索和智能汇聚，用户可以对资源进行订阅与推荐，可以设定资源的访问、下载的权限，保护知识产权。支持动态生成作业和试题，并具有作业发布、作答、批改、查询、修改、删除和统计分析功能；支持动态组卷，具有试卷发布、作答、批改、查询、修改、删除和统计分析功能。

2. 智能管理系统

智能管理系统以先进的物联网技术为基础，实现了校园进出人员身份管理、考勤管理、学校资产监控与数据泄密管理、办公管理、教学活动管理、教学设备管理、教务管理和安防管理智能化。智能管理系统提供智慧校园各个业务系统的单点登录接口和用户管理配置。办公管理系统根据学校管理架构和业务流程定制开发，包括公文管理、个人事务管理和统计查询系统。实现了办公业务全流程的跟踪管理、统计查询和辅助决策。教学活动管理系统提供各类校园活动申请、安排、跟踪和查询等功能。教学设备管理系统提供设备申购、入库、报损、借用、领用、维修管理、账物卡管理、重要设备跟踪管理和统计、查询等功能。教务管理系统提供智能化的教学排课、成绩录入、教务信息发布、查询、教学评价、成绩统计分析等功能。

3. 智能教学系统

智能教学系统依托教学资源平台，为教师编写教案、制作课件、批改作业和辅导答疑提供智能化服务。智能教学系统包括智能备课系统、互动课堂系统、辅导答疑系统、电子作业系统和综合评价系统五部分。

智能备课系统提供了基于教学流程选择、备课资源智能汇聚、轻松编辑素材、快速制作教案、自动生成教学网站的智能备课功能，让老师备课像写博客一样轻松省力。

互动课堂系统由教师电脑、电子白板、短焦投影、实物展台、录播系统、电子书包、无线网络和智能讲课系统组成，为老师开展互动教学提供了先进的教学环境。利用智能讲课系统，老师可以按备课的教学流程在电子白板上点播素材、任意调整播放窗口、任意书写，既像写黑板一样轻松自如，又能随时保存。在课堂练习环节，老师通过电子白板把题目发给学生，学生利用电子书包接收、作答、提交答案，老师可以在白板上看到每个学生的答题结果，及时、精确地掌握每个学生的学习情况。课堂练习的结果可以保存在课堂学习档案中。学生利用电子书包按照老师控制的课堂活动进度自主学习、练习、提问和做笔记等。

课堂录播系统可以将教师的授课过程自动录制成视频，供学生课后复习。

辅导答疑系统直接建立了老师和学生之间的信息交流。

电子作业系统提供了覆盖各个学科的作业库和试题库，具有作业布置、提醒、作答、批改、统计分析功能和自动组卷、智能评分功能。

综合评价系统提供了学生平时成绩、课程作业、考试统计分析等信息，为老师教学决策提供了重要依据。

4. 移动学习系统

移动学习系统依托教育资源平台的支持，以移动学习终端为载体，将"教育无处不在，学习随时随地"的理想，轻松化为现实。学生借助移动学习终端，能够随时随地获取学习内容，享受学校和老师提供的各种服务。只要取得身份认证，凡是进入系统的人员，都可以不受时空限制，任意互动交流。

5. 数字化实验系统

数字化实验系统主要由传感器、数据采集器、计算机、实验教学平台和多媒体互动投影系统组成，实现了从实验数据采集、传输、处理和生成输出全过程数字化，为学校师生创设了开放、协作的科学探究实验环境。系统还具有实验教学管理、实验设备管理、实验室开放管理和实验成绩管理功能，并与智慧校园其他子系统无缝对接。

6. 家校通系统

家校通系统实现了家校沟通无障碍。老师和家长之间，可以直接使用家校通系统互动交流。譬如学校向家长报告学生在校情况、发布通知、布置作业，家长查询学校的规章制度、课程安排，或与老师一起切磋教育心得等，十分便捷。

7.智慧校园文化系统

智慧校园文化系统平台是通过多媒体技术、三维动画技术、虚拟现实技术等现代信息技术构建学校、家庭、社会三位一体的精神家园。以多媒体、数字化方式展示学校形象与文化特色，彰显学校办学理念，汇集学校教育教学成果，营造激励师生共同成长的文化氛围，打造积极和谐、共享协作的学习社区。同时，也为广大教师交流教学经验，分享教学智慧，为学生分享学习心得，开展科技创新活动提供有效的支持。智慧文化系统主要包括校园 VI 展示、虚拟校园智能导游、校园文化多媒体展播、智慧讲坛、创意乐园、智慧活动等。

8.数字图书馆系统

数字图书馆系统是为了适应图书馆未来的发展要求，满足示范学校对馆藏资源充分共享、高效管理等方面的实际需求，利用最新的信息技术，构建应用系统，实现图书、报刊、教材、光盘、音像等多种文献资料的集中管理。本系统包含了目前图书馆管理业务的每个环节，具备系统图书采访、图书编目、图书流通、期刊管理、公共查询、系统管理等功能，并与本区 e 卡通系统无缝对接，实现成员馆馆藏资源的互借、互还、互通。

第三章 智慧校园系统规划

第一节 需求分析

一、当前教育信息化面临的问题

1.“信息孤岛”现象依然存在

各个学校的信息化应用系统采用的技术标准、数据规范不一致，缺乏甚至没有数据共享关系和交换途径，形成“信息孤岛”。

2.信息系统的综合服务能力较弱

由于缺乏海量数据的跟踪、识别、记录、存储与处理的技术与手段，无法对当前教育信息化系统的海量数据进行有效的挖掘与分析，难以实施综合业务流程和综合查询与决策支持。

3.数字化资源建设难以满足现实需求

资源建设是教育信息化建设的重要组成部分。而当前的教育资源存储分散，数据标准不统一，资源共享困难、检索低效，教育资源的数量和质量难以满足日常教学需要。

4.信息化建设对提高教学质量和学校管理效率的有效支持不够

尽管近年来各级政府出台一系列政策，鼓励与支持教育信息化的建设与发展，但信息技术在教育领域并未引起如诸多其他领域的变革效应。特别是未能大面积提高教学质量和学校管理效益，信息技术对教育的精细化服务尚待探索。

因此，当前智慧校园建设需要一个统一的平台、统一的技术标准、统一的数据规范来整合各类信息，实现校园内各个信息管理系统的无缝连接。

二、开展智慧校园建设与应用的必要性分析

1. 开展智慧校园建设，是国家教育信息化发展战略的需要，是21世纪人才培养的根本要求

当前世界范围内教育信息化建设进入新的发展阶段。透过美国1996年、2000年、2004年、2010年发布的"国家教育技术规划"可以清晰地看出美国教育信息化走过了基础设施与设备配备、教育资源建设与推广、教师全员信息技术应用能力建设等阶段，目前进入教育应用创新阶段，寻求教育系统的整体变革成为教育信息化发展的新目标。我国教育信息化发展经历了"九五"期间的多媒体教学发展期和网络教育启蒙期、"十五"期间多媒体应用期和网络建设发展期、"十一五"期间网络持续建设期和应用普及期的发展轨迹，现阶段正处于应用整合阶段。教育部制定的教育信息化十年发展规划（2011—2020年）明确提出："面向建设人力资源强国的目标要求，面向未来国力竞争和创新人才成长的需要，努力为每一名学生和学习者提供个性化学习、终身学习的信息化环境和服务。""到2020年，全面完成《教育规划纲要》所提出的教育信息化目标任务，形成与国家教育现代化发展目标相适应的教育信息化体系，基本建成人人可享有优质教育资源的信息化学习环境，基本形成学习型社会的信息化支撑服务体系""教育管理信息化水平显著提高，信息技术与教育融合发展的水平显著提升。教育信息化整体上接近国际先进水平，对教育改革和发展的支撑与引领作用充分显现"。

联合国教科文组织提出21世纪人才需要具备三大技能：一是学习与知识创新的技能；二是生活与工作的技能；三是信息、媒体与技术的技能。我们现行的教育系统、教育资源与教育模式很难培养能够具备这三大技能的人才。

美国《时代》周刊（"Critical Issue：Using Technology to Improve Student Achievement"（Kay and Honey，2005）；"Technology and Student Achievement-The Indelible Link"（ISTE，Kadel，2008）指出：当今经济环境下的人才不仅需要扎实的基础知识，掌握传统技能，而且需要具备21世纪技能。基础知以包括：数学、语言、自然科学和社会科学知识；传统技能包括：自立首创精神、逻辑思维、创造力、想象力、学习能力；21世纪技能包括：全球化视野、跳出思维的局限、聪明地对待信息的来源、沟通与协作能力等。

在信息技术—社会—教育变革三元互动结构中，如何在社会信息化大背景下，推动教育信息化进程，解决当前教育发展难题（公平与均衡、优质与创新、个性与灵活），以理念创新、技术创新、教学法创新等落实教育信息化创新发展，智慧教育（Smart Education）成为教育信息化的新追求。为了应对21世纪人才培养的挑战，世界各国几乎都把目光聚焦到教育信息化，都试图通过大力推进信息技术与教育的融合来寻找解决这些挑战难题的途径，也就是大力推动智慧教育。如澳大利亚、韩国、马来西亚、新加坡等均

颁布了相关的国家教育政策。从数字化教育到智慧教育，这不仅仅象征着教育信息化中技术的数字化转为智能化走向而促发的"形变"，更蕴含着信息技术促进教育变革所追求的"质变"，尤其是教育文化的创新。以智慧教育引领教育信息化创新发展，带动教育教学创新发展，最终指向创新型人才的培养，已成为教育信息化发展的必然趋势。

因此，开展智慧教育研究与智慧校园建设，是国家教育信息化发展战略的需要，是21世纪人才培养的根本要求。

2. 开展智慧校园建设，是推进信息技术与教育的深度融合，突破当前学校教育信息化建设与应用瓶颈的有效路径

当前学校教育信息化面临的挑战主要表现在：学校信息化应用系统与技术方案不统一；信息化系统管理分散，各子系统的用户管理和授权机制不统一；信息分散，各个应用系统的数据不一致，缺乏甚至没有数据共享关系和交换途径，形成"信息孤岛"；信息系统的综合服务能力弱，难以实施综合业务流程和综合查询；学校之间教学资源和技术力量配置不均衡，重复建设，缺乏共享机制；学校的信息技术应用开展了那么多年，并没有为提高教育质量和教育效率带来明显改变，甚至出现了信息技术对学校教育的"无力感"现象，特别是，我们今天的教育对象是在网络环境下成长起来的学生，这一代学生有关名称叫"数字土著"，这一代学生在学习兴趣、学习方式、学习策略等方面跟上一代学生（或教育工作者）是完全不同的，他们更喜欢技术，更依赖网络，更习惯于碎片化的学习。面对"数字土著"，我们应该创造一个什么样的教学环境，提供什么样的教学方式来教？这是我们今天的学校教育面临的最大挑战。

可见，学校"数字校园"的建设迫切需要一个统一的平台，整合各类信息，实现校园内各个信息管理系统无缝连接，打破"信息孤岛"现象，实现信息管理的一体化、流程化和智能化；建立公共的教学资源和技术服务平台，真正实现教学资源的动态按需配置和有效共享；在应用层面，迫切需要开发适合师生教与学需求的课程教学平台与学习系统，进一步推动信息技术与课程的融合，以满足师生多样化个性化的教学需求。

智慧校园系统提供了面向对象服务（含教师、学生、管理者和家长）的智能化信息服务系统，智慧教育环境支持个性化学习，可以增强学习者的学习自由度，有利于因材施教，为学生提供充分的学习机会，有利于开发每个学生潜能，全面提高教育质量；智慧教育环境可以拓展学习者的体验深度和广度，从而有助于提升学习者的情、智、行聚合水平和综合能力发展；智慧学习环境可以给学习者提供最合适的学习扶助，从而有助于提升学习者的成功期望。

因此，开展智慧校园建设与应用研究，运用大数据分析方法，建立学生学习分析模型、教师教学状态分析模型、学校校情数据分析模型，研究智慧校园系统在中小学个性化教育教学服务的创新应用模式，探索教育资源的共建共享模式和智慧学习社区构建模式，是推

进信息技术与教育的深度融合，破解当前教育信息化应用难题的有效路径，有利于推动信息技术与教育的深度融合，大幅度提高教育质量与效益。

第二节　建设目标

1. 构建"智慧校园"的理论模型，基于该模型提出整体解决方案，建立相关的技术规范与示范系统；

2. 建立科学合理的学校管理与决策支持系统，降低管理成本，提高管理效率；

3. 创建互动教学、协同学习、动态跟踪评价的智能教学系统和无处不在的个性化自主学习系统，促进素质教育，大幅度提高教学质量；

4. 建立区域性公共教育资源与技术服务平台，实现教育资源和技术服务的动态、均衡配置和全面共享，促进教育公平；

5. 建立基于网络平台的学校、家庭、社会互通的平安绿色学习社区，整合各种教育力量，共同促进学生健康、快速成长；

建立基于数字化网络平台的智慧校园文化系统，营造智慧的教与学的氛围，激励师生共同成长，培养"智慧教师"与"智慧学生"。

第三节　建设原则

一、先进性原则

在先进的教育理念指导下，充分运用云计算、物联网等先进的信息技术、先进的系统架构（如 SOA 架构）、先进高效的技术解决方案、先进主流的技术产品，确保快速的系统响应和优异的整体系统性能。

二、适用性原则

系统方案的设计坚持以学校的教学、科研、管理需求和师生的实际需求为导向，以高效、方便、适用和良好的用户体验为目标，坚持前瞻性与适用性相结合、创新性与可行性相结合，充分利用已有设备、系统、数据，确保现有系统跟目标系统之间的平滑过渡和无隙集成。

三、安全可靠性原则

针对软件功能模块的业务技术特点，提供相对完备的安全解决方案，如严格的用户登录、身份认证、数据加密体系，以完整的备份和恢复手段实现系统高可用性，以严格的口令管理和完备的加密手段提高系统的安全性。

四、扩展性原则

系统软件易于扩展，提供完善的二次开发接口，可方便地与相关功能业务软件相结合。

五、方便管理原则

通过性能监控、图形化控管、故障发现和告警、远程维护、日志记录等多种手段和友好的用户界面最大限度地强化系统管理和简化用户操作。

六、标准化和兼容性原则

系统设计与实施坚持遵照国家教育信息化标准、电子政务建设标准及多媒体教学环境建设规范等相关标准体系进行，坚持选择兼容性强的技术和产品，并要求遵守有关的国际标准和行业规范，同时系统支持多种访问接入方式。

第四节　实施策略

作为新一代信息技术与教育深度融合的智慧校园系统，综合应用了物联网、云计算、大数据分析等先进技术，依据上述章节所提出的智慧校园理论模型与功能设计，研发适用于基础教育领域的智能管理系统、智能教学系统、数字化实验系统、移动学习系统、智慧文化系统、数字图书馆系统和家校通系统，并建立基于云计算服务的区域性公共教育资源和技术服务平台。

智慧校园的建设与应用，为解决当前教育信息化存在的主要难题进行了有效的探索。在学校管理方面，打破了目前数字校园的"信息孤岛"，实现了信息管理一体化、流程化和智能化；在教学资源方面，实现区域内各学校软硬件动态均衡配置、充分共享；在教学应用方面，充分利用信息技术支持师生多样化、个性化的教与学需求，让教学更轻松、学习更自主、互动更及时、合作更方便、评价更准确；在学习社区和校园文化方面，构建了学校、家庭、社会互通的平安、绿色学习社区，整合了各种教育力量，共同促进学生健康、快速成长。

一、总体实施策略

"智慧校园"示范工程建设起点高、时间紧、技术难度大，佛山市禅城区智慧校园项目通过创新的政产学研合作机制，采用"以政府为主导、以产学研为依托、以应用为驱动、示范引领、逐步推广"的实施策略，边研发边建设，由教育主管部门、本地高校和相关专业公司多方合作，组成佛山市禅城区"智慧校园"示范工程课题组，充分利用教育主管部门和示范学校的项目组织管理优势、需求分析优势、教学资源建设和推广应用优势，高校的系统设计与研发优势，企业的资金、产品和技术服务优势，实现强强合作。这种创新的机制和项目推进策略，有利于实施"起点高、时间紧、技术难度大"的项目，为示范区其他示范工程项目的建设探索可供借鉴的模式。

二、系统开发方法

"智慧校园"项目采用的开发方法是基于 RUP 的迭代开发方法，统一软件开发过程（Rational Unified Process，RUP）是一个面向对象且基于网络的程序开发方法。由于本项目的实施尚无成功经验可循，系统庞大，且涉及众多新技术的崭新应用，开发难度大。在软件开发的早期阶段无法全面准确地明确用户需求，确定详细技术路线。而迭代式开发允许在每次迭代过程中需求可能有变化，通过不断细化来加深对问题的理解。迭代开发可有效降低项目风险。本项目开发依据迭代开发方法的核心理念和操作模式，总体实施过程按照调研→需求分析→原型构建→系统开发→测试→适用评估→示范应用→深化应用→总结推广 9 个阶段进行。

三、运行机制

1. 定时沟通机制

项目采取流程化运作，标准化管理。设定时间管理节点，项目组每周举行例会，研讨开发思路，解决研发问题。每月向区教育局汇报项目进展。各子系统负责人每两天互通信息，确保项目进度。

2. 共建共享机制

本项目的研发秉承"以需求为导向，以应用为目的"的宗旨，创新机制，充分调动政、产、学、研多部门优势力量共同研发。在资源建设上健全激励机制，发动广大一线教师参与资源共建，促进资源共享。

3. 知识产权保护机制

本项目在充分尊重各方知识产权的基础上进行开放式的共享与合作。合作各方将签订详细合作协议及保密协议，明确各方职责及产权归属。各方须严格按照协议规定，享有知识产权，共享研究成果。

4. 质量监控机制

为保证项目高质量完成，将在纵向和横向两个维度建立质量监控机制。在纵向维度，按任务进程进行时间管理，实施过程监控。在横向维度，按照业务性质和专业能力需求，指定专人负责特定业务模块。设技术总监两名，全面负责系统关键技术攻关；产品总监两名，全面负责相关产品的开发、试用及适用性评估；设计总监两名，负责智慧校园 VI 系统设计、产品外观设计、系统界面设计、样板教室的室内装修、功能布局设计等；另设业务总监两名，全面负责项目的沟通协调及进程管理。

四、应用推广模式

课题组将按照"政府主导，产学研联盟为依托，科学规划、分步推进、示范引领、应用驱动"的实施策略。在相关系统、产品进入研发之前，组织专家对相关建设规划、系统设计方案、产品设计方案进行综合评估，通过评估后进入研发阶段。

在产品投入使用前，再次组织专家对产品性能、技术指标等进行适用性评估，从而不断优化产品设计。同时，组织相关人员对示范学校老师进行产品使用培训。

将通过适用性评估的系统、产品在示范学校进行小面积的试用，并进行应用效果评估，逐步探索建立应用模式与系统推广模式，最后进行全面推广。其总体流程如图 3-1 所示。

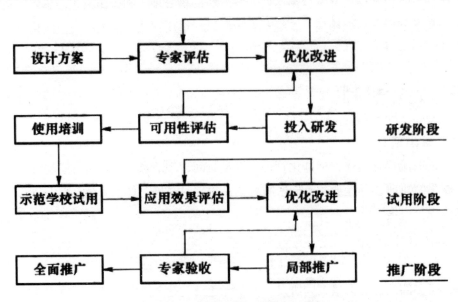

图3-1 "智慧校园"项目推广模式

第四章　智慧校园系统的技术路线

"智慧校园"系统的构建是在现有校园网和学校教育信息化设施及应用系统的基础上，通过应用 RFID、红外感应等传感技术组建校园物联网，应用无线网络技术组建校园移动学习网，实现对校园内的人（教师、学生、管理者、家长及其他人员）、财（学校经费、个人消费等）、物（教学大楼、图书馆、教室、实验室和教学设备等）和信息（教学资源、教学管理信息、学校公共管理信息、活动信息等）进行识别、传输、存储、处理和控制，实现智能化的管理和信息服务。

"智慧校园"系统平台设计基于主流软件平台的构建理念，采用面向服务的多层架构模式（SOA），将学校的资源、数据、信息和应用流程，按照基于服务的方式整合起来，使平台具有很强的适应性、可扩充性、可维护性、易用性等。

第一节　主要技术概要

1. 项目以 Java 语言作为主要的开发语言，完全满足 J2EE 的开发规范，并搭配 Linux 作为运维的平台，安全可靠；

2. 平台的整体数据整合和共享以 Web Service 的 SOA 方式为解决方案；

3. 平台的各个系统之间的登录整合以耶鲁大学的 CAS 单点登录方式为解决方案；

4. 在整个的 Web 部署上主要使用前端服务器加后端服务器的方式实现，前端使用高性能的 Nginx，而后端则使用 Tomcat 实现，这样的组合可以极大地提高 Web 的并发量和稳定性，并可实现应用的负载均衡；

5. 在网络优化和传输方面主要使用 gzip 压缩技术、浏览器缓存技术、服务端动静态分离的处理技术和服务端缓存技术；

6. 在有关工作流的处理方面使用 JBOSS 成熟的 JBPM 工作流引擎作为解决方案；

7. 为了解决大访问量和大数据量的问题，使用分布式的关系型数据库 Mysql Cluster 作为解决方案；

8. 而文件存储方面则使用分布式的 Hadoop 作为解决方案，安全可靠；

9. 虚拟化方面采用 Linux 的 KVM 解决方案；

10. 在表现层方面使用成熟的 Gwt 和 Freemarker，并以 AJAX 为主要的数据交互方式。

第二节 主要技术说明

一、开发技术

项目以 Java 语言作为主要的开发语言，开发环境为 JDK1.6+ 和 Eclipse3.7，完全满足 J2EE 和 Servlet2.4+ 的开发规范，Web 容器使用 Tomcat7.0，并以 Centos6.2 为运行的操作系统；Centos6.2 为小红帽最新的再编译版本，安全可靠。

二、单点登录实现方法

单点登录（SSO）是解决门户系统安全认证问题的一种理想和有效的认证策略，CAS 单点登录系统具有以下特点：

· 企业级单点登录解决方案。

·CAS Server 为需要独立部署的 Web 应用。

·CAS Client 支持非常多的客户端（这里指单点登录系统中的各个 Web 应用），包括 Java，.Net，PHP，Perl，Apache，uPortal，Ruby 等。

·CAS Server 和 CAS Client 之间的通信采用 SSL 协议，安全性强。

从结构上看，CAS 包含两个部分：CAS Server 和 CAS Client。CAS Server 需要独立部署，主要负责对用户的认证工作；CAS Client 负责处理对客户端受保护资源的访问请求，需要登录时，重定向到 CAS Server。如图 4-1 所示，是 CAS 最基本的协议。

CAS Client 与受保护的客户端应用部署在一起，以 Filter 方式保护受保护的资源。对于访问受保护资源的每个 Web 请求，CAS Cliem 会分析该请求的 HTTP 请求中是否包含 Service Ticket。如果没有，则说明当前用户尚未登录。于是将请求重定向到指定好的 CAS Server 登录地址，并传递 Service（也就是要访问的目的资源地址），以便登录成功过后转回该地址。用户在第 3 步中输入认证信息，如果登录成功，CAS Servei 随机产生一个相当长度、唯一、不可伪造的 Service Ticket，并缓存以待将来验证。之后系统自动重定向到 Service 所在地址，并为客户端浏览器设置一个 Ticket Granted Cookie（TGC）。CAS Client 在拿到 Service 和新产生的 Ticket 过后，在第 5 步、第 6 步中与 CAS Server 进行身份核实，以确保 Service Ticket 的合法性。

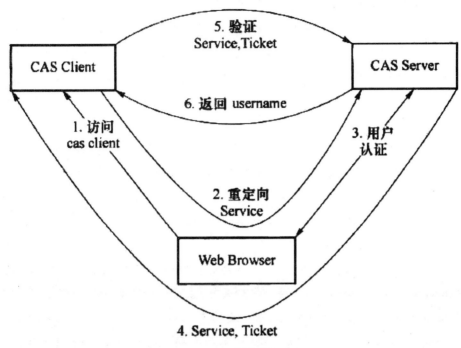

图4-1　CAS基本协议过程

在该协议中，所有与 CAS 的交互均采用 SSL 协议，确保 ST 和 TGC 的安全性。协议工作过程中会有 2 次重定向的过程，但是 CAS Client 与 CAS Server 之间进行 Ticket 验证的过程对于用户是透明的。

CAS 协议中还提供了 Proxy（代理）模式，以适应更加高级、复杂的应用场景。

三、SOA（Web·Services）解决方案

Web Service 是基于网络的、分布式的模块化组件，它执行特定的任务，遵守具体的技术规范，这些规范使得 Web Service 能与其他兼容的组件进行互操作。Internet Inter-ORB Protocol（IIOP）都已经发布很长时间了，但是这些模型都依赖于特殊对象模型协议。而 Web Services 利用 SOAP 和 XML 对这些模型在通信方面做了进一步的扩展，以消除特殊对象模型的障碍。Web Services 主要利用 HTTP 和 SOAP 协议使商业数据在 Web 上传输，SOAP 通过 HTTP 调用商业对象执行远程功能调用，Web 用户能够使用 SOAP 和 HTTP 通过 Web 调用的方法来调用远程对象。

Apache CXF=Celtix+XFire，Apache CXF 的前身叫 Apache CeltiXfire，现在已经正式更名为 Apache CXF 了，以下简称为 CXF。CXF 继承了 Cehix 和 XFire 两大开源项目的精华，提供了对 JAX-WS 的全面支持，并且提供了多种 Binding、Dat-aBindingtransport 以及各种 Format 的支持，并且可以根据实际项目的需要，采用代码优先（Code First）或者 WSDL 优先（WSDL First）来轻松地实现 Web Services 的发布和使用。Apache CXF 已经是一个

正式的 Apache 顶级项目。

Apache CXF 是一个开源的 Services 框架，CXF 帮助利用 Frontend 编程 API 来构建和开发 Services，像 JAX-WS。这些 Services 可以支持多种协议，如 SOAP、XML/HTTP、RESTful HTTP 或者 CORBA，并且可以在多种传输协议上运行，如 HTTP、JMS 或者 JBI。CXF 大大简化了 Services 的创建，同时它继承了 XFire 的传统，一样可以天然地和 Spring 进行无缝集成。

CXF 是轻量级容器，可在 Tomcat 或基于 Spring 的容器中部署 Services；集成 JBI：可以在如 Service Mix，OpenESB or Petals 等的 JBI 容器中将它部署为一个服务引擎；集成 SCA：可以部署在如 Tuscany 之类的 SCA 容器中；集成 J2EE：可以在 J2EE 应用服务器中部署 Services，cation Server 和 WebLogic Application Server，以及 Jetty 和 Tomcat；独立的 Java 客户端 / 服务器。

CXF 全面支持 JAX-WS2.0 客户端 / 服务器编程模型；支持 JAX-WS2.0synchronous、asynchronous 和 one-way API's；支持 JAX-WS2.0Dynamic Invocation Interface（DII）API；支持 wrapped and non-wrapped 风格；支持 XML messaging API；支持 JavaScript 和 ECMAScript4XML（E4X），客户端与服务端均支持；通过 Yoko 支持 CORBA；通过 Tuscany 支持 SCA；通过 ServiceMix 支持 JBI。CXF 框架是一种基于 Servlet 技术的 SOA 应用开发框架，要正常运行基于 CXF 应用框架开发的企业应用，除了 CXF 框架本身之外，还需要 JDK 和 Servlet 容器的支持。

本项目中单点登录和 SOA 结合的使用流程如图 4-2 所示。

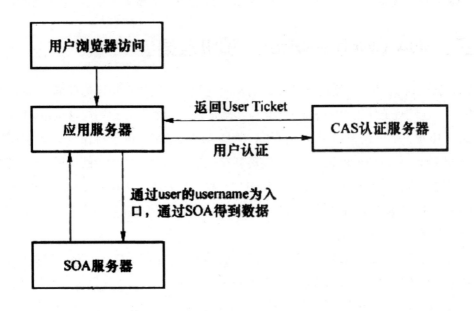

图4-2 单点登录和SOA结合的使用流程

四、数据集成方案

全校积累了大量的历史数据，但学校的各个业务处理系统采用不同的数据库产品，数据结构设计的不同，没有一个统一的编码规范，使得校内各单位各业务数据的编码有所不同，直接导致数据无法重复利用。而且各业务系统自成体系，形成了所谓的"信息孤岛"，为了满足智慧校园系统集成的需要，需要提供跨部门、跨专业的综合数据，用传统的关系型数据库技术来处理这种查询效率比较低，有时数据甚至要通过手工写查询语句来获取，不仅效率低，而且提供的决策信息不完整，有时可能是错误的信息。

随着学校计算机应用的深入，已经上线运行的各个业务系统不断产生且积累着大量的基础数据。这些由基本应用系统产生的大量的基础数据的再利用，在继基本数据库应用后，成为另一种重要的应用。这种再利用主要有两类。

1.综合分析：将由多种不同业务应用系统产生的数据看作一个整体——集成数据，在这个整体上进行交叉的查询、统计、分析。这种情况下，集成数据是只读的。数据中心、数据仓库等就属于这种应用。

2.综合业务系统：将由多种不同应用系统产生的数据的集成与综合看作基础数据——综合基础数据，在这种综合基础数据上建立新的综合业务系统，通过对综合基础数据的读、写、插入、删除、更新等操作实现综合业务。这种情况下，综合基础数据不仅是可"读写"的，而且涉及双向操作数据存储 ODS（Operational DataStore）。

为解决上述问题，包括如下建设目标：

1. 数据规范化处理

信息标准是数据集成的基础，有了统一的信息标准，学校在数据建模、信息采集、加工处理、数据交换的过程中有统一的规范，最大限度地实现信息优化管理和集成。数据规范化处理包括数据标准、代码标准和信息标准规范的建设。

2. 建立数据整合中心

通过数据采集/集中/转换/清洗/装载等数据抽取手段，把学校现有各个业务系统的数据、图形等原始数据整合到数据中心来，形成一个集中管理、安全的新型数据中心。数据整合主要包括：数据采集，每天定时从各业务系统抽取数据；数据清洗，保持数据一致性、完整性；数据转换，将数据按要求汇总、聚合或生成衍生数据，如复杂技术指标；数据存储：将抽取、清洗、转换后的数据按预定义的数据模型存放在数据库中。

3. 提供数据交换的数据中心

结合制定的数据交换编码规范，数据中心可向各部门提供各种原始业务数据或者安全的统计分析后的数据、信息和分析报告。

4. 建立共享的数据中心

利用校园网公共安全支撑平台提供的安全服务和可信的 Web 平台，通过建立数据中心，将各部门需要共享的数据集中到共享数据库上，数据中心将作为一个数据的中心枢纽，从而有效地提高了资源利用。

5. 建立数据管理中心

通过数据中心制定数据标准、格式，制定数据交换的途径、方式，制定错误数据的修改标准，制定数据源和元数据的管理规范等，同时对数据进行优化整合、定期备份和日常维护，进行安全性控制，所以数据中心又是数据的管理中心。

通过数据交换平台，实现校内各部门系统的数据集成与共享，并在此基础上构建校园门户，满足校内各部门的应用需求。

（1）数据规范化处理

信息标准是数据集成的基础，有了统一的信息标准，学校在数据建模、信息采集、加工处理、数据交换的过程中有统一的规范，最大限度地实现信息优化管理和集成。数据规范化处理包括数据标准、代码标准和信息标准规范的建设。

①数据标准

数据标准是学校管理信息所涉及的业务数据管理标准，数据标准规范了业务数据模式的设计，可以说为学校业务数据"如何存、存什么、存哪儿"提供了详细的规范。具体的建设内容将包括数据的 UC(创建/使用)规则、共享数据模型设计、数据共享和交换的标准、数据中心存储的标准、业务系统数据模式的标准等。

②代码标准

所谓标准代码是对信息的规范性描述和一致性的语义描述。通常用数字或字符形式的唯一代码来标识事物。对于数据库结构设计而言，就是通常所说的字典表。所谓代码标准（代码标准集）是将一系列的标准代码规范梳理后形成的一个集合。学校代码标准的建设包括对参照标准（如国家标准、行业标准、学校标准）、执行标准的建设等。

③信息标准规范

信息标准规范是一个符合国家、教育部和行业标准的、适合学校信息化建设的规范体系，可从制度上保证学校未来信息化建设过程中所有系统的标准化和可扩展性，具体内容包括管理类规范、信息服务类规范、技术类规范。

在实现步骤上，我们将利用数据中心平台提供的 UC（U：使用数据；C：产生数据）调研矩阵工具，在全校范围内对应用系统和涉及的数据利用现状进行调研，明确共享数据使用的范围，确定数据的 UC 关系。如教师的信息，通常情况下学校人事处系统中的教师信息最为权威准确，因此人事处为教师信息的产生源，即人事处为教师信息的 C，而教务处在进行排课时需要用到教师的信息，因此教务处为教师信息的使用者，即教务处为教师信息的 U。作为教师信息的产生源，人事处同时也是这些数据的维护单位，以后涉及教师信息的数据更改时，应该首先由人事处发起并确认。因此人事处必须保证这些信息的正确性。学校内其他数据源也依据类似的权利、责任划分。

对应用系统进行集中的规划调研，分析出应用系统数据库和数据中心平台进行数据抽取和订阅时采用的方案，初始化数据中心平台的数据整合工具，使这套工具能够成功地从业务应用系统数据库中抽取数据到数据中心平台。

参照我们学校制定的标准信息编码，确定应用系统的信息编码和标准编码的转化字典，使数据中心平台和业务数据库保持信息编码同步。

（2）建立数据中心

通过数据采集 / 集中 / 转换 / 清洗 / 装载等数据抽取手段，把各个业务系统的数据、图形等原始数据整合到数据中心来，形成一个集中管理、安全的新型数据中心。数据中心建设主要包括下列功能：

①数据采集模块：每天定时从各业务系统中抽取数据。

②数据清洗模块：保持数据一致性、完整性。

③数据转换模块：将数据按要求汇总、聚合或生成衍生数据，如复杂技术指标。

④数据存储模块：将抽取、清洗、转换后的数据按预定义的数据模型存放在数据库中。

⑤数据挖掘与决策支持模块：提供各种统计分析工具，可以生成各种业务报表、分析报告和分析模型；提供数据挖掘和决策支持工具，建立数学分析模型，辅助管理层进行决策支持。

数据整合牵涉到数据同步问题，数据同步是指数据集之间达到"一致"。具体地讲，对两个数据集 A 和 B，如果要把 A 的变化反映到 B，使 B 中对应于 A 中的数据与 A 保持一致，则称 A 同步 B。同步与时间密切相关。一般情况下，数据集内容是随时间随机变化的，同步是个"快照"的概念，即数据集之间是否达到一致，只是相对于某时间点而言。但由于数据集变化是动态随机的，所以，在进行针对某个时间点的同步过程中，新的变化将不断产生，处理不好将严重影响同步的正确性。这里，困难点在于以下两个方面：

A）数据集快照的产生本身就是受数据集动态随机变化的影响，特别是数据集的行为的随机性（数据集是其他应用程序操作的），使得得到准确的快照变得十分困难。

B）快照可能是海量数据，而且达到处理点也需要经过性能难以保障的网络。

针对单纯的快照概念难以解决该问题，本项目采用基于增量快照差的迭代增量同步算法。该算法的核心思想是为数据集的"变化信息"建立快照——增量快照，并且在同步过程中动态地更新快照，产生最近两个时间点的增量快照的差——增量快照差，然后，根据增量快照差进行同步工作。此时，由于增量快照差变得很小，而且快速响应了算法的进行对数据集的变化所需的"知情权"，可以获得很高的效率。

（3）数据集成采用的主要技术

对学校现有业务系统的数据采取以下两种方法进行处理：

①综合分析：将由多种不同应用系统产生的数据看作一个整体——集成数据，在这个整体上进行交叉的查询、统计、分析。这种情况下，集成数据是只读的。

②综合业务系统：将由多种不同应用系统产生的数据的集成与综合看作基础数据——综合基础数据，在这种综合基础数据上建立新的综合业务系统，通过对综合基础数据的读、写、插入、删除、更新等操作实现综合业务。这种情况下，综合基础数据不仅是可"读写"的，而且涉及双向 ODS（Operational Data Store）。

这两种方法主要涉及下列操作：

① ETL：即传统的数据抽取、转化和装载（集成）（ETL：Extract，Transform，Load）。

② ODS：即操作数据存储，是可随数据源实时变化的可带明细的数据综合。

③ "条块"数据转换：是多次的数据集成。"条"数据是局部于某一领域内的数据，多个领域的多"条"数据转化、集成后，形成新的数据，是相对于这些"条"数据的"块"数据。这些"块"数据相对于更高领域是新的"条"数据，它们又可以进行新一轮的"条"集成。许多应用需要这种多次的"条块"集成。

④多维分析与数据转化、合成：数据各种重组、合成、变换、加工。

（4）数据集成实现方法

数据集成方法上采用虚拟视图法，基本思想是将异构数据库（表）或其他数据连接在一起，形成新的逻辑上为一体的数据视图。用户可以通过专门的虚拟视图服务器访问虚拟视图。虚拟视图里的数据可能来自分布在不同系统中的异构、异义、异质数据，其实现依赖于两类软件组件：包装器（Wrappers）和中间件（Mediators）。包装器包装数据源，把底层的数据对象转换成统一的数据模型。中间件从包装器或其他中间件获取信息，通过集成不同数据源信息，提供数据集成服务。该方法的主要体系结构如图 4-3 所示。

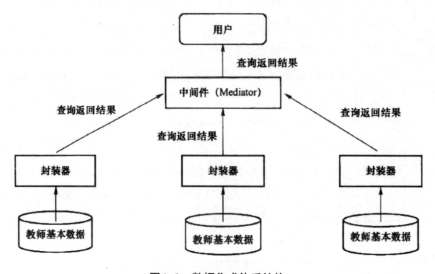

图4-3　数据集成体系结构

针对学校的集成需求，通过 Web Services 技术来实现系统之间数据与业务的衔接。例如，许多系统需要从教师管理信息系统中获取教师基本信息，在教师管理信息系统中设计 Web 服务，其他信息系统在需要时就可通过这个服务获取教师基本信息。对于各个部门的子系统，可以把需要提供给外界的信息以 Web 服务的方式来提供，而其他需要相关信息的系统通过调用这些 Web 服务来获取。但是由于异构性的存在，需要中间件将原有系统的功能接口转化成统一的服务接口。

数据集成不仅为数字化校园的应用系统建立了全面综合的数据源，为应用系统开发个人综合数字档案、学校决策分析档案提供支持，而且还明确了各种数据的权威性和维护责任，使相同的数据在整个智慧校园系统内只有一个权威值，一处维护单位。

1.Web 部署技术

Nginx 是轻量级的 HTTP 服务器，Nginx 专为性能优化而开发，它支持内核 Poll 模型，能经受高负载的考验，有报告表明能支持高达 50000 个并发连接数。

在整个的 Web 部署上主要使用前端服务器加后端服务器的耦合方式实现，前端使用高性能的 Nginx 而后端则使用标准的 Serlvet 容器 Tomcat 实现，这样的搭配可以很好地解决性能和应用的兼容性问题，使用 Nginx 按照调度规则实现动态、静态页面的分离，并为了提高访问性以 Nginx 的 IP 哈希方式实现了应用的负载均衡。

2. 网络的传输优化技术

为了降低网站带宽消耗，并同时提升访问速度，本平台采用了 Gzip 预压缩技术、浏览器缓存技术、服务端动静态分离的处理技术和服务端缓存技术。

•Gzip：一种压缩技术。经过 Gzip 压缩后页面大小可以变为原来的30% 甚至更小，然后再传输到用户端。Gzip 压缩技术使网络的传输量大大减少，用户浏览页面的时候速度会快得多。

• 浏览器缓存技术：开启浏览器缓存功能，将文件保存在客户端的浏览器，设定好相应的缓存策略，缓存过的文件不需要再到服务器下载，减少对网络带宽的占用，可以提高访问速度，提高用户的体验，还可以减轻服务器的负担。

• 动静态分离的处理技术：由于 Tomcat 本身对 html、js 和 css 等静态文件的处理与 Apache 和 Nginx 这些前端服务器相比相差甚远，使用 Nginx 反向代理动静态分离技术，将静态 HTML 网页、图片等静态文件放到本地，JSP 等动态文件使用后端 Tomcat 处理，这种分工合作的方式不但可以提高静态文件的并发访问速度，还可以大量地减轻后端 Tomcat 的访问压力，提高 Tomcat 的性能，从而提高整个集群的访问性能。

• 服务端缓存技术：为了进一步提高系统的访问速度和并发量，使用 Nginx 对访问过的页面（动态或静态）进行内存级别的缓存，用户对页面的访问可以从内存直接读取。

3. 工作流技术

JBPM 是一个开源的、纯 Java 的、轻量级的支持多种可执行流程语言的工作流程管理

（BPM）工作流引擎。使用 JBPM 可以提高业务流程管理的效率，可以更加灵活地控制业务流程，使流程可以按照业务的需要重新设计。在开发过程中重点关注流程，从而使流程更加流畅和简单。同时使用 JBPM 可以提高对迭代开发的支持。JBPM 工作流系统使得新业务流程很容易部署，业务流程相关的软件可以按一种迭代的方式开发，因此使用工作流系统使开发更有效、风险更低。

4.Mysql Cluster 集群技术

智慧校园平台存在用户数据量大和访问量大的问题，针对该问题使用分布式的关系型数据库 MySQL Cluster 作为解决方案。MySQL Cluster 是用于解决高可用和高可靠性的解决方案。MySQL Cluster 具有故障恢复、节点修复、数据同步、非单点故障等优点。MySQL Cluster 是为提供 99.999% 以上的高可用性而设计的，采用分布式节点设计技术，不会因为单点故障而使整个 Cluster 瘫痪。

MySQL Cluster 由 3 类节点组成：管理节点、数据节点、SQL 节点。

• 数据节点

数据节点是整个系统中最主要的节点，它负责存储所有的数据以及数据的同步复制，以防单个或者更多的节点故障而使 MySQL Cluster 瘫痪。

• 管理节点

管理节点用于管理系统的配置信息，只在启动和重新配置 MySQL Clustei 的时候才起作用。一般情况下只需要 1 个管理节点，当然也可以运行几个管理节点。

•SQL 节点

SQL 节点用于数据节点存取数据，提供统一的标准 SQL 接口，跟平常的 MySQL Serve 一样，让应用程序和开发人员不用关心系统内部究竟是如何运行的。

5.Hadoop 存储技术

智慧校园平台存在用户文件量大和访问量大的问题，针对该问题使用分布式的文件存储系统 Hadoop 作为解决方案。Hadoop 是一个能够对大量数据进行分布式处理的软件框架。但是 Hadoop 是以一种可靠、高效、可伸缩的方式进行处理的。Hadoop 是可靠的，因为它假设计算元素和存储会失败，因此它维护多个工作数据副本，确保能够针对失败的节点重新分布处理。Hadoop 是高效的，因为它以并行的方式工作，通过并行处理加快处理速度。Hadoop 还是可伸缩的，能够处理 PB 级数据。

6. 虚拟化技术

智慧校园平台提供的虚拟主机是以 KVM 所提供的虚拟平台实现的，KVM 虚拟化平台是 Linux 内核原生的组成部分，它使用 Linux 自身的调度器进行管理，所以相对于其他虚拟化平台其核心源码很少，速度更快更稳定，它所具有的特点如下：

• 构建在可信任，稳定的企业级 Linux 操作系统平台之上。

• 借助 Linux 系统内核强大稳定的功能实现资源调度、内存管理以及获得广泛的硬件支持等。

• 利用 Linux 内核如 NUMA 支持、电源管理、热插拔、SELimix、实时调度、RAS 支持等功能，无须大量的二次开发。

• 高级虚拟化技术的实现：KSMUSR-IOV 等。

• 优秀的兼容性——全面支持多种 Windows、Limix 等操作系统。

• 把 Linux 转换成一个 Hypervisor。

7. 用户数据交互技术

在表现层方面使用成熟的 Gwt 和 Freemarker，以兼容各大浏览器，尽量得到一致的显示效果，并以 AJAX 为主要的异步数据交互方式，以提高用户的使用体验，并减少网络和服务器的负担。

8. 网络拓扑结构

智慧校园平台的网络结构主要分为两个部分：广域网和局域网。广域网部分主要是向校外的人员提供服务的，出口由网络运营商提供的两条 100Mbit/s 专线（电信和联通）组成，而局域网部分则针对向校内的师生提供服务而设，网络主要通过视通的光纤连接到教育局的核心交换机与学校组成同一个局域网，从而保证带宽和访问速度。

智慧校园平台的网络结构存在比较复杂的结构，接入的网络就有三个部分，分别为电信、联通和视通光纤。为了使三网融合，项目组使用了智能 DNS 的方式，分别使不同网络的用户走相应的网络通路（电信用户访问的是电信的 IP，而联通用户访问的是则是联通的 IP，学校的师生访问的是视通的光纤 IP）。智慧校园 - 网络拓扑结构如图 4-4 所示。

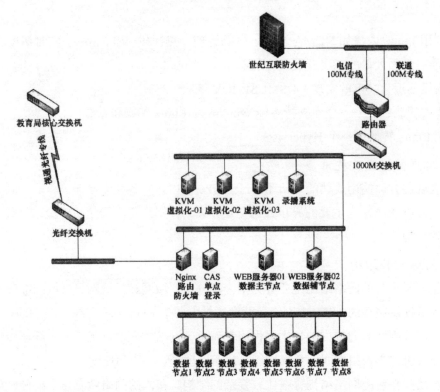

图4-4 智慧校园–网络拓扑结构图

9. 基于 HTTP 长连接的"服务器推"技术

传统模式的 Web 系统以客户端发出请求、服务器端响应的方式工作。这种方式不能满足智慧校园教学应用的需求，这些应用都需要服务器能实时地将更新的信息传送到客户端，而无须客户端发出请求。项目采用基于 HTTP 长连接的"服务器推"技术。

第五章　教育资源平台

第一节　概述

一、教育资源的概念及重要地位

教育资源及平台建设是一项基础性工作，是智慧校园得以运行的物质基础和保障。离开教育资源，智慧校园乃至整个教育信息化的发展将沦为无本之木、无源之水。《国家教育事业发展第十二个五年规划》明确指出"推动优质资源的开发、集成与共享加快数字教育资源开发，启动建设国家优质教育资源中心。支持、引导、激励各级各类学校和社会机构开发优质教育资源，建立覆盖各级各类教育所有课程的教育资源库和公共服务平台"。《国家中长期教育改革和发展规划纲要（2010—2020年）》也旗帜鲜明地将教育信息化单独列出，且将"加强优质教育资源开发与应用"作为教育信息化建设的重要内容，明确指出"建立开放灵活的教育资源公共服务平台，促进优质教育资源普及共享"。可见，教育资源及平台建设已被提升至关系到教育长期发展的战略地位。

随着教育理念、实践及技术的发展，教育资源的基础性地位和作用也日益突出。教育资源的内涵也在不断更新和发展。广义的教育资源是指为教育服务，促进教育发展的一切要素，包括环境资源、人力资源和信息资源。环境资源指构成教育教学系统的各种硬件设备，如计算机设备、网络设备、通信设备等，以及维持教育教学系统正常运行的各类系统软件、应用软件、工具软件、教学软件等。人力资源包括教育教学机构人员、任课教师、教辅人员、行政管理者，以及能通过互联网等现代通信工具联系到的各个领域的专家、学者。信息资源通常指信息技术环境下的信息资源，主要指以文字、图形、图像、声音、动画和视频等形式储存在一定的载体上并可供利用的信息，包括数字视频、多媒体教学软件、教育网站、电子邮件、在线学习管理系统、计算机模拟、在线讨论、数据文件、数据库等。狭义的教育资源一般指教育信息资源。

二、教育信息资源及平台的发展

在我国教育信息化发展的进程中，以各个时期资源建设的主要内容和资源库的表现形式为划分标志，有学者将我国教育信息资源的建设与发展概括为三个典型阶段："早期（2003年前）以教学素材库和学科资源库为主的建设阶段；中期（2008年前）以学科教与学资源网站、研究性学习和专题学习网站为主的建设阶段；再到近几年（2008年后）以网络教学课程（如魔灯Moodle课程）、教育视频库和教育教学博客、微博为主的建设阶段。"随着教育实践的发展、理念的转变及技术的进步，教育信息资源建设也在发生着清晰而深刻的转变。首先，资源建设理念开始从"助教资源"转向"助学资源"；其次，资源结构开始从封闭状态转向半封闭半开放状态；第三，资源的生成模式开始从"各自作战，静态生成"转向"合作共建，动态生成"；第四，资源的表现形式开始从"离散型教学素材"转向"结构化的主题式教学资源"；第五，资源的技术模式开始从"演播式"转向"交互式"。

教育资源的存储、共享和应用，离不开资源平台建设。科学合理的教育资源平台的规划与建设，还是缓解优质资源匮乏、优化资源配置、促进教育公平的重要手段。随着云计算、人工智能、内容图像检索（CBIR）等技术的发展，教育资源平台建设的技术模式进入一个崭新阶段，建设理念也正在发生根本性的转变。资源平台的发展趋势主要体现在：第一，资源平台的建设理念正在从产品层次上升至服务层次，资源平台建设的中心任务正在从技术平台的搭建转向服务体系的构建；第二，平台功能正在从单纯的资源存储与管理转变为融知识获取、存储、共享、应用与创新于一体的知识管理平台；第三，在运作机制上，Web2.0时代的以用户为中心的理念正在逐步体现。各种有效的社会化驱动和信息聚合机制正在逐步引入，资源平台的建设和应用绩效逐步提升；第四，在技术模式上，正在从传统的数字化向智能化方向转变。

第二节　核心问题

一、资源及资源平台建设面临的主要问题

近年来，国家和地方政府投入大量人力、物力、财力进行教育信息资源内容建设和平台建设，取得了巨大成效。为缓解我国，特别是部分偏远地区教育信息资源匮乏，提升教育质量与效益，促进教育公平，推进教育现代化进程等起到了至关重要的作用。但总体来看，资源建设只有量的改变而没有质的突破。教育信息资源特别是基础教育信息资源建设依然面临较大压力，问题重重。纵观多年来我国教育资源建设与发展，结合笔者在"禅城

区'智慧校园'示范工程项目"研究中所进行的一线调研，我们发现当前我国教育信息资源及平台建设的共性问题主要集中在以下几个方面：

1. 资源规模与质量问题

经过多年持续建设，我国已基本建成覆盖各学段的教育信息资源体系，已形成国家、区域（省市）、校本资源三级资源服务体系，从一定程度上缓解了教育信息资源匮乏的历史问题。但相对于日趋成熟的教育信息化硬件基础建设，"有锅无米"的现象依然存在，教育资源的供需矛盾依然突出。与资源规模相比，更为突出的是资源质量问题。由于缺乏统一的规划和有效的技术模式，导致大规模的低水平重复建设现象依然严重，资源质量难以满足要求，优质资源不足，特色教育资源匮乏。

2. 资源均衡配置问题

近年来，国家和各级地方政府通过多方努力，大力推进城乡教育均衡发展，通过"班班通""校校通""农远工程"等为教育资源共享、资源优化配置奠定了良好的硬件基础。但由于历史原因和人为因素，教育资源配置的地区差异仍然显著，教育均衡发展问题仍然突出。

3. 信息孤岛与资源共享问题

由于当前教育信息资源建设过程中，缺乏统一规划，各自为政的现象依然存在，资源建设技术与标准不统一，数据异构，资源共享困难，资源整合成本过高。另外，由于缺乏资源共建、共享的长效机制，各资源建设主体往往忽视或不愿进行资源共享。导致各资源平台各自独立，形成信息孤岛，大大降低了资源的使用效益，造成了极大的浪费。

4. 资源结构问题

现有的教育信息资源中，应用比较普遍的还是基于传统概念上的各自独立的、离散的媒体素材，且集中于文本和图像素材。资源结构单一、封闭。独立、离散的文本及图片素材很难承载完整的教学理念和教学设计，对促进教学，特别是教师专业成长及学生的自主学习没有实质意义。当前，我们需要开发基于主题的，整合各类媒体素材、完整承载教学理念与教学设计的互动性、生成性教育资源，且资源结构应该是开放的，便于优化、完善与整合。

5. 资源平台的运作机制问题

目前，各级各类资源库的建设机制基本上都是政府主导，联合有关企业进行平台建设。各级教育行政部门负责统筹、管理和维护，并组织一线教师以行政指派、立项建设、资源评比等形式进行资源内容建设。或联合相关企业开发或直接购买。这种模式在初始阶段政府需要较大投入，可在短期内汇集大量教育信息资源。但这种机制是自上而下的，与Web2.0时代的开放、共享，以用户为中心的核心理念是相违背的。由于缺乏长效机制，无法有效吸引用户的广泛参与，资源平台的运营难以长期保持活力。与此相对，知识类网站、社会化网站、电子商务网站等社会化平台异常活跃，对人们的学习、工作、生活方式产生了重要影响。这类社会平台所提供的服务、内容、用户与教育资源平台在很大程度上存在一致性。我们可以大胆、合理借鉴社会化平台的运作机制来优化教育资源平台的运营，构建教育资源平台的长效运营机制。

6. 资源平台的用户体验问题

首先，现有资源库系统的资源分类不规范。相当一部分资源库系统仍然按照传统的媒体类型进行分类，部分资源库虽然按照学科年级进行资源分类，但分类粒度过大，再加上资源的元数据不合规范，导致难以进行资源的精确检索。其次，由于资源组织结构松散，难以进行资源汇聚与深度检索，资源检索效率低下。再次，系统缺乏对用户使用风格的学习与分析，难以进行有效的资源及服务推送。最后，缺乏资源订阅、个人信息、界面、服务整合及定制等个性化服务。

7. 注重"库"的建设，忽视"平台"理念的植入

在教育信息化发展的进程中，在很长一段时间内，甚至时至今日，资源的匮乏一直是制约教育信息化进程的重要"瓶颈"之一。提供海量的资源一直是教育信息资源建设所要解决的首要问题。因此，资源"库"的概念已深入人心。"库"的概念强调的是资源的汇集、存储，还停留在技术和产品层次，已无法适应当前的教育需求。而"平台"的理念不再将资源库系统仅仅作为一个资源存储与检索的工具。它将"社区"的理念、"服务"的理念整合进来，更加关注用户体验，更加突出分享协作，更加强调用户的主体性，共同参与系统的建设与完善，从而将资源平台打造成为能自我循环、长效运营的"资源生态系统"。

8. 资源平台与其他教育信息化系统相隔离

教育是一个复杂的系统，各业务间有着紧密联系。然而由于建设理念滞后于技术的发展，现有的绝大部分资源平台是独立建设的，在规划和设计之初并没有考虑与其他信息化系统特别是教学系统和备课系统有效整合与对接。这样就会产生两个突出问题。首先是使用不便。用户往往要将相关资源先行下载，再到其他系统（如备课系统）中进行二次编辑、整合，才能应用。其次是系统封闭。由于资源平台独立设计、开发，与其他系统隔离，各系统间缺乏信息流通渠道。一方面造成资源难以实时更新、动态生成，对教学过程中动态生成的信息无法及时捕获、入库。另一方面，难以满足课堂教学对资源的实时需求，难以支持动态、灵活、开放的课堂教学。资源平台并没有成为教学过程中的必要元素，其应用效益和生命力将大打折扣。

9. 资源应用效益问题

教育信息资源的根本目的和本质属性是为教育教学服务。然而，由于上述种种原因，这些花费巨大、耗时费力建成的数量庞大、种类繁多的教学资源（库）在实际教学中的应用情况却并不乐观。很大一部分教育管理者、教师对教育信息资源及资源平台的认知和理

解还停留在较浅的层次，资源的使用还处于较低水平。大量教育信息资源主要被作为备课素材使用。基于资源的教师专业发展、协同创新，基于资源的学生协作、探究的自主学习等深层次应用还远未普遍形成。

二、资源平台建设的设计理念与核心需求

1. 设计理念

为缓解资源平台建设的上述问题，结合笔者在"佛山市'禅城区'智慧校园示范工程建设中项目"中所进行的探索，我们提出以下设计理念：

（1）基于知识管理理念构建"社区式"的教育资源平台

知识管理可通俗地解读为，实现信息向知识转化，促进显性知识和隐性知识相互转化，优化知识创新与应用的理论与实践。知识管理涉及知识获取、创造、分享、应用与创新等完整流程。在资源平台的设计中，可引入知识管理理念，在资源平台中整合知识管理工具，构建一个集知识获取、创造、分享、应用与创新于一体的支撑平台，打造教师、学生、家长间交流、协作、分享的学习社区，促进隐性资源的转化与积累。

（2）合理借鉴电子商务网站的相关理念优化教育资源平台的运作

近年来，电子商务网站的成功有目共睹。教育资源平台和电子商务网站一样，同样有商品（资源）的提供者和购买者（下载者），建设资源平台的目的也是和电子商务网站一样，希望以便捷的方式让更多的人来购买（下载）以产生效益（社会效益）。虽然教育资源平台在其本质目的、社会环境、建设模式等方面都与电子商务网站有很大的不同，但电子商务网站中极致的用户体验、商品推荐、信誉等级、评价机制、激励机制、个性化服务等方面均值得我们借鉴。

（3）引入知识类网站、社会化网站的相关机制，强化用户体验

社会化网站（SNS）全称 Social Networking Services，即社会性网络服务，旨在帮助人们建立社会性网络的互联网应用服务。SNS 是以人际关系链为基础构建网站系统的服务体系，Facebook 是其典型代表。知识类网站是以知识链为基础，兼具社会化网站的协同、互动特征，以提供知识、经验、见解等知识性内容为主要服务的互联网应用服务。其代表性产品如国外的 Quora、Aardvark 等，国内的知乎、百度文库等。知识类网站正在改变着用户对知识、资源、信息的获取、存储、管理、共享的习惯和方式。知识类网站与社会性网站在提供的服务、内容、用户等方面与教育资源平台具有高度的一致性。其开放的内容共建模式、高度结构化的知识链条、有效的资源评价及质量保证机制、便捷的知识共享途径、长效的运作管理机制、个性化的资源推介及良好的用户体验，对教育资源平台的构建均具有重要的借鉴意义。

（4）提出"信息"即"资源"的崭新资源观

传统意义上的教育信息资源的静态的，有形的。但事实上，很多在教育教学过程中所形成的生成性信息、动态信息，如学生的课堂反映、课堂练习反馈、教师突发的教学灵感、教师在课堂上对教学材料所进行的实时更改、补充、批注等都是宝贵的生成性资源，蕴含丰富的教育内涵。教育资源平台应提供相应的手段，对此类信息进行捕获、收集。

（5）一体化的解决方案，与其他教育信息化子系统无缝集成

资源平台的规划设计应与其他子系统统筹考虑，统一数据规范，统一技术模式，提供开放的接口标准，从而实现系统的动态扩展，提供各子系统间的数据流通渠道，便于从其他子系统捕获相关信息资源，实现资源动态扩容。同时能为各子系统提供资源支撑，方便用户使用，提高资源平台的应用效益。

（6）基于 SOA 构建教育资源平台，实现界面、数据和服务的整合

整个智慧校园系统是基于 SOA 架构体系进行构建，各子系统进行单点登录，实现了用户界面、数据和服务的整合。根据不同的用户角色分类，将各类用户的常用功能在同一页面集中呈现，简化用户操作流程，并且用户可根据自己的需求对各子系统的功能、服务进行定制。

2. 核心需求

通过广泛的需求调研和深入的文献分析，我们认为智慧校园的教育资源平台应着重满足以下几个方面的需求：

（1）提供海量优质教育学资源，满足日常教学需求

教育资源特别是优质资源短缺仍然是一个突出问题。提供海量优质资源仍然是教育资源平台的基本功能。为此，我们与相关企业联合，进行合作开发，并在政府主导下，联合一线教师进行资源共建。提供包括备课素材、课堂实录、习题库、试题库在内的海量优质教学资源。

（2）与备课系统无缝整合，实现资源智能汇聚，提高资源检索与利用效率

本项目中的教育资源平台与备课系统无缝整合。将备课系统嵌入资源平台，教师可在线启动备课软件，在检索资源的同时，即可完成备课。同时资源平台将资源粒度细化到知识点，实现了基于知识点的智能资源汇聚，并可进行资源在线编辑，极大地提高了资源的检索与利用效率。

（3）与讲课系统无缝整合，支持动态、灵活、开放的课堂教学

教育资源平台同时实现了与讲课系统的无缝整合。教师在讲课时可通过讲课软件直接进入资源平台，进行资源检索，实时扩展授课内容，调整教学进度，实现了课堂教学的动态化、灵活性和开放性。

（4）实时捕获各类教学信息，实现资源的动态生成、扩容与更新

一方面，教师可将在课堂上对教学课件、资源所做的更改实时存入资源库。同时，也

可将学生所完成的小组作业、课堂练习、评测结果等过程性信息存入资源平台。实现了资源库的动态扩容和实时更新，也为后续的综合测评、学生学习情况分析提供了数据支持。

（5）实现各类教学信息的分类存储、统计与分析

资源平台为全面收集教学过程信息、汇集成果材料，以档案袋的形式对老师和学生的各类学习过程信息及成果材料，加以分类存储，并能进行统计、汇总、分析。为学生的综合测评，教师的考核、评优、晋升提供数据支持。

（6）支持学生基于资源的协作、探究的自主学习模式

传统的以"助教"为主的零散的静态素材资源已很难适应教与学方式的转变。为此，一方面要提供以"助学"为主的主题式、结构化的学习资源；另一方面要在资源平台中整合交流、协作、互动、答疑的工具，支持学生开展基于资源的协作、探究的自主学习，从而有效转变资源应用模式，提高资源的应用效益。

（7）支持教师基于资源的校本研修及教师专业发展

资源平台不能仅仅作为教师的备课素材库，还应该成为教师之间进行教学观摩、经验交流、教学反思的专业成长社区。为此，资源平台一要提供大量的视频课例、教学反思、教学设计等"研修"资源；二要构建促进教师分享、交流、反思的机制；三要提供辅助教师进行分享、交流、反思的工具。这样，教育资源的应用才能上升到新的层次，教育资源的价值才能真正得以发挥。反过来，教师交流、反思的结果又会成为新的宝贵教育资源的一部分。

第三节　关键技术

一、基于云计算的教育资源库系统构建技术

云计算是分布式计算、网格计算和点对点 P2P 技术的融合。它将由网络互连的大规模的数据中心或计算机集群整合成资源池，进行统一管理和调度。用户通过网络以按需易扩展的方式获取各类服务和应用。云计算本质上是一种服务和应用的交付和使用模式。其技术实质是将计算、存储、服务器、应用软件等 IT 软硬件资源虚拟化，实现基础设施即服务（IaaS）、平台即服务（PaaS）、应用即服务（SaaS）的三层服务体系。云计算机技术的应用可以解决当前教育资源库建设中的众多突出问题。第一，大大降低了用户的硬件购买及维护费用。用户所需的高负荷的检索、计算及存储服务均可由云服务器完成，无须再购买昂贵的服务器及高配置的终端设备，只需交付相应的租用费用。第二，可以节省大量的软件维护和升级费用。各类应用软件统一部署于云端，由云服务提供商统一的升级和维护，用户只需交付十分低廉的费用。第三，提供了安全、可靠的数据存储。各类教育资源

统一存储于云端，由云服务提供商统一提供专业的数据安全和防护，极大地降低了用户将数据存储在个人计算机上所带来的风险。第四，由于各类信息和教育资源统一存储于云端，进行集中管理，为教育资源的充分共享、打破信息孤岛现象提供了有效支持。第五，借助云端的强大的计算能力，可实现海量数据的快速检索、智能汇聚，大幅度提高资源使用效率。同时基于海量数据挖掘，可进行更为深入的教育应用。

二、基于 RSS 的信息聚合技术

Web2.0 的核心理念是用户体验。Web2.0 时代互联网的本质是参与与分享。在 Web2.0 时代，人人都是网络资源的贡献者。面对海量的信息资源，Web2.0 通过信息聚合技术，实现了网络服务模式由 Web1.0 时代的人找信息转变为信息找人。信息聚合技术是对各网站的最新信息、资源按照用户的个性化需求进行抓取、分类，并推送至用户个人界面，快速形成用户个人门户。信息汇聚技术极大地提高了互联网中信息检索和使用效率，满足了用户的个性化需求，优化了用户体验。

RSS（简易信息聚合）是一种典型的信息聚合技术。RSS 是一种基于 XML 格式的网络信息资源的元数据描述规范。RSS 技术的应用可以分为"发布端"和"接收端"。发布端是信息的提供方，gPRSS 源，是互联网上各类提供 RSS 订阅功能的网站。接收端即用户，用户可根据需要，订阅多个信息来源，并通过 RSS 阅读软件对多个信息源进行分类管理，快速构建个人信息门户。

智慧校园资源库系统数据量庞大，为提高数据检索效率，满足用户个性化需求，系统提供了基于 RSS 技术的信息聚合功能。各类用户可根据需要，订阅自己感兴趣的栏目，并形成自己的个性化界面。当所订阅的栏目有内容更新，用户无须手动查找，相关信息会自动推送到用户个人界面。

第四节　系统构建

一、内容模块

内容模块根据教学及智慧校园各子系统的资源存储需求进行设计，包括动态资源和静态资源两部分。静态资源指有计划地进行设计、开发而形成的信息资源，主要是通过整合示范学校现有资源、实现资源跨校共享，并进行后续开发。向区域内各级学校提供优质、海量的公共教育教学资源及文化资源。动态资源是相对于静态资源而言的，指在教学过程中实时生成的信息资源，这类资源的过程性特征明显，包括答疑库和电子档案袋两个模块。

教育资源库的主要内容模块如图 5-1 所示。

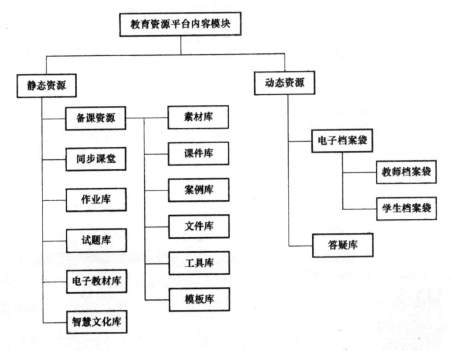

图5-1　教育资源库内容模块

1. 备课资源

备课资源库存储海量资源支持教师备课，为智能教学系统的"智能备课"及"互动课堂"系统提供资源支撑。"智能备课"系统的备课软件可直接调用备课资源库的相关资源，快速生成个性化的教案及课件。同时，平台将为老师提供个人存储空间，教师能将生成的教案及课件及时存储，供课堂教学实时调用及其他老师观摩共享。

（1）素材库：按学科知识点组织的海量备课素材，包括文本、图片、音频、动画、视频等。

（2）课件库：按学科知识体系组织的教学课件，供老师备科参考，老师利用"智能备课系统"制作完成的课件也存储在此，可随时调用或共享给他人。

（3）案例库：由各种媒体元素组合表现的有现实指导意义和教学意义的代表性事件或现象，如教案、典型的教学模式、教学设计等。

（4）文献库：有关教育方面的政策、法规、条例和规章制度；各科课程标准、教学大纲；重大事件的记录等。

（5）工具库：常用的媒体素材处理软件、课件制作工具及其他好用、易用的小工具小软件，辅助教师更为高效、灵活地完成各类教学应用。

（6）模板库：提供经典课件模板、PPT 设计图库，辅助教师高效完成课件制作。

2. 同步课堂

向"互动课堂系统"提供数据接口，借助自动录播系统及相关应用软件系统，自动捕获、同步存储课堂教学实况数据，同时提供重点及拓展知识讲解视频、参考资料，为移动学习提供资源支撑，全面支持学生课后的自主学习。系统还将对学生的自主学习情况进行记录（如学习的内容、时间等），形成报表，并通过相关数据接口，向"家校通"系统推送，最终将相关学习信息转发至家长的移动终端，让家长全面了解孩子的学习状况。

3. 作业库

按学科、年级存储各类作业题目，包括必须完成的课堂作业、可选择完成的拓展巩固作业和针对部分学有余力的学生的强化提高作业。作业库向"智能教学系统"和"移动学习系统"提供数据接口，老师可自主添加、发布、批阅作业，学生可通过移动学习终端查看、完成、提交作业。

4. 试题库

按学科、年级存储各类试卷、典型试题。试卷包括同步测试、单元测试和综合测试。其中，综合测试涵盖各级各类学校的期末试题、各级升学考试的历年真题及模拟题。教师用户可自主添加、调用试题，用于备课和课堂测试，学生也可通过移动学习终端访问题库，进行自主测试。同时，借助"智慧校园"其他子系统的相关应用软件，还将实现智能组卷、在线测试、系统阅卷等功能。

5. 电子教材库

电子教材是为适应教育信息化进程，对传统纸质教材进行数字化和多媒体化，形成适宜在个人电脑、电子书包、智能手机、PDA等终端设备进行阅读和学习的数字化教材。电子教材库按照年级、学科存储各类电子教材，老师可以利用电子教材进行高效备课、授课。学生可通过电子书包阅读电子教材，跟随老师授课进度进行课堂学习，或借助于其他终端设备开展课后自主学习，并可轻松记录电子笔记。

6. 智慧校园文化

向智慧校园文化系统提供数据接口，为智慧校园文化系统提供数据存储及资源支撑。其中汇聚了大量名师的讲座视频、教育博客、微博，众多优秀学生的经验介绍、创意活动展示及校园文化的数字化展播等。

7. 答疑库

答疑库向智能教学系统的辅导答疑模块提供数据接口。存储学生通过辅导答疑系统所提出的各类问题以及老师、学伴对相关问题的解答。问题和答案均可按照关键字进行检索，同类问题达到一定的提问数量将自动进入"常见问题"（FAQ）。

8. 电子档案袋

教师档案袋收集包括教师的工作计划、专业发展规划、教学反思、业绩成果等信息，辅助教师进行专业成长和个人业绩管理。学生档案袋全面收集学生的考勤信息、作业信息、考试信息，以及学生的学习计划、学习总结、课外作品、获奖与荣誉等学习过程信息，辅助进行学生学习的过程性评价，促使学生形成自主学习能力和自我评价能力。

二、功能设计

1. 媒体素材库

（1）资源分类

以学科、年级为主要分类依据，形成多级目录与树形结构，资源粒度细化到知识点。

分类可根据实际需求定义各级属性，如图 5-2 所示，一级分类为学科，二级为年级。那么在课的下级分类，分类管理用户可根据需求添加对应的知识点层。

分类维护管理包括：

• 添加同级分类

• 新增下级目录

• 修改、删除分类

管理员维护整个资源分类的目录、结构和节点。

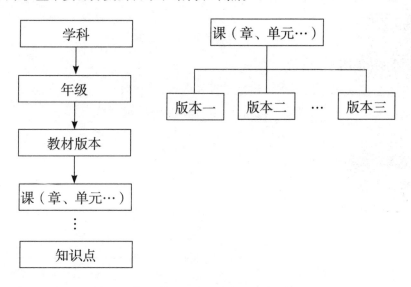

图5-2 资源分类结构

（2）资源上传

管理员用户或教师用户将本地资源上传分享。支持多种文件格式，能跟踪资源上传进度，支持异步上传；在上传过程中，上传者需输入资源属性等必填信息，包括资源名称；通过分类选择器快速定位资源所属的教育分类；确定资源用途和资源介绍、关键字等属性。

（3）管理资源

后台统一管理所有上传的资源；根据资源属性信息快速定位到资源并进行管理操作；通过列表展示资源的主要信息。

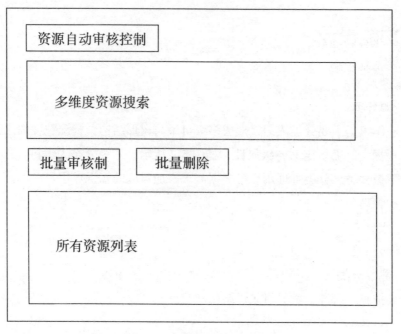

图5-3 资源管理界面示意图

资源管理界面如图 5-3 所示。

· 管理员可根据实际审核需求,控制是否开启审核机制;

· 从资源分类、关键字等信息快速查找定位到资源;

· 批量管理功能,提高审核效率;

· 列表展示资源的主要信息,方便审核查看。

(4)收藏资源

平台用户查看资源的过程中可选择收藏资源,以备以后学习工作中使用。资源收藏界面如图 5-4 所示。

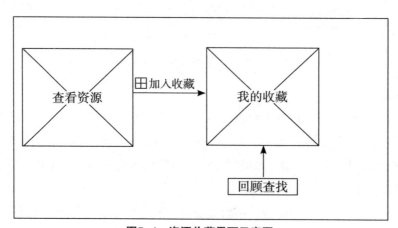

图5-4 资源收藏界面示意图

（5）资源检索查找

资源检索查找功能可以实现快速、精准定位，使用户能最快地找到自己需要的资源，排除非相关资源的影响，并且具备资源汇聚功能。

根据资源上传属性定义，资源检索应从资源上传时所有定义的属性，多维度地提供检索可选项。

查找项包括资源目录分类、资源用途、资源格式、资源名称和关键字文本。

资源检索界面如图 5-5 所示。

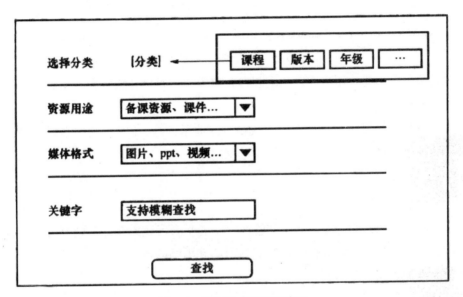

图5-4　资源检索界面示意图

- 通过目录分类，快速精确定位到科目、课程章节等教学粒度；
- 多种资源用途：备课资源、试题库、智慧文化和课件等；
- 多种媒体格式筛选：图片、PPT 文档、视频和动画 Flash 等；
- 支持关键字的模糊查找；
- 资源检索结果，列表汇聚符合查找条件的所有资源，显示资源关键信息。

（6）资源预览

系统提供用户下载资源前的预览；用户搜索到资源后可进入查看资源的详细内容；针对不同媒体格式的资源文件，系统自动提供不同的预览模式，包括图片类、文档类、动画库类和视频类。

资源预览界面如图 5-6 所示。

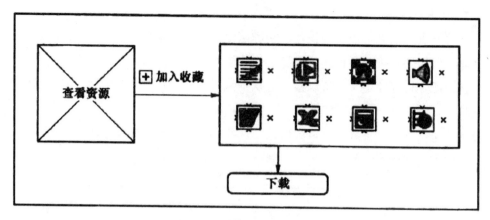

图5-6　资源预览界面示意图

通过资源预览功能，用户无须先下载再查看资源，直接在线查看，确定是否符合教学需求再进行下载。

资源预览功能提供用户直接在线播放视频或演示动画、PPT，无须重复下载；直接通过网络，实现教学过程中对教学资源的直接调用。

2．在线习题

（1）习题库维护

普通习题组成因素为题型、题干和答案，资源平台习题库在此基础上增加了分类、知识点内容、习题难易度和答题解析。提高查找习题和出题的效率，更好地帮助学生答题复习。

习题库维护界面如图 5-7 所示。

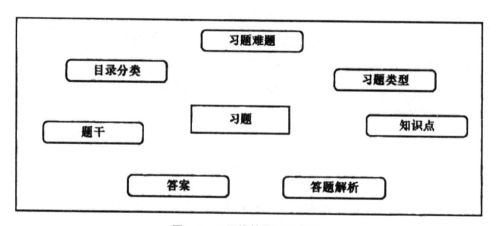

图5-7　习题维护界面示意图

习题库维护功能包括：

• 添加习题，管理员和教师用户在线直接添加习题内容，丰富习题库资源；

• 修改习题，管理员可对所有习题进行修改，教师用户对自己上传的习题进行修改；

• 删除习题。

（2）习题检索

习题检索查找功能实现快速、精准定位习题。

根据添加习题的属性定义，习题检索应从习题上传时所有定义的属性，多维度地提供检索可选项。

查找项包括目录分类、难度、类型和知识点内容。

习题检索界面如图 5-8 所示。

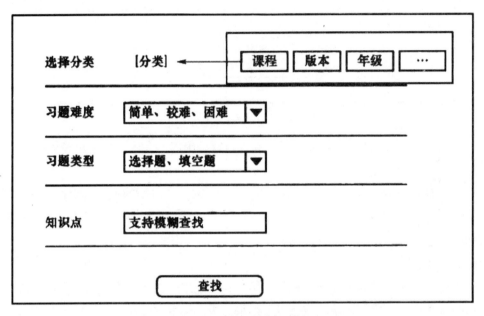

图5-8　习题检索界面示意图

• 通过目录分类，快速精确定位到科目、课程章节等教学粒度；

• 习题难度：容易、一般、比较难和很难；

• 习题题型：判断题、单选题、多选题、填空题和问答题；

• 支持习题相关知识点内容的模糊查找。

习题检索结果列表汇聚符合查找条件的所有习题，显示习题关键信息。

（3）智能组卷

教师用户可在线从习题库中检索习题，组合作业或试卷。组合过程高效、方便和快速。教师只需筛选习题，加入出题箱，输入必要信息，编排习题顺序即可快速布置作业或发布考试。

智能组卷界面如图 5-9 所示。

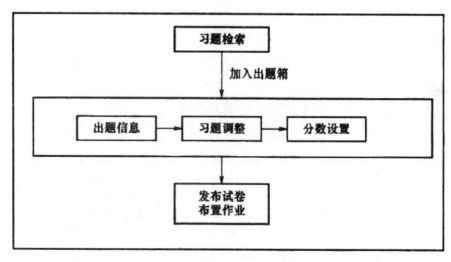

图5-9 智能组卷界面示意图

•临时出题箱：教师通过习题检索，查看习题详细内容，确定加入出题内容；整个操作过程应有连贯性，提高出题效率。

•教师查找完习题，统一在出题箱中进行布置操作；出题箱列出教师检索加入的所有习题的详细信息，包括题型、题干和答案等；教师可去除习题或对习题进行重新排序；教师可修改习题分数，系统自动算得总分。

（4）在线测试

教师用户出题，组卷或作业，发放至学生；学生用户在线作答并提交；教师用户对提交的试卷或作业在线批阅，给出成绩以及结果分析；学生亦可在线查看作答及教师批阅的结果，查看每道习题答案、得分和作答提示。

在线测试界面如图5-10所示。

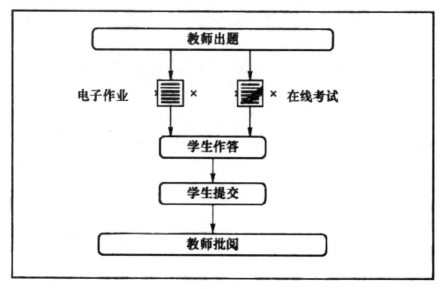

图5-10 在线测试界面示意图

·测试过程中，作业或试卷在每个步骤有对应的状态，测试平台根据状态自动将作业或试卷流转到教师或学生；

·学生应完成所有习题方可提交作答；

·学生提交作答之后即可查看习题答案和答题解析；

·教师批阅过程，客观题部分系统自动算分，主观题部分由教师根据答题提示录入相应分数；

·教师批改完成后，学生可查看总分和教师批改意见。

3. 辅导答疑

学生用户在线选择任课教师，输入问题，提交至辅导答疑系统。教师用户于辅导答疑模块查看未答疑的学生提问并予以辅导解疑。

辅导答疑界面如图 5-11 所示。

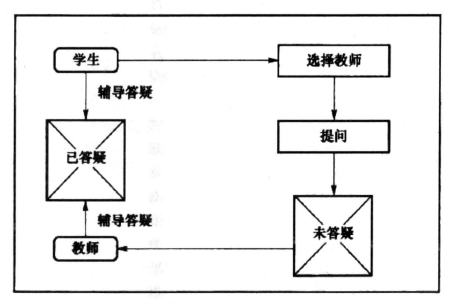

图5-11 辅导答疑界面示意图

·学生可选择本人所学课程的任课教师进行提问；

·教师可删除不适当的提问内容；

·教师解答过程的操作要简便快速，不应有过多的刷新等待时间；

·辅导答疑分未解答和已解答，便于教师和学生分别查看。

4. 综合评价

（1）学生分析

针对学生在线考试和电子作业的作答情况进行客观评价统计分析；评价的粒度为练习题，从习题的多个维度出发，包括课程、习题难度、习题类型及学生作答习题的得分情况，进行分析。

学生分析界面如图 5-12 所示。

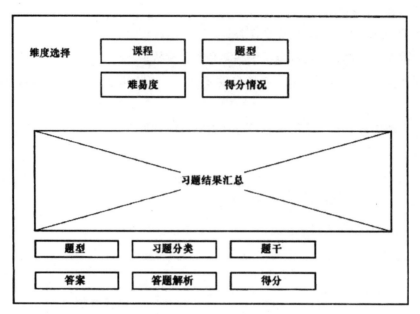

图5-12　学生分析界面示意图

• 单一维度查询分析：比如查看语文近期作业习题总体情况，答题结果对、错的题目比例，答错的题目主要学习的范围、知识点；直接查看题目答题解析。

• 综合维度查询分析：比如查看语文课程回答结果比较差的习题部分，系统给出符合条件的所有习题的详细情况。

（2）教师分析

教师用户针对每次作业或考试，分析学生的作答情况，粒度细化至每一道习题。教师分析界面如图 5-13 所示。

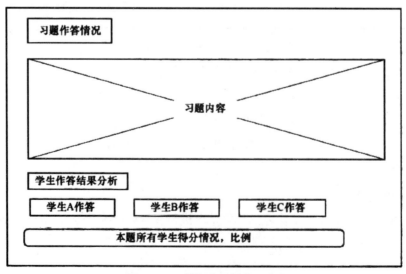

图5-13　教师分析界面示意图

• 查看每道题所有学生的作答情况；

• 查看每道题得分情况统计分析，各得分层学生的比例情况。

三、技术路线

资源平台使用Java语言开发，基于Spring MVC和Hibernate的技术框架，结合三层架构，最终发布为B/S网络结构模式的在线应用平台。

1. 架构与模式

（1）B/S结构

B/S结构（Browser/Server，浏览器/服务器模式）是Web兴起后的一种网络结构模式，Web浏览器是客户端最主要的应用软件。这种模式统一了客户端，将系统功能实现的核心部分集中到服务器上，简化了系统的开发、维护和使用。

资源平台服务模式如图5-14所示。

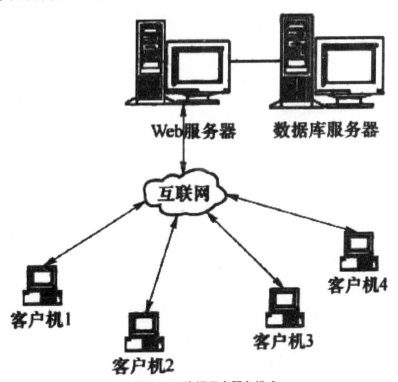

图5-14　资源平台服务模式

• B/S最大的优点就是可以在任何地方进行操作而不用安装任何专门的软件，只要有一台能上网的电脑就能使用，客户端零维护。系统的扩展非常容易。

• B/S结构的使用越来越多，特别是由需求推动了AJAX技术的发展，其程序能在客户端电脑上进行部分处理，从而大大地减轻了服务器的负担，并增加了交互性，能进行局部实时刷新。

（2）三层架构

通常意义上的三层架构就是将整个业务应用划分为表现层（UI）、业务逻辑层（BLL）、数据访问层（DAU）。区分层次的目的即为了"高内聚，低耦合"的思想。

资源平台服务架构如图5-15所示。

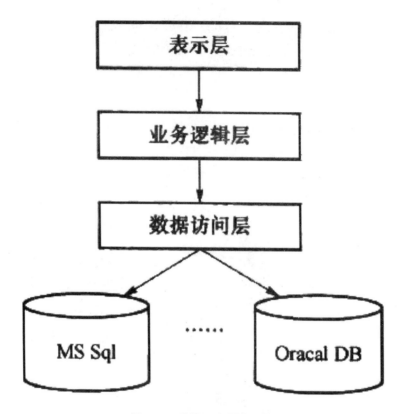

图5-15 资源平台服务架构

• 数据访问层：主要是对原始数据（数据库或者文本文件等存放数据的形式）的操作层，而不是指原始数据，也就是说，是对数据的操作，而不是数据库，具体为业务逻辑层或表示层提供数据服务。

• 业务逻辑层：主要是针对具体问题的操作，也可以理解成对数据层的操作，对数据业务逻辑处理，如果说数据层是积木，那逻辑层就是对这些积木的搭建。

• 表示层：主要表示 Web 方式，表现成 Spring MVC 的 View 层，如果逻辑层相当强大和完善，无论表现层如何定义和更改，逻辑层都能完善地提供服务。

2. 技术框架。

（1）Spring MVC 框架、

Spring 框架提供了构建 Web 应用程序的全功能 MVC 模块。

使用 Spring 可插入的 MVC 架构，可以选择是使用内置的 Spring Web 框架还是 Struts 这样的 Web 框架。

通过策略接口，Spring框架是高度可配置的，而且包含多种视Server Pages（JSP）技术、Velocity、Tiles、iText 和 POI。

Spring MVC 分离了控制器、模型对象、分派器及处理程序对象的角色，这种分离让它们更容易进行定制。如图 5-16 所示。

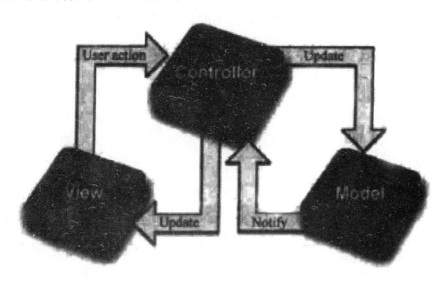

图5-16 Spring MVC框架

MVC 还具有众多优势。

· 低耦合性

视图层和业务层分离，这样就允许更改视图层代码而不用重新编译模型和控制器代码。同样，一个应用的业务流程或者业务规则的改变只需要改动 MVC 的模型层即可。因为模型与控制器和视图相分离，所以很容易改变应用程序的数据层和业务规则。

· 高重用性和可适用性

随着技术的不断进步，现在需要用越来越多的方式来访问应用程序。MVC 模式允许用户使用各种不同样式的视图来访问同一个服务器端的代码。它包括任何 Web（HTTP）浏览器或者无线浏览器（WAP）。比如，用户可通过电脑也可通过手机来订购某样产品，虽然订购的方式不一样，但处理订购产品的方式是一样的。由于模型返回的数据没有进行格式化，所以同样的构件能被不同的界面使用。例如，很多数据可能用 HTML 来表示，但是也有可能用 WAP 来表示，而这些表示所需要的命令是改变视图层的实现方式，而控制层和模型层无须做任何改变。

· 较低的生命周期成本

MVC 使降低开发和维护用户接口的技术含量成为可能。

· 快速部署

使用 MVC 模式使开发时间得到相当大的缩减，它使程序员（Java 开发人员）集中精力于业务逻辑，界面程序员（HTML 和 JSP 开发人员）集中精力于表现形式上。

• 可维护性

分离视图层和业务逻辑层也使 Web 应用更易于维护和修改。

• 有利于软件工程化管理

由于不同的层各司其职，每一层不同的应用具有某些相同的特征，有利于通过工程化、工具化管理程序代码。

（2）Hibernate 框架

Hibernate 是一个开放源代码的对象关系映射框架，它对 JDBC 进行了非常轻量级的对象封装，使得 Java 程序员可以随心所欲地使用对象编程思维来操纵数据库。Hibernate 可以应用在任何使用 JDBC 的场合，既可以在 Java 的客户端程序使用，也可以在 Servlet/JSP 的 Web 应用中使用，最具革命意义的是，Hibernate 可以在应用 EJB 的 J2EE 架构中取代 CMP，完成数据持久化的重任。

Hibernate 框架如图 5-17 所示。

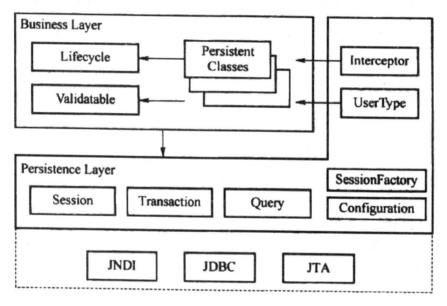

图5-17　Hibernate框架

Hibernate 性能调优的主要考虑点包括如下方面：

• 数据库设计

a）降低关联的复杂性；

b）尽量不使用联合主键；

c）ID 的生成机制，不同的数据库所提供的机制并不完全一样；

d）适当的冗余数据，不过分追求高范式。

•HQL 优化

- 缓存

a）数据库级缓存；

b）Session 缓存；

c）应用缓存；

d）分布式缓存。

- 延迟加载

a）实体延迟加载：通过使用动态代理实现；

b）集合延迟加载：通过实现自有的 SET/LIST，Hibeniate 提供了这方面的支持；

c）属性延迟加载。

第五节　应用分析

项目实施前，禅城区教育资源存储分散，技术规范和建设标准各异，导致区域教育资源建设问题重重。第一，由于资源分散存储，缺乏资源建设的统一标准，导致资源共享困难，形成信息孤岛，资源重复建设现象严重；第二，由于各自建设、难以整合优势力量开发批量优质资源，导致优质教育资源缺乏，难以满足日常教学需求；第三，由于资源元数据描述不规范，资源力度较大，难以实现资源的精确检索，影响了资源的使用效率；第四，没有与课堂教学及其他教育信息化业务系统有效对接，导致资源平台难以支持动态开放的课堂教学，无法及时获取教学过程中的生成性资源及其他业务系统的数据信息，从而无法实现基于海量数据挖掘的教育深化应用。

智慧校园资源平台上线运行半年来，受到了师生的普遍欢迎，也得到了地方教育行政部门和教育主管部门的肯定。智慧校园资源平台的建设有效缓解了区域教育资源的共建、共享及资源的有效应用问题，给全区教育带来了诸多变化。第一，智慧校园资源平台建设借鉴教育部基础教育课程教材发展中心颁布的《基础教育教学资源元数据应用规范》和教育部现代远程教育资源建设委员会颁布的《现代远程教育资源建设技术规范》等一系列资源建设标准，统一技术标准和建设规范，基于统一的教育云平台，部署和构建区域教育资源库，打破了资源共享壁垒，实现了资源的充分共享；第二，项目组整合区教育局教研室、示范学校一线教师、教育信息化企业的优势力量，充分发挥各自优势，合作开发教育资源，建立了包括中小学各学科课件、素材、电子教材、试题、试卷、名师教学视频等在内的丰富的教学资源库，增加了很多优质教学资源，有效满足了教学需求；第三，资源库平台集在线备课和教学资源智能汇聚、预览、编辑、生成、评价于一体，为教师快速查找、预览、选择、编辑、开发教学资源提供了极大的便利；第四，在资源库系统中无缝整合智能备课系统，实现基于知识点的资源智能汇聚，基于流程的智能备课，极大地提高了资源库的使用效率和教师的备课效率；第五，将资源库建设与讲课系统有效对接。老师在课堂上可通过讲课软件实时调用海量优质资源，扩展课堂教学内容。同时，也可将课堂上老师对课件所做的更改、批注，学生的作业、练习笔记等生成性信息实时保存，实现资源的动态扩容。

第六章　智慧校园网络体系

随着计算机和网络技术的高速发展，涌现出大量不同类型的通信网络，使校园网用户置身于复杂多样的异构网络环境中，信息获取和传输的手段以及数据存储和共享的方式发生了很大的变化。当前，高校校园网的网络形式种类繁多、各有特点，它们之间是一种共存发展、互相融合的关系。在智慧校园建设中，从经济和技术上考虑，多网络融合仍然是智慧校园建设的基础工作。多网络融合首先要充分利用不同网络间的互补特性，解决多种不同类型网络的有机融合问题，其次要采用通用、开放的技术实现不同网络或网元的互联、互通、互操作。

第一节　概述

智慧校园是一种全新的校园信息化形态，它运用物联网、云计算、移动互联网、应用集成、应用层数据交换等前沿信息技术手段，把学校里分散的、各自为政的信息化系统整合为一个具有高度感知能力、协同能力和服务能力的有机整体，对校园管理、教学科研、校园生活等活动提供智能支撑。

一、多网融合技术

多网融合技术是指将物联网、视频监控网等智慧校园子系统中的控制网络直接接入校园网，或者通过间接的转换模块接入校园网中，将校园光纤网络作为传输的基础、TCP\IP协议为网络协议基础，实现各个校园内子系统的有效联动，从而实现系统一体化集成管理。在智慧校园中应用多网融合技术具有两层含义，首先，各个子系统的信息之间实现"内容融合"，内容融合是指各个网络之间的信息可以有效传递；其次，多网融合技术是基于IP协议信息网和控制网中的"接入融合"。接入融合是指各个网络采用一致的网络通信协议。目前，应用最广泛的路由层协议是TCP\IP协议，目前的网络融合技术一般也是基于该协议进行的，通过在路由层之上设计合理高效的控制协议，实现不同网络间传输时信息格式的转换和兼容。在完成网络融合的两个目标时，一般是基于接入融合，通过软件协议栈的设计实现内容融合，保证整体网络系统高效、准确运行。

通过多网融合技术，在智慧校园建设中有效地保证了网络管理的统一性和有效性，形成了集成管理效应，基本实现了在某一校园异常事件产生之后，相关网络能够及时对该事件做出反应，并以联动的形式相互配合，采取一致措施。此外，对于原先的校园网来说，很多同一功能的网络内部也不是集中管理的，例如安防系统，在传统的校园信息化工程项目中，校园视频监控系统与楼宇防盗报警系统就相对独立，不易于实现统一管理。而多网融合技术能够把将这些具有同一功能，但相对独立的网络融合起来形成一个集中式的管理方式，有效地提高了管理效率和管理质量。同时这种方式通过减少基础设施的配置以及减少用地，有效地降低成本开支。对于基于多网融合的智慧校园而言，不需要在一个阶段全部建成，可以在建设过程中灵活地进行拓展，这就允许将管理系统分成多个阶段进行建设，还可以灵活地进行及时调整和重新部署，极大地减轻了智慧校园建设的成本压力。

对于多网融合技术的研究与开发，主要以 3GPP（3rdgeneration partnership project，第三代合作伙伴计划）、IETF（the internet engineering task force，国际互联网工程任务组）、UMA（unlicensed mobile access，非授权移动接入）等非营利国际组织为主开展研究工作。我国推出网络融合技术解决方案的公司主要是 HuaWei（华为）、ZTE（中兴）等。图 6-1 所示是华为公司的智慧校园多网融合解决方案，该方案可以实现自动发现网络资源，网络链路自动创建；提供了 IT&JP 一体化拓扑视图，全面管理校园网资源；呈现了子图、网元、链路、网元状态，可以帮助用户实时了解网络的运行情况；按用户信息保存了网元位置、支持拓扑背景图和自定义图标功能，各种 Tips 信息，校园网络结构一目了然。

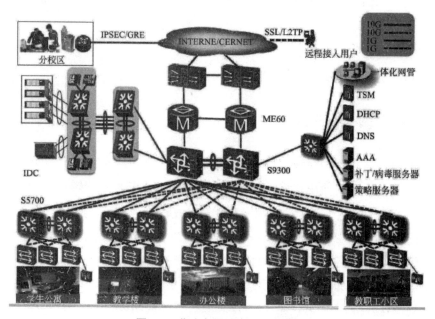

图6-1　华为多网融合解决方案

1. 华为多网融合解决方案的结构

华为公司的智慧校园多网融合解决方案是基于 SDN（software defined network，软件定义网络）思想提出的，它以智能的策略中心 Agile Controller 和敏捷的执行中心敏捷交换机 S12700 为核心，采用接入层扁平化的方案，业务由核心层集中分发与管控。其主要结构如下：

（1）园区网络核心。使用华为交换机 S12700，以 CSS2（cluster switch system 2，第二代集群交换机系统）模式部署。

（2）园区汇聚层。使用华为交换机 S7700，对网络下层接入设备启用 SVF（super virtual fabric，超级虚拟交换网）功能，将无线设备也融合进来统一管理。

（3）园区接入层。按智慧校园的实际需要部署绿色节能交换机和 WLAN 覆盖，使用核心交换机上的随板 AC 对 AP 进行管理，无须另外配置盒式 AC 或者插卡式 AC。

（4）园区网络设备管理。使用 Agile Controller 配合 eSight 对校园内有线无线网络设备进行统一配置和管理。

2. 华为多网融合解决方案的特点

华为公司的智慧校园多网融合解决方案具有以下特点：

（1）真正把无线和有线进行深度融合。华为核心交换机中使用了随板 AC 功能，真正做到了校园内 WLAN 和校园网的深度融合，极大简化了网络维护的复杂结构，将校园内数量众多的接入层 AP 和交换机都统一管理。

（2）方案采用了创新的华为包守恒 iPCA（packet conservation algorithm for internet，网络包守恒）技术。通过业务流量来获得真实的网络质量情况。包守恒 iPCA 算法，是在真实的业务数据中通过包染色的方式，直接利用业务数据报文来获得网络质量，并在网络管理平台上进行如实展现，这样就能得到和业务现状一样的网络服务器质量情况，让网络维护工作得到最真实的决策和管理依据。

（3）方案采用了校园网 SDN 平滑演进方式。SDN 技术是一种新型网络创新架构，是网络虚拟化的一种实现方式，主要通过将网络设备控制面与数据面分离，从而实现了网络流萤的灵活控制，使网络作为管道变得更加智能。华为公司的智慧校园多网融合解决方案采用 SDN 技术专为高校中多业务而定制，能够支持高校建立不断向前演进的软件定义校园网，更好地支持科研教学业务。

华为公司的智慧校园多网融合解决方案的成功案例为清华大学平安校园安防系统。该系统以华为敏捷交换机作为网络核心，保障了监控视频高质量传输和与校园网的高度融合。与其类似方案还在英国纽卡斯尔大学实施了，在超过 40 栋建筑、占地约 20 万平方米的校园环境中，向 20000 余名学生和 2500 名教职工提供了有线网和无线网服务，实现了二者的有效融合。

二、总体架构模型

智慧校园服务架构总体设计目标是充分利用计算机及网络技术的优势，最大限度地满足来自教学、科研、管理和校园生活的需求。建立智慧校园服务架构主要是完成将所有网络设备联网的工作，即通过网络设备将信息点与中心网络系统可靠地连接起来，为当前的各种应用环境系统和应用软件系统提供运行环境支持。

在建设智慧校园的时候，不能把现有的信息化设施抛弃掉，而是应该利用虚拟化技术，将校园现有的计算、存储、网络等 IT 基础资源整合起来，形成共享的虚拟资源池，把逻辑资源按实际需求同时提供给各个应用，也就是在现有"IT 基础设施层"基础上，完成"应用支撑层"的搭建。通过将小型计算机系统、高性能 PC 服务器、刀片服务器等多种不同架构的硬件系统构建成综合性虚拟化应用体系，再结合 FC-SAN、IP-SAN 的异构存储网络，使计算虚拟化集群形成大的资源池，统一灵活调配，实现业务平滑迁移。同时，通过统一使用的共享存储资源，使集中存储池中的空间可以自由分配和回收，真正实现各个业务单元的按需分配，使资源的利用率达到最大化。虚拟化集群的建立，可以有效减少服务器数量的增加速度，简化了服务器管理，降低了运行维护复杂度和成本，同时也会明显提高校园服务器利用率、网络灵活性和可靠性。通过对"业务应用"的数据整合，实现数字校园信息资源的共享与交换。并且支撑数字校园对信息整合基础上的应用整合与开发，实现 WE13 门户、手机客户端、短信、邮件等方式的数字校园信息的"综合服务展现"。同时，需要建设数字校园的"信息标准和安全运维体系"。

1. 智慧校园功能应用需求

（1）综合的统一管理平台

智慧校园建设项目涉及的子系统繁多，周期长，规模大，根据目前校园信息化建设的发展趋势，智慧校园的终极目标是建成一个集信息汇集、资源共享、应用整合和综合运营为一体的统一管理平台，能够提供集成服务，诸如数据集成、流程集成、用户界面集成等，有效改变教育系统各部门、院校对信息资源的垄断和封闭的局面，从而实现 K 域或校园数据资源的共享，避免重复投资，从整体上提升教育信息化建设水平。

（2）一站式服务需求

现有的数字化校园应用重管理、轻服务现象严重，为师生提供的信息服务不够全面，数字化校园多采用"技术导向"的思维模式，在实施过程中表现出明显的"重建设、轻应用"偏向，一方面影响了教育信息化投资效率的发挥，更为重要的是对促进教育改革、推动学习方式变革、提高教育质量的影响甚微。智慧校园的建设是实现业务的整合贯通，通过信息门户，提供面向师生的一站式服务。

2.智慧校园建设应遵循的原则

（1）统一标准，资源共享原则

智慧校园的建设需要充分考虑相关信息系统与学校所在省、市教育信息资源的共享，建立信息资源共享机制，充分利用网络基础、业务系统和信息资源，加强整合，促进互联互通、信息共享，使有限的资源发挥最大的效益。

（2）开放性原则

智慧校园的建设要对各应用系统的开发平台、数据库和运行环境进行统一考虑。智慧校园在后期的应用过程中，校园网上的应用和资源会越来越多，如果对各项应用缺乏有效的组织和管理，技术升级存在风险，那么，业务系统维护的成本将会不断增加。因此前期的建设必须考虑学校未来需求的变化和扩展，通过开放性的平台进行持续改进，并能够实现更加方便的系统维护。

（3）以平台为框架，无缝集成学校已建和今后新建的业务应用系统原则

在符合国家教育部和行业标准的体系指导下，建设智慧校园数据标准，以智慧校园平台为框架，无缝集成学校已建和新建的业务应用系统，促进数据利用的最大化。最大程度融合数据交换集成、用户管理、统一身份认证、业务数据整合、信息资源展示等，以标准、数据、应用、用户作为重点要素进行规划和建设。

（4）先进性原则

系统设计采用先进的智慧校园理念、先进技术和先进的系统工程方法。建设一个可持续发展、具有先进性、开放性的智慧校园。

（5）系统安全性原则

在系统设计与建设中，应该充分考虑数据安全、网络安全、传输安全、管理安全等系统的安全性。

3.智慧校园的三个核心特征

（1）智慧校园能够为高校提供一个综合性智能感知环境和信息服务架构，可以提供个性化定制服务。

（2）通过计算机网络的信息手段把校园内各种孤立的应用平台统一纳入学校的服务领域，实现真正的互联互通。

（3）让智能感知环境以及综合信息服务架构，为学校与外界提供一个互相交流和相互感知的接口。

在设计智慧校园系统框架结构时，要根据现有的校园网覆盖情况，集成和融合校内原有的学生管理系统、科研管理系统、校内 OA 系统、财务管理系统、国有资产管理系统、校内其他服务管理系统等多种信息化资源，可以设计智慧校园系统的框架模型。其中一种模型如图 6-2 所示。智慧校园的建设是以移动互联网、感知网和校园宽带信息传输网环境为基础设施，在原有的校园网、网络服务器、各类管理信息系统等校园数字资源基础上，

进行智能化升级，建立感知网络环境，与高校现有的校园网网络设施共同组成智慧校园的网络基础。融合高校现有的一卡通、图书馆、实验室等搭建云服务架构，建立静态数据仓库和动态数据仓库，分别存储图书、设备等固定资产资源信息和检测、业务等动态数据信息，为智慧校园的建设提供保障平台。智慧校园的应用设计从平安校园、生态校园、绿色校园、和谐校园和科学校园等方面进行考虑，从教学管理到校园生活服务全面设计系统应用服务。智慧校园系统不仅为师生和管理人员提供信息服务，还根据感知到的数据进行统计分析，智能地帮助人或物做出科学的决策，如智慧节能、智慧导航车位、智慧自习室座位展示等功能。整个系统建设需要在一套完整的信息标准与规范和工作体系与管理机制下完成，这样才能提高系统的实用性和规范性。

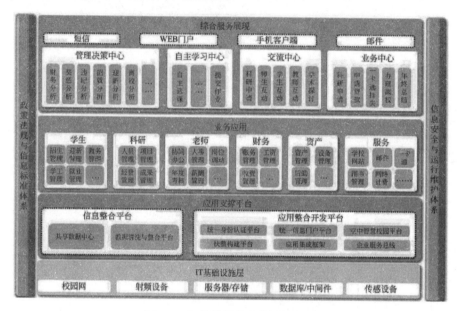

图6-2 智慧校园的总体网络框架

第二节 有线网

一、综合布线与运行环境设计

综合布线系统（premises distribution system，PDS）也称为建筑物结构化综合布线系统，是一种在建筑物和建筑群中进行网络数据传输的通信系统。它把建筑物内部的语音交换、互联网设备、智能数据处理设备及其他广义的数据通信设备相互连接，并采用接入设备同建筑物外部数据网络或电话局线路连接起来。结构化布线系统是根据各节点的地理分布情况、网络配置情况和通信要求，安装适当的布线介质和连接设备，是智慧校园建设工程的重要组成部分。

PDS 采用模块化结构，以一定的拓扑结构，构成传输大楼话音、数据和图像等信息的网络。综合布线各功能子系统相互连接形成综合布线系统，结构如图 6-3 所示。PDS 系统可划分为建筑群主干布线、建筑物主干布线、水平（配线）布线、工作区布线 4 个核心子系统。与之相对应的综合布线部件包括建筑群配线架（CD）、建筑群干线电缆（光缆）、建筑物配线架（BD）、建筑物干线电缆（光缆）、楼层配线架（FD）、水平电缆（光缆）、转接点（TP）、信息插座（IO）。

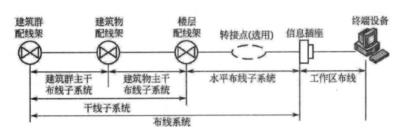

图6-3　PDS系统结构图

建筑群主干布线将一个校园内一栋建筑物中的电缆（光缆）延伸到另一栋建筑物的通信设备和装置，通常由连接的光缆和相应设备组成。它支持楼宇之间通信所需的硬件，主要包括导线电缆、光缆以及防止电缆上的脉冲进入建筑物的电气保护装置。建筑群主干布线时会遇到室外电缆（光缆）敷设的问题，一般有四种情况：架空、直埋、管道和隧道。架空安装通常只用于有现成电线杆的环境，从电线杆到建筑物的架空进线距离以不超过30 米为宜。直埋电缆布线的选址和布局需要针对校园内实际情况而专门设计，必须充分考虑直埋工程的可行性。管道系统的设计方法就是把直埋电缆的设计原则与管道设计步骤结合在一起。当考虑建筑群管道系统时，必须考虑接合井，接合井的平均间距大约 180 米，或者在主结合点处设置接合井。在建筑物之间通常有供暖、供水所用的地下隧道，利用这些地下隧道来敷设电缆（光缆）不仅成本低，而且可利用原有的安全设施。电缆（光缆）安装时应与供水、供暖、供气的管道保持距离，装在尽可能高的位置，要根据民用建筑设施施工的相关国家标准进行施工。

建筑物主干布线包括垂直干线布线、设备间布线和管理间布线。垂直干线布线提供建筑物的干线电缆（光缆），负责连接管理间与设备间，一般使用光缆或选用大对数的非屏蔽双绞线，它也提供了建筑物垂直干线电缆的路由。垂直干线布线通常是在两个单元之间，特别是位于中央节点的公共系统设备处提供多个线路设施。一般由导线、光缆以及将此光缆连接到其他地方的相关支撑硬件组合而成。设备间是建筑物内的接入网设备、计算机网络设备以及大楼总配线设备（BD）的安装地点，设备间布线由电缆、连接器和相关支撑硬件组成。它把各种公共系统设备的多种不同设备互连起来，其中包括接入网设备、光缆、交换机等。管理间是连接建筑物内垂直干线与水平干线的安装点，其主要设备有配线架、集线器、机柜和电源。管理间内的配线架一般由光纤配线盒和铜线配线盒组成，在管理间内应留有足够的空间放置配线架和网络设备（集线器、交换机等），同时要为集线器、交换机配备专用稳压电源。

水平（配线）布线是从用户工作区的信息插座开始到管理间的配线架，它包括楼层配线架和楼层配线架到信息插座的水平电缆（光缆）两部分。结构一般为星形，布线结构可分为星形、环形以及总线型等类型，配线子系统的结构是星形结构，配线子系统主要是由从配线间到本楼层工作区域之间的电缆束构成。将跳线调节，便可实现数据点与语音点间的交换。在设计配线子系统的过程中，关于电缆的选择应充分结合建筑物信息点的属性。除去综合布线系统在整体性比较高时用的是统一布线的规格，通常来说，三类双绞线多用于语音信息点，数据信息点用的则是超五类双绞线，少数情况下也会用到六类线。

工作区子系统内含多个不同的工作区域，每个区域必须能够设置终端设备，且要与别的区域隔开，具有一定独立性，工作区信息点分布较为均匀，各个端口的通信设备可以根据实际情况进行安装。在设计子系统时，应将信息插座安装在工作区中最合适的位置，同时信息插座的类型也要齐全。数据插座直接影响高速网络产品的运行，若是数据插座选用不当，不利于高速网络产品的正常运行。不过不管选用什么类型的插座，都必须有一个良好的接地基础。

高楼建筑内的布线结构与各高楼之间的布线结构相当于人们通电话时的信号接收器或者传输器，可以促进信号的增长。综合布线系统不是一个软件系统，实际上，它就像计算机硬盘，属于硬件配置，并且是划分模块的主要部分。语音设备、图像设备、信号控制系统及数据系统等通过综合布线系统相互连接起来，相当于连接建筑内部或者外部信息之间的桥梁，这便是各建筑物之间通信系统的产生。信息传输很大程度上依靠综合布线。综合布线系统的设计主要是以划分模块的方式，也就是说，综合布线系统是分为很多不同的子系统构建而成的。综合布线系统通常包括六个子系统，要发挥出整体最大功效，首先就要科学合理地设计好这六个子系统，这样才能确保整体质量达到最高值，同时还节约了大量成本，直接促进了经济效益的增长。

以某大学图书馆为例，介绍综合布线设计。该图书馆单栋建筑，总建筑面积6万多平米，共10层，是一座图书阅览、会议、办公兼顾的综合性建筑。信息需求包括语音、数据、图像和自控、监控信息等。

（1）工作区子系统。根据使用功能的不同设置语音点及信息点：单人办公室设置2个信息点、1个语音点，一般办公室按每10平方米2个信息点、1个语音点设置，公共办公区域按5~10平方米2个信息点、1个语音点设置，管理员室按办公室配置，设备房、值班、门卫配备一个信息点和语音点，实验室配备2个信息点、1个语音点；另外，自习教室、阅览室按照每15~20人设置1个信息点供无线网络使用。文印室预留2个无线网络信息点，报告厅按每20~30人设置1个无线网络信息点，电子阅览室和多媒体阅览室按每人 1 个信息点，研究室和贵宾休息室按设计使用人数每人设置 1 个信息点和语音点；电梯内设置 1 个无线信息点和语音点，走廊每隔 5 米设置 1 个语音点，以作公用电话，同时按照电气专业的要求，在各变电站、空压站、部分电气配电间等处设置 1 个语音点。所有网络信息点旁配备 3 孔或 5 孔电源插座，针对不同的设备选择了不同连接跳线，如 RJ45 跳线等，如果需要特殊的接口，可以选用相应的适配器，在工作区信息点较多的办公室（大于 2 个），采用双口信息插座，一律暗装于墙面距地 300mm 处。整个图书馆共设普通网络信息点 1252 个，无线网络信息点 199 个，电话语音点 247 个。

（2）水平（配线）子系统的实现。配线间的线缆管理采用六类非屏蔽 48/24 口，配线面板是 RJ45 面板，实际使用高度为 3U/2U。对于用户有高速率终端要求的场合（如计算机房的服务器、贵宾室、研究室等）可采用光纤直接布设到桌面。典型的配线子系统布线和工作区终端设备的连接如图 6-4 所示。

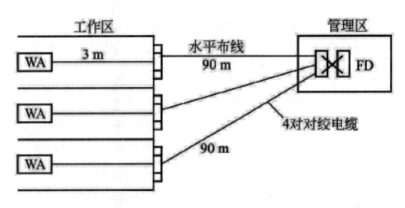

图6-4　终端设备与水平子系统连接

（3）管理子系统设计。由于图书馆单层建筑面积比较大，所以设 10 个楼层配线间，14 个配线架分别设置在相应楼层的电缆竖井内。本工程主配线间设置于 1 层网络机房内，A01、A02 这 2 个主配线架放置于此，12 个楼层配线间分布在 1~5 层，它们的数据主干光缆和大对数语音主干全部汇集主配线间，主配线间还管理从外部引入的通信线缆，各配线间线缆一般可从主干线槽进入相应配线架，在完成分组、上架、理线、绑扎后进行最后的线缆卡接，具体情况应根据现场施工要求灵活处理，但总体须保证线缆的安全和理线的整齐美观以及排列有序性。图书馆单层布线距离超过了极限值，所以在 1~5 层的东、西两座分别设立一个楼层配线间，并根据信息点的多少，适当增添配线架，在二楼的东、西两座，3 楼的西座因为设置了电子阅览室，所以分别增设 1 个配线架以满足配线的需要。

（4）垂直（干线）子系统设计。本工程从大楼主设备间主配线架上至楼层分配线间各个管理分配线架的光缆安装路径避开了高 EMI 电磁干扰源区域（如马达、变压器），并符合 ANSITIA/EIA-569 安装规定。保证整个使用周期中电缆设施的初始性能和连续性能。当大楼垂直主干线缆长度小于 90m 时，按设计等级标准来计算主干电缆数量；大楼垂直主干线缆长度大于 90m，则每个楼层配线间至少配置一条室内六芯多模光纤做主干。主配线架在现场中心附近，保持路由最短原则。

（5）设备间子系统设计。图书馆的设备间（数据中心机房）按机房要求装修，并考虑防雷和接地，以及配套的 UPS 电源，除满足所有安装设备的供电需求外，还配有另外的带 4 个双排插座 20A 的专用线路，此线路不应与其他大型设备并联，并且先连接到 UPS 上，以确保对设备的供电及电源质量，并用薄金属套管进行屏蔽。

二、VLAN 的组建与 VPN

1.VLAN

VLAN 全称 virtual local area network，翻译为虚拟局域网。VLAN 是比较成熟的交换技术，根据组织架构、地理区域、应用类型的不同，在交换机上逻辑创建多个小型的局域网，形成分段的逻辑网络，从属性上物理局域网跟每个逻辑而成的虚拟局域网相同，每个 VLAN 形成一个逻辑网络，每个 VLAN 内的终端形成一个广播域，不同 VLAN 之间的数据转发，需要通过路由器或者三层交换机数据包转发。

VLAN 在校园网中主要的功能是通过规划广播域的方式优化校园网网络结构、限制广播风暴的传播，对校园网络面临的黑客攻击、病毒传播、数字校园账号安全等问题可以在一定程度上进行防御。通过 VLAN 划分，有效控制数据流量、减小冲突域，抑制广播风暴；不同 VLAN 间可以通过 ACL 访问控制列表限制 VLAN 间的通信，提高网络的安全性；突破地域限制，不同位置两台终端可以设置为相同 VLAN，根据不同的 VLAN 划分方式可以灵活组网。在网管交换机上采用动态或者静态两种的方式划分 VLAN。动态划分可以基于 MAC 地址、第三层协议、协议管理策略划分。在动态划分中，基于 MAC 地址划分采用最多，当在交换机配置终端 MAC 地址对应的 VLAN 以后，终端接入该网络内的任意交换机都能够分配到对应 VLAN，但是由于终端用户量较多时，绑定 MAC 地址的工作会导致人员配置管理的工作量增加，而且容易出错。静态划分只有基于交换机端口划分，将交换机各个物理端口配置相应固定的 VLAN，任意终端连接到该端口时，该设备就会成为端口所属 VLAN 的成员。基于交换机端口划分 VLAN 适用于稳定的使用环境，在办公地点基本不变的情况下选用，当计算机终端需要变更时，只需调整配置对应端 U，该划分方式是最普遍的一种。

要是选择基于 MAC 地址划分 VLAN，MAC 地址全部都要配置到交换机中，由于 MAC 地址长度为 48 位，接入终端数量多，导致划分工作量大，而且配置过程容易出错，特别在网络规模较大的情况下，增加管理难度，所以不建议选用。基于端口方式划分 VLAN，可以跨越地理位置的界限。特别在办公楼内，相同的行政部门或行政管理人员可能在不同的楼层办公。例如，在办公楼的校领导，楼内不同楼层的管理人员，办公楼和教学楼的会议室分别各自划分。考虑到安全性问题，安全级别较为高的网络设备、服务器要独立设计 VLAN，配置适当的安全策略限制 VLAN 的访问。隔离广播域和冲突域是 VLAN 的特性，特别是发生广播风暴时，将有效降低对主体网络服务的影响。

通常情况下我们在校园网中可以建立默认 VLAN，数据 VLAN，管理 VLAN 和本征 VLAN 等类型，其中默认 VLAN 一般有网络设备出厂默认自带，一般编号为 VLAN1，数据 VLAN 定义为一般 PC 应用所在的 VLAN，习惯上编号为 VLAN10、20、30 等 10 的整数倍的数字，而管理 VLAN 为管理网络设备的 VLAN，一般为了安全起见，让别人猜不到最好，我们这里暂时使用 VLAN57，本征 VLAN 一般处理传统的无 VLAN 标签的数据，我们习惯上采用 VLAN99、999。注意以上 VLAN 的编号并不是固定的，大家可以根据自己的习惯和喜好选择不同的 VLAN 编号。

引入 VLAN 技术以后，同一个设备可能划分多个 VLAN，同一个 VLAN 也可能在不同的设备上，这时候我们要把不同 VLAN 的数据在用一个公共通道上传输。这必然会带来两个问题：一是公共通道不同于一般通道，如何区分的问题；二是在多个 VLAN 的公共通道上如何区分不同 VLAN 的数据的问题。第一个问题的解决要把多个 VLAN 的公共通道设置为主干 TRUNK 链路，第二个问题的解决是为不同 VLAN 的数据进行打标签（发送端）和拆标签（接收端）。一般打标签和拆标签由设备自动完成，而 TRUNK 链路需要我们分析辨识并手动配置。一种典型校园网 VLAN 规划为服务器分组，VLAN10，学生分组 VLAN30，教师分组 VLAN40，管理工作站分组 VLAN57，无线用户分组 VLAN88，本征 VLAN99。

VLAN 的局限性主要体现为：

（1）为每一个客户提供一个 VLAN，ISP 的设备必须有大量的接口；

（2）随着 VLAN 数量的增加，生成树将越来越复杂；

（3）维护多个 VLAN 意味着 $ 要维护多个 ACL，这增加了网络配置的复杂程度；

（4）VLAN 的可利用资源受到挑战，同时造成了 IP 地址的浪费。

为了解决这些问题，提出了 PVLAN 方案。PVLAN（private VLAN）称为私有 VLAN，是指在 VLAN 内部再构建一层 VLAN 的功能，因此也可以称为多层 VLAN。PVLAN 能够通过进一步分割广播域（子网），削减 VLAN 内部的广播通信流量并保障通信的安全性。例如，在图书馆、食堂、公共机房等场所灵活使用该功能，就能够控制服务器或网关与终端的连接，使不同终端之间无法相互通信。

再以某校为例，该校开展校园信息化建设多年，有教师办公计算机 500 余台、计算机机房用机 1000 余台、网络中心机房服务器 50 余台，具备较完整的网络建设基础平台。但由于校园网网络结构不合理等原因。出现了广播风暴在校园网内部大面积泛滥现象，严重时甚至造成网络瘫痪，严重影响了广大师生正常的教学秩序，如何对此校园网进行重新规划和设计呢？

需要将这三类计算机划分到不同的独立子网之中，采用二层隔离，并实现教师办公机、计算机机房用机之间网络互通，中心机房服务器之间网络隔离，且三个子网都能连通Internet。

（1）网络结构规划。外网使用联通500M宽带，光纤接入，使用天融信NGFW系列防火墙。防火墙设置为路由模式，用以实现外网到内部网的路由。核心交换机使用华为S5700系列三层交换机，划分VLAN、网络优化配置都在核心交换机上实现。核心交换机下连接二层交换机，用于连接入网计算机。

（2）PVLAN的划分。根据学校计算机、服务器功能的不同，为保证网络通信的安全性，实现办公、机房计算机互通，服务器之间不通的效果，应使用PVLAN技术对网络进行划分。对需要配置的PVLAN规划如下：建立四个VLAN，VLAN号分别为100、101、102、103，将VLAN100设为Primary VLAN，将VLAN101、102设为Community VLAN，将VLAN103设为Isolated VLAN。VLAN100作为主VLAN包含从VLAN101、102、103。将教师办公计算机划分到VLAN101中，将计算机机房用机划分到VLAN102中，由于VLAN101和VLAN102都是团体VLAN，所以这两个VLAN内部可以互相访问。将中心机房服务器划分到VLAN103中，由于VLAN103是隔离VLAN，所以中心机房服务器之间不能相互访问。连接Internet的端口应设置为混杂模式Promiscuous，这样子网的用户都可以实现对Internet的访问应用。PVLAN技术将教师办公机和计算机机房用机划分到两个Commmity VLAN中，这样可以保证两个VLAN之间二层隔离，每个VLAN内的主机互通。将中心机房服务器划分到隔离Isolated VLAN中，这样可以保证机房服务器之间不能互通使服务器之间没有多余横向流萤，进一步优化了上行链路带宽。

2.VPN

VPN（virtual private network，虚拟专用网）技术就是利用公共网络建立虚拟的对内部专用网络进行远程访问的技术。使用该技术，用户不再需要专门架设长距离的真实专用数据线路，只是利用现有的因特网资源建立一个临时安全的网络连接，或者通过特定的网络通道，将散布于不同区域的局域网连接成一个逻辑上的专用网络来传输私有数据。常见的做法是在每一个办公场所建立一个防火墙，同时通过因特网在这些区域建立隧道。充分利用VPN相关协议的安全性来建立隧道，能够将任何两处办公场所之间的所有流量都聚集到一个支持认证和加密的安全关联（security association，SA）上，而且SA是单向的，在两个对等之间存在两个SA，这就保证了完整性控制和保密性。

随着办学规模的不断扩大，很多学校都已划分成多个校区，有些校区甚至是跨地域的，这种状况则使得不同校区师生在进行工作、学习和交流以及随时访问校园网内部的资源时增加了实践难度，降低了执行效率，同时也导致教学和科研受到难以估量的重大影响。采用VPN技术不但能够有效解决互联和安全问题，还可以针对教师和学生在校外不能使用专用资源这一问题提供现实理想方案，并且能进一步显著降低校园网建设成本和周期。

VPN 技术允许外部用户加入内部网络，在外部用户和 VPN 服务器之间建立一条加密隧道，将原始数据包进行加密，加密后再添加新的协议包头封装，如此使得只有知道密钥的通信双方才能够解密数据包，进而保证了数据包在公共媒质上传送的时候，不会被非 VPN 用户截取，就如同外部用户是直接联入内部网络中一样，这不仅减少了远程用户数据传输时间和传输费用，而且结构简单易于维护、实现方案多样，并具有良好的扩展性。因此，VPN 技术现已广泛应用于远程办公和企业之间的通信。

根据实现技术的不同，VPN 技术可以分为第二层（链路层）隧道协议 PPTP、LZF、LZTP 和第三层（网络层）隧道协议 GRE、IPsec，以及工作在高层的 SSL 等。各分类层之间的区别在于用户的数据包在隧道传输中分别使用协议的不同。其中，基于 SSL 协议的 VPN 技术是目前最佳应用的主流 VPN 技术。SSLVPN 是一种新型的远程接入技术，能使网络浏览器或专用的客户端和内部资源提供一个安全可靠的连接。通过对数据包进行封装，采用 SSL/TLS 协议与加密算法、身份认证等构建 VPN，在网络中形成一个外部用户客户端到 SSLVPN 网关之间的加密隧道。在实现过程中，用户通过客户端浏览器内建的安全套接层（Secure Socket Layer）封包处理功能，利用 SSL 技术对访问数据进行加密，并将加密后的数据发送到 SSLVPN 网关，此网关将接收到的加密信息进行解密，而后再转发到网络内部的 VPN 服务器，采用网络封包转向的方式，让用户在远程计算机执行应用程序，读取网络内部服务器数据，从而在应用层保护了数据的安全性。

校园网 SSLVPN 系统需要综合考虑在安全接入和 Clientless 等方面的特性。通过在本部校园网上配置 SSLVPN 服务器，分校区用户客户端首先从 SSLVPN 服务器上面下载 Applet，其后将客户端通过 SSL 与 SSLVPN 服务器建立安全连接。用于 SSLVPN 服务器与分校区及校外客户端连接通过防火墙时，防火墙设置只允许 443 端口，同时能对访问数据进行安全处理。而在 SSLVPN 服务器对访问数据按照策略进行控制鉴别后，才能和校园网的应用服务器建立安全连接，并把外网的数据重定向到校园的应用网服务器，这样就在分校区和校外用户客户端到校园网专有服务器之间建立一条加密传输数据的信道。校园网 SSLVPN 系统设计结构如图 6-5 所示。

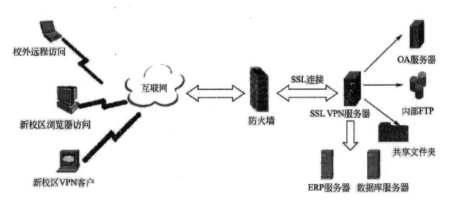

图6-5　校园网VPN设计结构图

三、网络设计测试与优化

在智慧校园建设中，校园网所承载的业务不断地朝着多元化的方向发展，MOOC（大规模在线开放课程）、校园网络直播和IP摄像头安保监控等网络视频、流媒体服务逐渐成为校园网主流应用。这些应用对校园网网络的延时和抖动要求较高，服务质量严格受限于网络设备的性能。因此，在校园网设备选型或方案评估的过程中，网络设计测试与优化工作成为方案评估的重要环节。

在网络设计测试时，通常采用网络设备性能基准测试的方法。互联网工程任务组（internet engineering task force，IETF）下属的基准方法工作组（benchmarking methodology working group，BMWG）定义了一系列请求评议草案（request for comments，RFC），对网络设备性能基准测试的参数、测试方法和提交结果做了详细的规定，为设备性能的全面判定提供了良好的辅助手段。

校园网网络设备传输协议主要是单播（unicast）和组播（multicast）。使用单播协议进行网络传输时，服务器必须为每个客户端的请求单独发送流。在网络请求数大的情况下，服务器和网络主干设备的负载较重，但服务器可以响应不同的客户机的请求发送不同的数据，且基于TCP的单播协议的数据流转发质量较好，因此常用于网络视频点播服务。组播协议基于UDP设计，需要相同数据流的客户端可加入同一个组以共享一条数据流，可以极大地节省服务器资源，减少网络主干的压力。与单播相比，组播没有纠错机制，发生丢包错包后难以弥补，另外在认证、QoS（quality of service，服务质量）等方面还不完善，因此目前一般用于开放式的网络视频直播服务。

对网络设备进行测试，应综合考虑设备对单播和组播的支持能力。BMWG公布了RFC1422（网络互联设备基准术语）和RFC2544（网络互联设备基准测试方法），对网络互联设备（交换机、路由器等）的测试基准进行了详细的规定。在IP组播测试方面，特别颁布了RFC2432（IP组播基准测试术语）、RFC2236（Internet组管理协议第二版）和RFC1112（IP组播主机扩展）等对测试的细节进行了约定。相应的，我国在前些年也制定了一些设备技术规范，作为行业标准指导设备生产，例如YD/T1156—2009（路由器设备测试方法—核心路由器）、YD/T2045—2009（Ipv6网络设备安全测试方法—核心路由器）、YD/T1141—2007（以太网交换机测试方法）等。与RFC的定位不同，我国的行业测试规范主要用于规范生产，因此测试规范明确了网络设备的常用、重要的功能指标。在实际的测试方案制订和操作中，对于网络设备某些方面性能的测试评定主要以RFC的定义为准。

在具体网络测试中，通常包括线缆测试、网络性能测试和软件测试。线缆测试包括电缆验证测试、电缆认证测试和光纤传输通道测试，验证测试是测试电缆的基本安装情况，测试设备为电缆测试仪（如Fluke公司的MS2-100）；认证测试是检查电缆正确安装后的电气参数（如接线图、链路长度、衰减、近端串扰等）是否符合有关规定（如TIA、IEC等）

所要求的指标，测试设备为电缆认证测试仪（如 Fluke 公司的 DTX-1800）；光纤传输通道测试主要测试光纤的连续性、衰减 / 损耗、光纤输入功率和输出功率、发生光损耗的部位等，测试设备为光时域反射计（OTDR）。网络性能测试主要是对网络服务自动、逐一地进行检测，做出性能评价并预判等级；利用 Ping、Trace Route、SNMP Queries 等方法鉴别用户规定设备的连通性；查出网络错误，迅速诊断并排除网络问题，测量校园网络的利用率，广播，冲突及误码或迅速找出不正确的子网掩码定向、服务器错置及重复的 IP 地址。测试设备为网络测试仪（如 Agilent 公司的 Framescope350）。软件测试主要是利用第三方测试软件测试网络，常见的软件有 NetIQ 公司的 QCheck、Fluke 公司的 OptiView 等。在一般的情况下，专业测试仪表的性能远高于软件性能测试工具，同时具备优质协议模拟、分析工具和数据报表，因此在校园网传输性能基准测试过程中，尽量选择专业测试仪表将能很好地展现和分析测试结果。为了测试网络设备的真实网络负载，可根据实际需要，对于组播和单播传输的负载进行性能测试。

对于单播性能测试来说，主要检验网络设备的背板交换能力和端口吞吐能力以验证对大并发量高带宽的网络视频传输支持特性，一般采用网络性能测试仪表向网络设备全端口传输流量的方式进行测试。然而，网络性能测试仪表受 CPU 处理能力限制，独立端口密度较低，面对高密度端口的三层网络设备时，一般使用蛇形串联测试方法：通过配置 VRF 虚拟路由将网络设备的相邻两个端口配置组成同一个虚拟专网，并且专网之间相互分离独立，然后通过线缆将相邻端口一一相连；随后将网络性能测试仪表的进出端口分别连接至网络设备的第一个和最后一个端口，并配置 VRF 定义数据的转发规则，使数据包可依据端口号次序传递；令测试仪表以网络设备端口线速（最大速率）往接收端口发送全双丁测试数据流，这样就实现了对网络设备每个端口同时传递流量；如果此时发现接收端有丢包现象，就减少最后一对端口之间的网线连接，同时网络性能测试仪表接受端 n 的连接位置往前递减 2 个端口，反复上述测试，直到接收端没有丢包现象。此时网络设备的背板性能就是实际在测的端口数量乘以端口最大速率的结果。

在组播性能测试方面，由于校园网中的组播应用一般是实时的网络视频直播服务，因此比较注重对网络设备的组播转发与组播复制能力验证。一般而言，组播的转发与复制能力的测试需要采用全端口测试方法。如果测试仪表无法提供高密度的独立端口，则可以用建立多个 VLAN 的方法检验网络设备的组播复制能力，即进行跨 VLAN 的组播复制测试：将网络设备配置 N 个 VLAN（N= 交换机配置 VLAN 的最大个数），将网络设备的两个物理端口分别与测试设备的端口相连，一个端口接入一个 VLAN 作为视频源，发送一路组播流 *，另一个端口设置其余 N~1 个 VLAN 作为客户端接受视频流，这样就会有 N~1 个组播的被复制的视频流量。网络性能测试仪表的流量统计只要发送端和接收端的比例为 N~1，即可确认网络设备对组播正确转发与复制。这样测试复制能力也有一定的局限性，无法像全端口组播复制测试那样同时进行组播的复制与组播转发的测试。

第三节　无线网

如今，移动互联网遍布我们生活的各个角落，人们在日常工作、学习、生活中，越来越离不开移动互联网。由于智能移动终端的普及，高校的教学活动已经不再是局限于固定的时间和固定的地点进行，出现了 M-learning（mobile learning，移动学习）。因此，高校的信息化建设也由单纯有线网转变为有线网与无线网同步建设。高校无线网络用户规模大，业务类型多，室内、室外覆盖，安全性要求高等特点，使得高校无线网络架构具有自身的特点，高校无线网络架构成为高校信息化建设的重要领域。

无线局域网（wireless local area network，WLAN）是指以无线信道作为传输媒介进行数据通信的一种局域网技术，它可以提供传统局域网技术的所有功能和优点，而不会受到线缆的束缚。无线局域网具有架设投资成本低、建设周期时间短、容易扩展、受环境和地形影响较小、组建网络比较灵活等特点。在"互联网 +"校园建设中，校园无线网络作为有线网络的有机补充，可以使校园网的应用得以延伸和发展，同时也使校园网的接入方式由单一化向多元化发展。师生不仅仅在办公室、宿舍接入网络，也可以在会议室、校园区域的任意地方通过智能手机、平板电脑等多种方式接入网络。

无线网的技术标准包括蓝牙、IEEE802.il 系列、IrDA、HomeRF、WPAN（IEEE802.15）、HiperLan 等。普及程度最好的是 IEEE802.il 系列标准，这个系列标准是由美国电子电气工程师协会（IEEE）制定，是一个关于无线局域网的标准。该标准主要是针对 WLAN 所涉及的介质访问控制层（MAC）和物理层（PHY）而制定。目前主要包括 802.lla/b/g/n 等几种标准，其中，IEEE802.11n 是目前广泛使用的无线局域网标准，它使无线局域网的传输速率由 802.11a 及 802.11g 提供的 54Mbps、108Mbps 提高到 300Mbps。此外，IEEE802.llac，俗称 5GWiFi，采用 5GHz 频带进行通信，理论上能够提供最少 lGbps 带宽并且向下兼容。无线校园网主要有终端设备、无线控制器（Access Controller）和无线接入点（Access Point）等设备。其中，终端设备是指带有无线网卡的设备，如笔记本电脑、智能手机等；无线控制器简称 AC，无线接入点简称 AP，无线 AC 用于对所有无线 AP 进行管理和控制，并能通过与认证服务器的通信来进行信息安全认证；无线接入点是执行桥接操作的设备，在终端设备和有线之间对无线帧和有线帧进行相互转换。AP 又有瘦 AP（FkAP）和胖 AP（FatAP）之分，瘦 AP 是指只具有射频和通信功能的 AP，需要在 AC 的控制下才能工作；胖 AP 典型的例子是无线路由器，除了无线接入功能，一般还具有 WAN、LAN 接口，支持 DHCP 服务器、DNS 等功能。

目前在智慧校园建设中，无线网已成为高校校园网的重要组成部分，已经不仅仅是作为有线网络的一种补充和延伸，还具备以下功能：

（1）与现存的有线网络无缝结合，互为补充，扩展了网络使用范围；

（2）方便智能手机用户访问校园移动多媒体教学应用移动平台；

（3）便于笔记本电脑及具有 Wi-Fi 功能手持设备的用户随时随地地访问网络；

（4）使校园网能灵活地为外来的使用者提供便捷的网络服务。

同时，智慧校园建设对不同需求的用户和复杂的校园地理环境，对用户的安全认证服务、无线网络信号的无缝覆盖、非法用户的监测等提出更高的要求。目前高校校园无线网络只是初级建设阶段，远远不能达到无线网络的无缝覆盖，在校园内还是存在很多网络盲点；同时，对无线网络安全的不够重视，校园网络用户一般都采用 WEP 等加密方式，其不安全的架构的缺陷给无线网络安全留下的潜在威胁是巨大的，甚至部分用户无线网络直接采用开放式认证方式的接入，再加上无线网络自身的特点，使无线网络容易被攻击者入侵及非法用户的接入；再则，无线网络的建设没有做到统一规划和有序建设，且组网模式多采取 FatAP 模式，给网络管理和维护造成了非常大的困难。所以，如何建设一个统一、高效、稳定、安全、全覆盖的无线网络，成了无线网络建设必须高度重视的问题。

通过多网融合技术，在智慧校园建设中有效地保证了网络管理的统一性和有效性，形成了集成管理效应，基本实现了在某一校园异常事件产生之后，相关网络能够及时对该事件做出反应，并以联动的形式相互配合，采取一致措施。此外，对于原先的校园网来说，很多同一功能的网络内部也不是集中管理的，例如安防系统，在传统的校园信息化工程项目中，校园视频监控系统与楼宇防盗报警系统就相对独立，不易实现统一管理。而多网融合技术能够将这些具有同一功能、但相对独立的网络融合起来采用集中式的管理方式，有效地提高了管理效率和管理质量。同时这种方式通过减少基础设施的配置以及减少用地能够有效地降低成本开支。对于基于多网融合的智慧校园而言，不需要在一个阶段全部建成，可以在建设过程中灵活地进行拓展，这就允许将管理系统分成多个阶段进行建设，还可以灵活地进行及时调整和重新部署，极大地减轻了智慧校园建设的成本压力。

1. 无线网络的规划和设计原则

（1）实用性：遵循面向应用、注重实效、急用先上、逐步完善的原则；充分保护已有投资，不设计成华而不实的无线网络，也不设计成利用率低下的网络，我们以实用性的原则要求为依据，建设具有最低的 TCO（拥有的总成本最低），有最高的性价比的校园无线局域网络。

（2）先进性：采用先进成熟的网络概念、技术、方法与设备，反映当今先进水平，又给未来的发展留有余地；充分采用目前国际、国内流行和成熟的技术，保证网络能适应技术的快速发展。

（3）可靠性：系统必须可靠运行，主要的、关键的设备应有冗余，一旦系统某些部分出现故障，应能很快恢复工作，并且不能造成任何损失。

（4）开放性：选择的产品应具有好的互操作性和可移植性，并符合相关的国际标准和工业标准；无论发生任何变化，均能够最大可能性地开放标准。

（5）可扩充性：系统是一个逐步发展的应用环境，在系统结构、产品系统、系统容量与处理能力等方面必须具有升级换代的可能，这种扩充不仅能充分保护原有资源，而且具有较高的性能价格比。

（6）可维护性：系统具有良好的网络管理、网络监控、故障分析和处理能力，使系统具有极高的可维护性。

（7）安全性：必须具有高度的保密机制、灵活方便的权限设定和控制机制，以使系统具有多种手段来防备各种形式的非法侵入和机密信息的泄露。

2. 无线网络的设计步骤

（1）进行初步勘察调研。初步勘察调研是整个网络设计过程中的重要环节。通过各种手段和方法来解决网络设计时的五个问题，即当前网络使用情况、用户访问网络设备情况、用户访问网络的时间分布、用户访问网络地点、用户使用网络原因。

（2）分析网络实施环境。通过对现有的网络、系统、用户之间的相互应用关系的充分理解是此阶段的主要任务，采取切实可行的解决方案，解决它们之间发现的问题。

（3）制订设计的初步方案。在此阶段，需要将解决方案进行书面正式化，包括初步设计资料、设计目标、网络拓扑图、数据流图等。

（4）深化设计，确定详细设计方案。在深化设计阶段，充分考虑在初步设计评审中提到的所有变化，把所有变化内容综合到详细设计中，确保整体方案不会因初步设计评审中所制定的功能改变而受到影响。

（5）执行实施方案。实施阶段是对设计方案以实际行动来实现，按照详细设计方案对人力、物力、资源进行最优化，确保设计方案得到有效的实施，使整个项目达到所确定的目标和要求，实现利益的最大化。

（6）项目资料的整理。项目实施完成后，对整个项目期间的所有文档资料进行整理，其主要目的收集记录整个项目的设计、实施和验收等过程的信息，以便于项目后续的工作维护及升级改造。

3. 无线网络组网模式的选择

随着信息技术的发展，无线网络的技术和产品都更新换代了很多次，而根据无线技术和产品的变化，无线网络组网模式也有了很大改进，其中比较有代表性的就是胖 AP 模式和瘦 AP 模式。

胖 AP 模式虽然初期投入少见效快，但 AP 将无线网络的用户认证、数据加密、网络管理等功能集于一身，每台 AP 都需要单独进行配置，难以集中管理，比较耗费人力和物力，增加了成本。工作于胖 AP 模式的 AP 满足小规模组网需求，主要在无线网络建设的初期使用。

瘦 AP 模式采用无线控制器（AC）集中实现无线网络的安全配置及网络管理等功能，

同时又增加了信道自动选择、无线资源管理、无线安全管理、AP 间自适应、发射功率自动调整、RF 监测、无缝漫游以及 QoS 等新功能；与胖 AP 模式不同的是，瘦 AP 模式对 AP 的管理和配置等功能进行了简化，只作为无线数据的收发设备使用，大大提高了无线网络的整体性能，以及安全管理和网络管理能力，使无线网络走向规模化发展。工作于瘦 AP 模式的 AP 满足大规模组网需求，主要在无线网络建设的中后期使用。按照现有无线网络发展趋势，建议校园网 WLAN 采用集中管理架构下的瘦 AP 模式，以保证无线网络可管理性、安全性、QoS、无缝漫游等功能需求，尤其是方便未来的运维管理。

在网络建设后期，胖 AP 模式会逐渐转换为瘦 AP 模式；在网络中添加无线控制器，以满足大规模组网需求，如图 6-6 所示，采用 H3C 公司生产的 Fit/Fat 双工作模式 AP 在保护原有投资前提下实现了平滑升级，只需一个命令就可以轻松改变网络的工作模式。根据实际情况，最好采用室内、室外多种无线接入方式相结合的方式，以满足学校楼宇多、广场多的特点。如在必要的时候采用室外 Mesh WLAN 技术通过无线回传技术解决有线网络传输距离的综合布线难度的问题。同时由于采用室内外多种无线接入手段在满足无线覆盖的前提下，可以节省无线接入点的数量，从而提高无线网络的性价比。

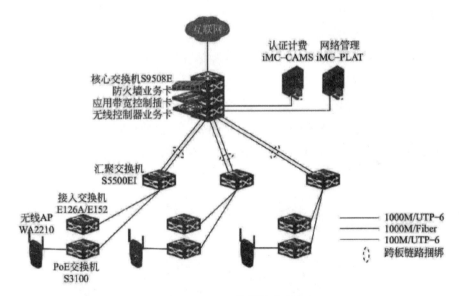

图6-6 H3C无线网解决方案

4.无线网络的应用方案设计

由于无线网络在校园内的普及，无线网络可以应用在办公大楼、教学楼、学生宿舍、教师宿舍、图书馆、体育馆、会议室、学术报告厅、运动场、绿荫过道等区域实现移动办公、移动教学，方便开会、上课及管理等；还可以应用在校园里的医疗、消费、水电管理、展厅、监控等方面。

（1）医疗方面应用：一般高校都会有校内医院或几个医疗服务点，通过 WLAN 可以方便地对医院和各个医疗服务点进行联通和管理，及时处理一些急诊问题；医生可以在路上对病人的病情进行初步诊断，做出快速及时、正确的指示。

（2）消费方面应用：对于学校超市、小卖部或流动的服务销售点来讲，现金的收付存在一定的风险，给后勤的管理带来一定的难度。如果各支付点能与后勤网络进行连接，与学校一卡通系统进行统一管理，就可以方便实时地进行支付。通过 WLAN 就可以很好地解决这个问题，方便了学生的消费和学校各部门的管理，也提高了服务的效率和质量。

（3）水电管理方面应用：如何对校园内的各水电表进行方便的监测、抄表和收费，这是学校后勤部门的一个老大难问题。WLAN 能监测并记录各水电表的运行情况，给中心监控机房提供实时的监测数据，也能够读取各水电表的读数，配合相应的计费软件，能快速地统计出水电费用，省时省力。

（4）教育方面应用：WLAN 可以成为一种多媒体教学的辅助手段，实现教师和学生对教与学的实时互动。高校会有一些大型展览的展厅、学术交流报告厅、会议室，用于组织各种大型活动、展示学生作品、学术交流和会议等，这些场所一般都布有 WLAN，各参与人员走入大厅内就可以随时接入 Internet。WLAN 的可移动性、可重组性、灵活性为展厅、会议室、学术交流报告厅等提供了方便，并对一些具有临时租用性质的场所提供了盈利空间。

（5）监控方面应用：随着校园人流的不断扩大，给校园的安全带来了一定的压力，在校园内增加监控点是必需的，但传统的监控增加的费用较大且耗时耗力，而 WLAN 则易于布设，省时省力，对速率要求不高的校园监控提供了有力的帮助。

如图 6-7 所示，S7506E 作为整个无线局域网络的中央管理控制器，无线交换机、无线控制器通过校园的核心交换机接入网络。胖瘦双模室外型 WA2210—AG 通过 1/2 射频线与 1 分 4 功分器连接，继而连接吸顶天线，完成对所有室内区域进行覆盖。

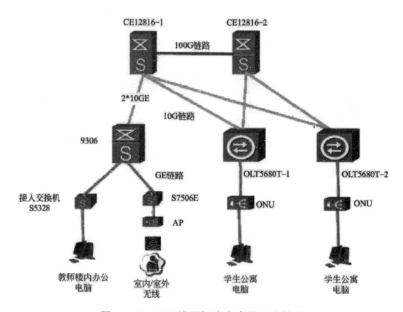

图6-7　H3C无线网解决方案物理连接图

　　某校校园无线网络整体规划如表 6-1 所示。采用的是 CISCO 的无线控制 4404 加瘦 AP 的方案，下面表 6-1 为图书信息大厦增加 38 个 AP 的设计方案。

表6-1　某校校园无线网络规划表

AP区域	AP数量	AP区域	AP数量
第二教学楼	55	学生公寓	527
第三教学楼	47	学生公寓	660
第四教学楼	113	学生公寓	760
第五教学楼	129	学生公寓8154	
食堂	10	学生公寓9167	
图书信息大厦	38金鼎公寓	180	
教学实习楼	13	住宅	25
第一实验楼	15	体育场（室外）	4
第二实验楼	19	同教小体育场（室外）	2
学生公寓1（培训中心）	18	毓秀园（室外）	2
学生公寓2（数字领地）	18	古松园（室外）	2
学生公寓3	27	小广场（室外）	1
学生公寓4	24	其他（室外）	3
共计	1213		

　　本次工程采用 AP 就近接入的原则，即每楼宇设备间新添交换机直接连至该楼汇聚设备上实现网络联通，同时提供 POE 供电的功能；作为整个无线局域网络的中央管理控制器，本次采用的是无线控制器 AIR-CT5508-100-K9，该控制器可扩展至管理 250AP，便于今后的无线建设及扩展；无线管理软件 WCS 只需提供接口连接至网络即可实现其管理功能。具体的逻辑组网图如图 6-8 所示。

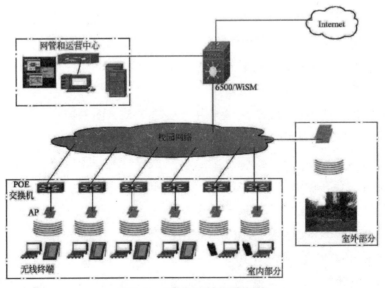

图6-8　校园无线网逻辑结构

室内无线接入点选择 AIR-LAP1131AG-C-K9，均使用全向天线实现覆盖；无线控制器选择 AIR-CT5508-100-K9。使用 POE 交换机 WS-C2960-24PC-L 为 AP 提供电源，个别设备间点位较少情况下可使用 Power Injector 供电模块，利用原有网络资源实现供电功能。无线网络管理采用思科无线控制系统（WCS），为无线网络运行提供 RF 预测、策略配置、网络优化、排障、用户跟踪、安全监控等支持。

二、无线覆盖设计

大学是无线覆盖需求极大的场所，原因是学生和老师及工作人员集中在校园区域上课、办公、娱乐。即使是经过多重优化的移动运营商网络，面对密集用户使用时也会拥塞。校园 WLAN 的 AP 与运营商的移动基站设备相比，无论是频率、功率还是处理性能均不可同日而语，所以在高密度用户覆盖方面面临着技术困难。此外，大学校园内树木、建筑、广场、围墙等都会对无线信号的覆盖产生一定的影响，降低无线服务的质量。如何对这些区域进行合理的规划和覆盖，从而提高校园无线网的覆盖范围是另一个难题。

1.AP 覆盖形式

（1）AP 室内无障碍覆盖。主要应用于空间较大的阶梯教室等重点室内区域，此时主要信号进行此空间内覆盖，无须考虑穿越墙壁、地板等障碍物对隔壁空间的覆盖；此时又分两种情况，划分原则主要看是否要使用吸顶天线，根据工程勘测情况，室内部分都可以采用吸顶天线的方式应用于普通室内场所，建筑结构简单，由独立 AP 布点覆盖。天线可采用吸顶全向天线或吸壁定向天线，视具体情况而定。对于覆盖效果的要求是室内覆盖开通后，主要覆盖区域内的 95% 以上位置电平 ≥ - 75dBm 满足设计要求；用无线上网卡接收到的下行 C/I 值 > 20dB。随着技术的发展，无线产品越来越智能化，如 X-sense 灵动天线是锐捷网络自主研发的新一代智能天线平台，它具备了智能天线的所有优点。例如，能够通过多天线的组合，形成不同的天线路径，实现全方位覆盖；能够结合软件和硬件计算，选择最优的天线路径，达到良好的覆盖效果，同时有效避开干扰；能够通过天线的组合和加成来提高天线增益，提升覆盖性能等等。

（2）AP 室内穿越障碍覆盖。主要应用于各办公楼、图书馆、各教学楼等中间走廊两边房间结构室内区域，因为无线信号穿越墙壁、地板等障碍物会存在衰减，但在走廊式结构的室内区域具备一定的穿越障碍的能力，一般是穿越一道墙壁之后信号效果较好。因此这样的结构适合在走廊中布置 AP，来覆盖两边的房间区域；根据实现工程勘测情况来看，室内走廊部分都可以采用吸顶天线的方式进行操作。在室内放装 AP 采用自带天线时一般使用 2.4GHz、5.8GHz 或 2.4GHz+5.8GHz 双频室内型 100mWAP；采用简单天馈系统方式时一般使用 2.4GHz 室内型 100mWAP。由于 AP 功率较小，WLAN 覆盖范围也较小，覆盖范围受到建筑物内部设施、房间分隔的影响，实际应用中一般以不穿透墙或只穿透一堵墙为宜，在不同楼层一般需要使用不同的 AP 进行覆盖。当采用简单天馈系统时，可根据覆盖区域的具体情况，选用全向吸顶天线或者定向板状天线。对于高密集区域（如高校宿舍区）可优先采用定向天线。如图 6-9 所示是某公司产品的一种室内覆盖方案。采用 WA1208E 设备系列，能根据室内接入用户的数量或接入用户的类型选用合适的型号，安装在墙壁上使用自带天线，或安装在天花板内、桌面上外接天线放置，对 50m 以内范围进行覆盖。而 WA1208E-DG、WA1208E-AG 等根据其无线模块的配置自动将 802.11a、802.11b、802.11g 用户引导到合适的无线模块上，以提高网络效能，保证用户接入效果。一个 AP 可接多个天线，增加单 AP 覆盖区域，显著减少 AP 使用量，降低投资成本；原有室内分布式系统的天线部署全面，通过功分器及耦合器可将信号均匀并合理地分配到天线系统上，使得 WLAN 覆盖信号均匀，盲点少；降低了施工量和由此带来的对建筑物的损坏和美观破坏。

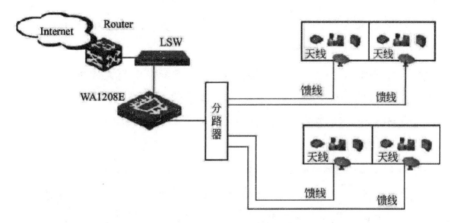

图6-9 室内无线覆盖方案

对于已建 GSM 网络室内分布系统的楼宇，进行 WLAN 或 TD-SCDMA 信号覆盖时，可将 WLAN 和 TD-SCDMA 信号直接与原 GSM 信号源耦合输入系统，实现分布系统共享。但在实际建设过程中，由于 TD-SCDMA 和 WLAN 输出功率远小于 GSM 系统的输出功率，简单的前端合路方式会造成 TD 与 WLAN 网络覆盖范围小、信号强度弱的情况，有时甚至造成盲区的出现。所以，一般采用多级有源后端合路的方式。其中 GSM 系统采用微蜂窝或宏蜂窝设备做信号源，室内覆盖面积较大，承载话务量高。针对 WLAN 及 TD-SCDMA 系统，可针对不同业务需要对系统进行合路，使用多通道信号分别覆盖不同楼层，采用干放等有源器件保证天线口有足够的输出功率。

（3）室外开阔空间覆盖。主要应用于各教学楼、宿舍楼门前空地等室外开阔区域，在室外开阔空间中 AP 的覆盖能力比室内半开阔空间要远，但为了保证效果通常是添加室外天线使用。考虑到 AP 的有线端需要接入有线网络，这就存在两种方式：在附近具备有线网络建筑物的情况，往往考虑通过将 AP 安装在具备有线网络的建筑物的楼顶或是侧壁上通过室外定向天线对室外开阔空间进行覆盖。采用室外专用 AP 进行室外的无线覆盖，天线采用高增益定向天线对室外开阔区域和建筑物的开窗较多的立面进行箱盖。对于建筑物的室外覆盖，采用双立面覆盖，保证无线信号覆盖效果。对于覆盖效果的要求是室外覆盖开通后，覆盖区域内的 95% 以上位置电平大于 ≥ - 75dBm 满足设计要求；用无线上网卡接收到的下行 C/I 值> 20dB。室外专用 AP 能够形成蜂窝状布局。室外专用 AP 最终的目标是满足无线覆盖的要求，在无线覆盖设计时，要根据实际情况进行预测，再建立多个重叠交叉的无线网桥基站，形成网状网络。天线选择合适的类型，布放于对信号影响较少的高处，并远离大功率电子设备。将信号均匀分布，尽可能地提高频率的复用效率，为铺设网线困难或无法铺设网线的地方提供网络的连通。室外 WLAN 室外基站覆盖时可以在基站铁塔上安装室外塑 AP，也可将 AP 安装于机房内，在基站铁塔上安装 WLAN 天线，AP 与 WLAN 天线之间通过馈线连接。同时，可以充分利用基站局房、铁塔、传输和电源等资源。如图 6-10 所示是某公司产品的一种室外覆盖方案。对多个离散局域网子网需要组成更大的局域网络的应用或有环境保护要求的室外景区应用，采用了基于 802.11 技术的 WA1208E-AGP，这是一种建网成本低、工期短、传输性能高的有效设备，WA1208E-AGP 支持 PTP、PTMP（每个射频模块最多支持 16 个点）WDS 与无线接入点合一工作模式。对没有入户线缆资源的企业，采用基于 802.11 技术的无线接入方式，为最终用户提供宽带服务，同时发挥了在无线覆盖范围内，室内、室外任何位置随时随地接入、建设工程量小工期短、建网成本低等特点。

室外分布系统合路是将 WLAN 信号通过合路器与 GSM/TD 共室外分布系统，各系统信号共用天馈系统进行覆盖。室外分布合路主要采用 2.4GHz 室外合路型大功率 AP，若 AP 安装在室内也可采用室内型 AP。一般 GSM/TD 信号是在天馈系统主干进行馈入，AP 通过合路器将 WLAN 信号馈入天馈系统的支路末端。该方式一般选择室外定向天线。室外分布系统可用于覆盖室外和室内。当用于覆盖室内时，可以考虑在用户侧采用 CPE（WLAN 客户端设备），提高覆盖能力。CPE 设备上行通过 WLAN 接入 AP，下行通过 WLAN 或网线接入终端设备。

在覆盖区域内，通常选择教学楼、办公楼及学生宿舍为主、其他区域为辅的覆盖方式，实现全校整体无线覆盖。根据国家无线电管理委员会 1997 年《2.4GHz 频段的管理办法》中规定的场强标准，选配不同技术规格的全向天线、扇区天线，既要考虑到每个信号输出点的电频强度，又要顾及信号对人体可能存在的危害，达到"绿色环保"的效果。在工程实践中，需要经过现场的覆盖区域现场勘测后，完成对无线覆盖区域的详细设计。

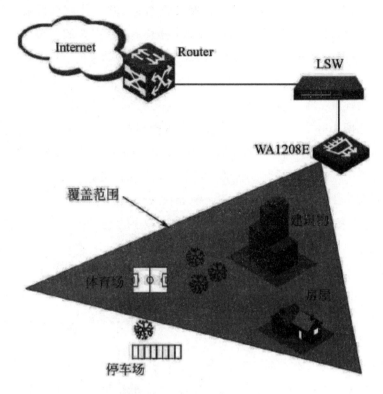

图6-10 室外无线覆盖方案

2. 频率规划与负载均衡解决方案

WLAN 使用的射频频率范围是 2.4GHz 频段（2.4~2.4835GHz）、5GHz 频段（频段范围为 5.150~5.350GHz 和 5.725~5.850GHz），这两个频段都是非授权的公共开放频段，允许企业或个人的自由接入。

就目前智慧校园建设中的 WLAN 网络建设情况来看，广泛部署地仍为 2.401^ 频段。在多小区网络拓扑中，为了避免邻频干扰，相邻小区中心频率间隔至少为 25MHz。因此，在 2.4GHz 频段中，仅有信道 1、信道 6 及信道 11 三个非重叠信道，这三个信道也是目前 WLAN 网络部署所采用的频点。&8GHz 信道划分与 2.4GHz 类似。5.8GHz 为我国分配使用的频段为 5.725~5.850GHz，总计 125MHz 带宽，共划分为 5 个互不交叠的信道，每个信道的带宽是 20MHz。这 5 个非重叠信道的编号分别为 149、153、157、161、165。为了最大限度地减少信道间的重叠和干扰，应该避免相邻 AP 使用相同的信道，因此，在信道布局时，三个非重叠信道可以有规则地排列蜂窝，交替使用不同信道。例如，802.11g 使用开放的 2.4GHzISM 频段，可工作的信道数为欧洲标准信道数 13 个。由于其支持直序扩频技术造成相邻频点之间存在重叠。对于真正相互不重叠信道只有相隔 5 个信道的工作中心频点。因此对于 802.11g 在 L4GHz 地工作频段，理论上只能进行三信道的蜂窝规划实现对需要规划的热点的无缝覆盖。此外，由于功率模板是否能做到符合邻道、隔道不干扰也非常影响频率规划的效果。

由于频率资源有限，要尽可能地多频率复用，然而频率复用将会带来同邻频干扰，所以通过合理频率规划将相同和相邻的频率尽可能分开是非常必要的。频率规划一般是根据复用距离和干扰量两个因素来控制的，一般要求使用同一频率的 AP 相互间隔一定的距离以满足干扰值在所允许的范围之内。频率规划主要包括以下步骤：

（1）初始化频点：将系统中所有小区的频点设置为同一频点。

（2）计算两两小区之间的干扰，并选择当前要进行频率分配的小区：找出干扰最大的两对小区，并随机地从中选择一对小区，再从选出的一对小区中随机选择一个小区。

（3）查找该小区的可用频点（满足"同频约束"条件的频点）。

（4）如果有可用频点，则从可用频点中选择最小频点分配给当前小区，如果没有可用频点，则打破约束条件，从所有频点中找出干扰最小的两个频点，并随机选择一频点分配给该小区。

（5）检查选出的一对小区的另外一个小区是否分配了频点：如果分配了，就进入（6），如果没有分配则返回（3）。

（6）检查是否所有小区都被分配了频点，如果没有则返回（2），如果都已分配，则一次频率规划结束，进入（7）。

（7）计算系统中总干扰目标函数，并与上次频率规划结果比较。

如果本次规划后总干扰降低，则接受此次分配，如果本次频率规划后总干扰增加，则舍弃本次规划结果。

（8）检查频率规划次数是否达到上限（预设值 M=50，也可依据实际需求做调整），如果达到，则结束；若未达到，则返回（1）。

WLAN 小区的覆盖范围较小，因此采用自由空间传播模型。2.4GHZ 自由空间电磁波的传播路径损耗符合公式（6-1）

$$L1=32.45+20lgd+lgf \qquad (6-1)$$

式中：

L1——自由空间传播损耗（dB）

d——传输距离（km）

f——工作频率（GHz）

通常，无线接入系统根据上、下行链路预算结果确定无线设备天线的覆盖半径。在WLAN 系统中，由于用户端的发射功率低，覆盖半径很难确定，AP 设备布放靠近用户端，其发射功率有限。因而 WLAN 的市场定位并非连续的全覆盖，在室外环境中主要根据下行链路预算结果来确定 AP 的最大覆盖半径。需要根据天线的发射功率、用户终端接收信号强度、阻挡物的穿透损耗等计算出信号自由空间传播损耗，公式为

$$L1=P － E － L2 － L3 \qquad (6-2)$$

式中：

L1——自由空间传播损耗（dB）

P——天线 ANT 的发射功率（dBm）

E——边缘点的信号强度（dBm）

L2——室内传播时阻挡物的穿透损耗（dB）

L3——快衰落及人为噪声引起的恶化量的储备（dB），取 3dB

由多径传播造成的快衰落，将使信号瞬时电平在中值电平上下 10~20dB，甚至更大，但这并不等于是它引起的恶化量。多径传播效应对于进行中的接收设备和停着的接收设备所造成的恶化 S 是不同的，但都引起噪声增加，故将其与人为噪声影响一并考虑。WLAN 用户的无线信号接收设备的移动速率很低或不移动，且 WLAN 系统都采用了信道编码、扩频、OFDM 技术等多种方式来对抗快衰落。因此，人为干扰和快衰落引起的恶化量较低，在设计中一般取其值为 3dB。

不论使用室内型 AP 还是室外型 AP，覆盖范围会因为建筑物结构特点而显现出明显的信号衰减特征，造成信号盲区。表 6-2 中给出部分建筑物材料或装潢材料对无线电磁波辐射的影响。对于典型障碍物应按表 6-2 的数值考虑其衰减量，在链路预算中进行累加。

表6-2　典型障碍物衰减值

降碍物	对2.4GHz衰减量/dB	对5.8GHz衰减量/dB
4.5cm金属门	13	25
4.5cm实木门	6	10
4.5cm中空门	4	7
4.5cm内部隔断墙	4	6
24cm砖墙	12	20
45cm混凝土墙	18	30
1.5cm玻璃隔断	8	12

链路损耗预算的就是根据所选用的传播模型，计算出接收点处的路径损耗，然后再根据公式计算出所有的传播链路中的损耗，包括人体损耗等。在保证一定传输质量的条件下，可以通过链路损耗预算来确定 AP 与终端用户间无线链路所允许的最大路径损耗。然后再结合特定场景的传播模型即可计算确定单个 AP 信号的最大传输距离，从而指导规划区域内 AP 站点的覆盖半径，需求数量的估算以及站点位置的规划。

三、无线网络安全与管理

由于无线网络使用的是开放性媒介，采用公共电磁波作为载体来传输数据信号，通信双方没有线缆连接。如果传输链路未采取适当的加密保护，数据传输的风险就会大大增加。因此，在校园无线网中无线安全显得尤为重要。为了增强无线网络安全性，IEEE802.11 采取了认证和加密两个安全机制。认证机制用来对用户的身份进行验证，限定特定的用户（授权用户）可以使用网络资源；加密机制用来对无线链路中传输的数据进行加密，保证无线网络数据只被所期望的用户接收和理解。根据以上两种机制，无线网络安全可以分为接入安全、信息传输安全以及设备安全（又可称为物理安全）。

1. 接入安全

接入是用户使用无线网络的前提，因此接入安全是无线网络的第一道保护闸。接入安全包括对所有用户的认证和对合法用户的授权，目前常见的认证方式有基于 MAC 地址的认证、Web Portal 认证、IEEE802.IX 认证。

MAC 地址认证是一种基于端口和 MAC 地址对用户访问网络的权限进行控制的认证方法，是一种二层网络接入认证技术，它不需要用户安装任何客户端认证软件。交换机在首次检测到用户的 MAC 地址以后，即启动对该用户的认证操作。认证过程中，也不需要用户手动输入用户名或者密码。若该用户认证成功，则允许其通过端口访问网络资源，否则该用户的 MAC 地址就被添加为静默 MAC。在静默时间内（可通过静默定时器配置），来自此 MAC 地址的用户报文到达时，设备直接做丢弃处理，以防止非法 MAC 短时间内的重复认证。

Web Portal 认证是一种三层网络接入认证，在认证之前用户首先要获取地址。未认证用户上网时，设备强制用户登录到特定站点，用户可以免费访问其中的服务。当用户需要使用互联网中的其他信息时，必须在门户网站进行认证，只有认证通过后才可以使用互联网资源。Web Portal 认证的基本过程是：客户机首先通过 DHCP 协议获取到 IP 地址（也可以使用静态 IP 地址），但是客户使用获取到的 IP 地址并不能登上 Internet，在认证通过前只能访问特定的 IP 地址，这个地址通常是 PORTAL 服务器的 IP 地址。采用 Portal 认证的接入设备必须具备这个能力。一般通过修改接入设备的访问控制表（ACL）可以做到。用户登录到 Portal Server 后，可以浏览上面的内容，比如广告、新闻等免费信息，同时用户还可以在网页上输入用户名和密码，它们会被 Web 客户端应用程序传给 Portal Server，再由 Portal Server 与 NAS 之间交互来实现用户的认证。Portal Server 在获得用户的用户名和密码外，还会得到用户的 IP 地址，以它为索引来标识用户。然后 Portal Server 与 NAS 之间用 Portal 协议直接通信，而 NAS 又与 RADIUS 服务器直接通信完成用户的认证和上线过程。因为安全问题，通常支持安全性较强的 CHAP 式认证。

IEEE802.IX 协议是一种基于端口的网络接入控制协议。该协议在局域网接入设备的端口这一级，对所接入的用户设备通过认证来控制对网络资源的访问。IEEE802.IX 认证主要应用于试图连接到端口或其他设备（如 Cisco Catalyst 交换机或 Cisco Aironet 系列 AP）的终端设备和用户。认证和授权都通过鉴权服务器（如 Cisco Secure ACS）后端通信实现。IEEE802.IX 提供自动用户身份识别，集中进行鉴权、密钥管理和 LAN 连接配置。整个 IEEE802.IX 认证的实现设计三个部分，请求者系统、认证系统和认证服务器系统。

图 6-11 所示是 H3C 公司的无线网络安全解决方案。该方案支持 EAD 接入控制方式，配合 iNode 无线 / 有线统一客户端可以实现有线、无线用户使用统一的客户端进行认证，

结合 H3C 公司的服务器，H3C 公司给用户提供了有线、无线一体化的整体安全解决方案。此外，H3C 的无线产品支持完善的无线入侵检测系统，可以自动监测非法设备，并适时上报网管中心，同时对非法设备的攻击可以进行自动防护，最大限度地保护无线网络。该方案通过用户接入认证实现了对校园无线接入用户的身份认证，为网络服务提供了安全保护。H3C 无线接入认证主要有 802.1x 接入认证、PSK 认证、MAC 接入认证以及在有线校园网中常用的 Web Portal 认证等。通过和 AAA 服务器配合，H3C 的无线设备支持对认证用户动态下发带宽、VLAN、ACL、优先级等参数，对于不同的用户群和业务可以控制其访问网络的权限，限制网络资源的使用，通过 VLAN 和优先级来标识用户和业务，实现了业务隔离。

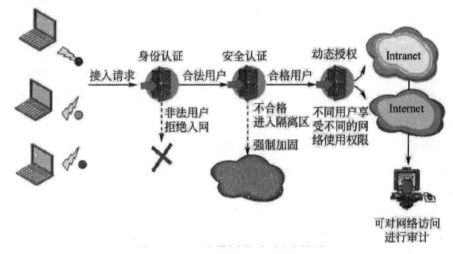

图6-11　无线网安全示意图

在客户端形式多样的网络环境中，不同客户端支持的接入认证方式有所不同，为灵活地适应这种网络环境中的多种认证需求，需要在接入用户的端口上对多种认证方式进行统一部署，使得用户可以选择任何一种适合的认证机制来进行认证，且只需要成功通过一种方式的认证即可实现接入，无须通过多种认证。在智慧校园建设中，与高校现有网络管理流程最相适应的认证技术为 IEEE802.IX。作为智慧校园无线网接入认证方式，该方式在操作上稍显复杂，但是安全性要远远高于其他类型的认证方式，更加适合高校智慧校园这样的环境使用。用户需要认证通过后才能获得 IP 地址，因此采用 IEEE802.IX 不仅可以节省大量的 IP 地址，而且可以拒绝非法用户的试探性连接，提高了网络的安全性。

2. 信息传输安全

无线接入认证技术只是使没有授权的用户无法接入无线网络，但是黑客仍然可以通过专业的设备对无线信号截获。如果数据没有加密，黑客很容易获取信息的内容。信息传输安全主要依靠数据加密，在智慧校园建设中经常被采用的数据加密技术主要有 WEP、WPA、WPA2 和 WAPI 加密等。

WEP（wired equivaent privacy，有线等效保密）是 IEEE802.lib 标准里定义的一个用于 WLAN 的安全性协议，被用来提供和有线网相同级别的安全性。WEP 对在两台设备间无线传输的数据进行加密的方式，用以防止非法用户窃听或侵入无线网络，是一种相对较弱的加密技术，较易破解，因此在 2003 年被 WPA 淘汰，又在 2004 年由 IEEE802.lli 标准所取代。但 WEP 使用了 RSA 数据安全性公司开发的 RC4Ping 算法，使用了该技术的无线局域网，所有客户端与无线接入点的数据都会以一个共享的密钥进行加密，密钥的长度有 40 位至 256 位，密钥越长，黑客就需要更多的时间进行破解，因此能够提供更好的安全保护。当校园网用户采用 MAC 地址认证接入时，访问安全级别要求较低的校园网应用可以选用 WEP 加密方式。

WPA（WiFi protected access，WiFi 保护接入）是由 WiFi Alliance（WiFi 联盟）所提出的无线安全标准，分成家用的 WPA-PSK（pre-shared key）与企业用的 WPA-Enterprise 两个版本。WPA 原理为根据通用密钥，配合表示电脑 MAC 地址和分组信息顺序号的编号，分别为每个分组生成不同的密钥。然后与 WEP 一样将此密钥用 RC4 加密处理。通过这种处理，所有客户端的分组信息所交换的数据将由各不相同的密钥加密生成。WPA 还具有防止数据中途被篡改的功能和认证功能。WPA-PSK 使用方法与 WEP 相似，其进入 WLAN 时采用更长同组或字串作为网络密钥，同时 WPA-PSK 运用了 TKIP（temporal key integrity protocol，临时密钥完整性协议）技术，比 WEP 难被破解而更加安全。WPA-Enterprise 采了 RADIUS（remote authentication dial-in user service，远程用户拨号认证服务）技术，每个客户会自动得到一个唯一的密钥，密钥很长并且每隔一段时间就会被更新。因此，WPA-Enterprise 与 WPA-PSK 相比更为安全便捷。

WPA2 是在 WPA 的基础上出现的更高的安全标准，也就是 IEEE802.lli 无线网络标准。同样有家用的 PSK 版本与企业的 IEEE802.lx 版本。WPA2 与 WPA 的差别在于，它使用更安全的加密技术 AES（advanced encryption standard，高级加密标准），因此比 WPA 更难被破解、更安全。

WAPI（wireless LAN authentication and privacy infrastructure，无线局域网鉴别和保密基础结构）是一种安全协议，同时也是中国无线局域网安全强制性标准（GB15629.11）。WAPI 采用公开密钥体制的椭圆曲线密码算法和对称密钥密码体制的分组密码算法，分别用于 WLAN 设备的数字证书、密钥协商和传输数据的加密解密，从而实现设备的身份鉴别、链路验证、访问控制和用户信息在无线传输状态下的加密保护。WAPI 的主要特点是采用基于公钥密码体系的证书机制，真正实现了移动终端与 AP 间的双向鉴别。WAPI 从应用模式上可以分为单点式和集中式两种。采用 WAPI 可以彻底扭转目前 WLAN 多种安全机制并存且互不兼容的现状，从根本上解决安全和兼容性问题。

目前的主流设备厂商（国内：华为、锐捷、中兴、H3C。国外：Cisco、Arbuba）大都支持上述的多种加密方式。例如，H3C 公司的无线产品支持 WEP 加密、TKIP 加密、

CCMP 加密、WAPI 加密等加密机制。对于校园网用户而言，无线网络方案设计中往往采用 WPA 或者 WPA2 这两种数据加密模式来保证信息传输安全。

3. 设备安全

设备安全指的是无线设备如 AP、天线的安全，由于无线 AP 大部分架设在室外、走廊、墙壁上，需要注意防雨、防雷、防风、防盗，采用保护网罩、加固等方式确保物理安全。配线架（BD）、建筑物干线电缆（光缆）、楼层配线架（FD）、水平电缆（光缆）、转接点（TP）、信息插座（IO）。为了保证无线用户和整个校园网络的安全，仅仅保证接入点的安全性是远远不够的。为确保网络安全，应该从网络用户终端准入控制入手，整合网络接入控制与终端安全产品，通过安全客户端、安全策略服务器、网络设备以及第三方软件的联动，对接入网络的用户终端强制实施企业安全策略，严格控制终端用户的网络使用行为，加强网络用户终端的主动防御能力，保护网络安全。

4. 无线网络控制器

传统的无线局域网架构是以无线接入点（AP）为中心，AP 提供 802.11 基本服务集（BSS）并充当该服务集的集线器，无线客户端通过与 AP 关联并到达网络的其他位置。在这种模式下，客户端直接和 AP 相连，由 AP 管理无线射频信道的使用并独立执行各种安全策略。当大范围的无线网络需要部署多个 AP 时，管理配置众多的 AP 不仅很困难，而且不能做到对各无线客户端的监控和服务质量保证。

在新型的无线网络架构中，将 AP 的绝大部分功能集中到一个中心设备，这个中心设备叫作 WLC（wireless lan controller，无线网络控制器）。在中心架构下，信标和探针消息、RF 发送和接收等由 AP 在 802.11 的 MAC 层同无线客户端交互，这种简化功能的 AP 通常被称为 LAP（light weight AP，轻量级无线接入点）。而客户端的关联和漫游、对客户端的认证、授权、计费（AAA）则由 WLC 完成，控制器还能对射频资源进行统一管理，自动调节 AP 的发射功率、自动分配频段。LAP 和 WLC 通过有线网络连接之后会基于此连接建立一条隧道，用于传输与 IEEE802.11 相关的消息和客户端数据，隧道将 LAP 和 WLC 之间的数据封装在 IP 分组中进行传输，因此可以跨交换或路由部署 LAP 和 WLC，使用这种集中化的控制管理模式能全面了解无线网络状况，集中配置部署，降低运营、管理和维护成本。WLC 为用户提供无线网络管理能力，如图 6-12 所示，校园网网管用户无须重新搭建 IT 管理平台，只要在原有的有线网络管理系统中增加无线管理功能，便可以与有线管理平台统一部署，节省投入和维护成本。

其中，无线网管系统完成的功能包括：

（1）具备完善的设备、资源和用户的管理能力；

（2）具备设备集中配置、自动下发配置信息的管理功能；

（3）具备状态检测、故障顶报、告警、远程诊断和系统性能监控的故障管理功能；

（4）具备信号冲突避免、频谱分析、信道分析、信道干扰的无线射频管理功能；

（5）具备流量监控、记录、分析和带宽分配与管理的性能管理功能；

（6）具备用户信息配置、用户状态检测记录、用户的资源占用率检测记录的用户管理功能。

在 WLAN 建设过程中，普遍是通过增加 AP 数量来缓解容量的问题，这样的方式虽然能够一定程度上提高用户接入数量，但是也相对提高了统一信号频道的重叠覆盖现象。为了最大程度降低 AP 在同一频点的干扰，可以在 WLAN 组网中，通过频率重叠使用来提高网络的容量，从而解决频率有限的问题。对此，选择适当的重用频率集是采用频率重叠使用方式的关键问题。

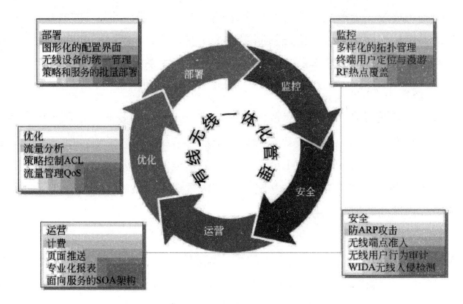

图6-12　有线无线一体化管理示意图

因为 Wi-Fi 的工作频段为开放频段，并且 2.4GHz 的频段非重叠信道只有 3 个。对此，频点资源就显得尤为紧张。此外，大量的网络同段 AP 都工作于 2.4GHz 频段，其干扰情况较为严重。对此，在智慧校园建设中，高校无线局域网络应该将 5.8GHz 频段作为使用频段。假设使用的是 5.8GHz 频段，基本不会受到干扰，并且还能够极大程度提高用户的接入速率以及接入质量。与此同时，在使用两个频点不同的频段时，其信号覆盖的范围便不能保障一致，对此，就需要及时地解决 5.8GHz 频段的覆盖面积问题，可以将 5.8GHzAP 采用密集部署的模式，依据 2.4GHz 解决 5.8GHz 的面积覆盖问题，从而有效地缓解 2.4GHz 的干扰、重用现象。除此之外，还需要积极地消除干扰源，需要定期地检测干扰情况，并对检测到的干扰源进行实时定位，并积极地进行干扰排除，消除非法的 AP，对干扰较为严重的区域采用针对性措施进行屏蔽，从而有效地提高高校 WLAN 网络质量。

四、无线 PoE 供电设计

PoE（power over ethernet）供电是指现有的以太网 CAT-5 布线基础架构，在不用做任何改动的情况下，借助一根常规以太网线缆在传输数据的同时供应电力，从而保证该线缆在为以太网终端设备如 IP 电话机、无线局域网接入点 AP、安全网络摄像机以及其他一些基于 IP 的终端传输数据信号的同时，还能为此类设备提供直流供电的能力。目前业界主要有 PoE（IEEE802.af）和 PoE+（IEEE802.at）两种标准，每个 RJ45 接口上提供 -48V 的输出电压，每端口最大输出功率可达 12.5W（PoE+ 为 25W）。

PoE 设备的原理是通过非屏蔽双绞线中四对线中的两对线来传输电源，传输数据的同时传输直流电。因为 AP 往往要求使用不间断电源（UPS）供应电力，采用 PoE 设备，AP 端仅仅通过一根 RJ-45 网线与网络连接即可以同时传输数据和电力，因此在使用 PoE 设备的情况下，所有的 AP 都使用一个 UPS 在 PoE 设备端进行保护。如果不使用 PoE 设备，就需要给每个 AP 配一个 UPS，而且还需要在 AP 附近安装电源插座，增加了成本。

因此使用 PoE 设备将大大降低设备成本和管理成本。

一个典型的以太网供电系统如图 6-13 所示。在配线柜里保留以太网交换机设备，用一个带电源供电集线器（MidspanHUB）给局域网的双绞线提供电源。在双绞线的末端，该电源用来驱动 AP 或者其他设备。为避免断电，可以选用一个 UPS。

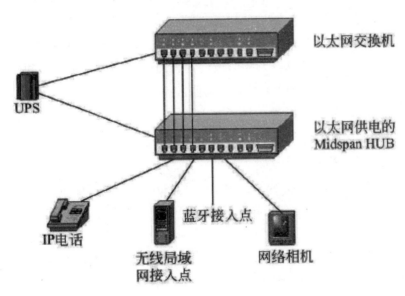

图6-13　POE供电示意图

一个完整的 POE 系统包括供电端设备（PSE，powersourcingequipment）和受电端设备（PD，powerdevice）两部分。PSE 设备是为以太网客户端设备供电的设备，同时也是整个 POE 以太网供电过程的管理者。而 PD 设备是接受供电的 PSE 负载，即 POE 系统的客户端设备，如 IP 电话、网络安全摄像机、AP 及掌上电脑（PDA）或移动电话充电器等许多其他以太网设备。两者基于 POE（POE+）标准建立有关受电端设备 PD 的连接情况、设备类型、功耗级别等方面的信息联系，并以此为根据 PSE 通过以太网向 PD 供电。

当在一个网络中布置 PSE 供电端设备时，POE 以太网供电工作过程如下所示：

（1）检测：一开始，PSE 设备在端口输出很小的电压，直到其检测到线缆终端的连接为一个支持 IEEE802.3af 标准的受电端设备。

（2）PD 端设备分类：当检测到受电端设备 PD 之后，PSE 设备可能会对 PD 设备进行分类，并且评估此 PD 设备所需的功率损耗。

（3）开始供电：在一个可配置时间（一般小于 15/as）的启动期内，PSE 设备开始从低电压向 PD 设备供电，直至提供 48V 的直流电源。

（4）供电：为 PD 设备提供稳定可靠 48V 的直流电，满足 PD 设备不越过 15.4W 的功率消耗。

（5）断电：若 PD 设备从网络上断开时，PSE 就会快速地（一般在 300~400ms 之内）停止为 PD 设备供电，并重复检测过程以检测线缆的终端是否连接 PD 设备。

在把任何网络设备连接到 PSE 时，PSE 必须先检测设备是不是 PD，以保证不给不符合 POE 标准的以太网设备提供电流，因为这可能会造成损坏。这种检查是通过给电缆提供一个电流受限的小电压来检查远端是否具有符合要求的特性电阻来实现的。只有检测到该电阻时才会提供全部的 48V 电压，但是电流仍然受限，以免终端设备处在错误的状态。作为发现过程的一个扩展，PD 还可以对要求 PSE 的供电方式进行分类，有助于使 PSE 以高效的方式提供电源。一旦 PSE 开始提供电源，它会连续监测 PD 电流输入，当 PD 电流消耗下降到最低值以下，如在拔下设备时或遇到 PD 设备功率消耗过载、短路、超过 PSE 的供电负荷等，PSE 会断开电源并再次启动检测过程。

电源提供设备也可以被提供一种系统管理的能力，例如应用简单网络管理协议（SNMP）。这个功能可以提供诸如夜晚关机、远端重启之类的功能。采用 POE 设备供电具有以下非常明显的优势：

（1）简化安装，降低成本，不需为每个网络设备单独提供数据和电力线缆。

（2）灵活性提高，网络装置可被安装在任何位置，而不需靠近一个已存在的电源输出口。

（3）可靠性增强，有 SNMP 能力的 PoE 装置，可实施远程检测和控制，能有效地处理或修理装置的耗电量和（或）失效故障。

标准的五类网线有四对双绞线，PoE（PoE+）允许的供电方法如图 6-14 所示。

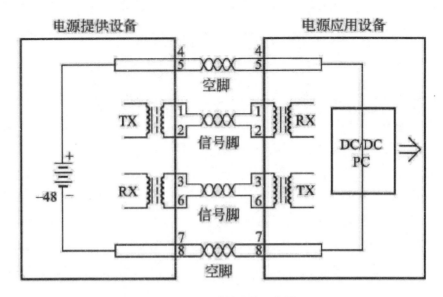

图6-14　双绞线连接示意图

　　PoE 标准为使用以太网的传输电缆输送直流电到 PoE 兼容的设备定义了两种方法：一种称作"中间跨接法"（mid-span），使用以太网电缆中没有被使用的空闲线对来传输直流电，相应的 EndpointPSE 支持 PoE 功能的以太网交换机、路由器、集线器或其他网络交换设备。另一种方法是"末端跨接法"（end-span），是在传输数据所用的芯线上同时传输直流电，其输电采用与以太网数据信号不同的频率。MidspanPSE 是一个专门的电源管理设备，通常和交换机放在一起。它对应每个端口有两个 RJ45 插孔，一个用短线连接至交换机，另一个连接远端设备。

　　对于 AP 部署密度较低的场所，也可采用低成本的 PoE 供电盒供电。如图 6-15 所示，在接入交换机前放置 PoE 供电模块或者集中放置 PoE 供电交换机。

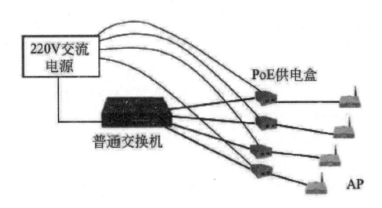

图6-15　PoE供电盒供电方式示意图

　　大多数无线网络产品都支持 PoE 标准，如 H3C 就能够提供全面的 PoE 解决方案，产品涵盖从高端到低端的全系列产品，包括 S9500、S7500E、S5600、S5500、S3600、S3100、WX3024 都能够提供 PoE 解决方案。

第四节　传感网

　　智慧校园是一个开放的、创新的、协作的、智能的综合信息服务平台。教师、学生和管理者能全面感知不同的教学资源，获得及时的互动、最大的共享、最佳协作的学习、工作和生活环境，实现相关信息资源的有效的采集、合理的分析、高效的应用和便捷的服务。在智慧校园中，传统的分散在校园各个角落的设备也利用传感器技术连接起来，组成特殊的传感网络并接入校园网，进而实现食堂、实验室、图书馆、供水供暖系统、安保系统的互联互通，将使校园管理更加流畅、高效。校园网用户利用RFID技术可以自动识别并获取目标对象的相关数据，共享不同地理位置传感器提供的信息，实现实时监控校园及周边环境，防范火灾等危害的发生，确保校园的安全，所以传感网对智慧校园建设而言是一个重要的工程领域。

一、传感器及检测

　　我国在1999年提出了传感网的概念，其定义是：通过射频识别（RFID）、红外感应器、全球定位系统、激光扫描器等信息传感设备，按约定的协议，把任何物品与互联网相连接，进行信息交换和通信，以实现智能化识别、定位、跟踪、监控和管理的一种网络概念。基于感知层、网络层和应用层的架构，实现物质世界和虚拟世界的信息互联互通，其从技术角度理解称为传感网，从用户和产业角度理解又称为物联网。

　　传感网在智慧校园中的应用主要强调的是将人员和设备通过网络相连，并引发相互之间互动，实现人与设备的定位与管理以及数据处理的智慧系统。它包括三个主要组成部分：感知系统、网络系统和应用系统。

　　感知系统主要基于传感器技术，将物联网中的"物"进行信息收集、信息处理以及设备控制。这是物联网的数据最终来源，这也是物联网的感知层，是通过传感器来感应或者采集不同外界信号实现数据的采集、处理、转换，变成人们需要的信号，大多数情况下是电信号。之后，依据此外界信号与电信号的对应关系来进行相应的数据处理。这里对传感器有较高的要求，在不同的环境中，传感器的要求是根据实际应用而不同，如在测量水的pH值时，需要传感器具有隔离保护措施；在测量人体的血压心电等生理参数时，需要设计保护措施，防止对身体造成伤害等。同时低功耗、体积小、稳定、寿命长、价格低廉，这些都是网络终端部分的具体要求。

　　网络系统按照一定的协议将感知系统采集的信息通过网络的方式进行传输。此部分主要是承担传输信息的作用，即使网络终端部分采集的各种数据通过此传输网络进行数据的输送，从检测地传输到相应的管理控制中心。由于网络终端种类繁多，部署区域形态众多，因此要使此传输网络在各种不同应用中都能够实现稳定高效数据的传输，就需要人们设计出稳定系数高，对干扰处理能力强，网络容量大的传输网络。它们承载着大量的传输信息，将网络的边界拓展到实实在在的每个物体，是连接应用系统和感知系统的纽带。

应用系统通过软件的方式将大量的数据进行分析和处理，并将处理结果进行反馈，控制设备的进一步操作，实现机器的智能化处理。位于校园网上的应用系统将对这些数据进行分类、整合，依据应用的目的筛选出有效数据，剔除异常数据，根据相应的处理算法，得到处理结果，此结果在某些应用中要能够通过上述逆向通信路径进行传输，发送至网络终端部分，这样就实现了控制中心同整体网络的双向沟通。数据处理中心是依据前两部分来进行工作的，因此要充分参考前两部分的规模和特点来设计，才能够在实际应用中进行合理高效的数据控制和处理。

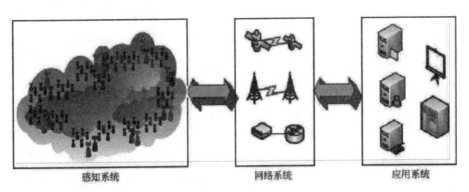

感知系统　　　　　　网络系统　　　　　　应用系统

图6-16　传感网结构图

1. 感知系统

物联网通常是为了替代人们繁重、危险的工作，给社会带来便利，如利用 RFID 标签和读写设备实现校园资产的贯穿式、智能化全程管理，解决资产分布分散、难于统一管理的现状，方便管理者随时了解资产领用、借用、挪用和运转的情况，并能够在资产位置与系统记录位置不一致时及时提醒，以实现智慧校园、整合学校信息资源服务。可见通常情况下，物联网应用的现场环境都是较为复杂，一般表现为人力不能及或者人手不足的情况，如考勤管理涉及教师、后勤人员和学生，学校可以为各类人员配备校园一卡通 RFID 设备，在校内设定各类感应区域或门禁系统，实现考勤部门对校内人员的实时感知与定位，进而合理分配教学资源（如解决学生自习室座位问题）和科研设备（如解决 SEM 扫描电镜等科研设备排队问题），此时就需要物联网来发挥出自身的优势，解决此类问题。而在具体应用中，不论是人力不及或人手不够的情况，都需要一套完备的物联网感知系统来替代人类工作，这就需要网络终端在不同的应用场景中都能够发挥出重大的效用，一定程度上可以不在人们的参与下自动进行数据的搜集和传输等，当遇到外界的干扰破坏时，具有较好的抵抗能力和恢复能力。准确可靠的测量数据是物联网系统最根本的一线数据，相应的后续工作都是针对此数据展开的。因此，网络终端要能够融入整体物联网平台中，在一线现场发挥出应有的核心作用。

针对物联网的不同应用环境及应用目的，设计出能够通用的网络终端必须具有如下几个功能：

（1）快速便捷的入网注册。网络中需要对网络终端进行管理，这就需要对每个网络终端进行标示，同时物联网通常网络规模较大，此类工作任务繁重。因此迅速、简便地实现网络终端的入网注册，尤其重要。每个入网用户或者设备将具有唯一的 ID 标示号，这会给系统整体管理带来便利。RFID 技术是进行 ID 标示的一个便利的手段，RFID 能够进行快速的烧写、数据读取，当每个网络终端都配备 RFID 模块，即可以利用此模块来进行人员的快速入网，会简化此类工作的难度，同时也会给整体流程带来便利。

（2）可以测量多种参数。成本是物联网必须要控制的关键因素，在感知系统部分可以选择性的配置需要的传感器模块，来进行不同种类的参数采集和处理，这样可以共享除传感器模块的其他模块，降低成本。同时也能够支持多种参数，如同时实现温度和湿度的采集，这就需要网络终端部分能够同时配置湿度传感器和温度传感器，这些功能都是物联网终端设计时必须具备的，以此能够实现较大规模的应用。

（3）能量消耗低。功耗是物联网网络终端必须有严格的控制的因素，网络终端通常是在不能及时进行电置补充的环境下工作，降低功耗从而使网络终端能够在此环境中较长时间的使用，必须在设计网络终端的时候，充分考虑，一旦节点电量不足，尤其是路由或者汇聚节点的电量不足时，将会给整体网络带来巨大影响。可见低功耗是物联网网络终端追求的一大目标。

（4）快速充电及多样化供电支持。由于物联网应用环境的复杂，电量是影响整体系统的关键因素，感知系统应能够支持多种不同方式的供电及能够实现快速充电，如能够同时支持蓄电池、临时电池、外部电源等不同方式的供电。在电量不足时，能在较短的时间内对蓄电池进行快速充电，保证系统的正常运转。

（5）较强的抗干扰能力。物联网感知系统能够在外界干扰下，具有较强的抗干扰能力和自身恢复能力，具有较强的外界抗打击、抗腐蚀及防水能力，在终端受到一定程度破坏时，具有自愈能力，恢复到正常的运行状态，这样才能够应对复杂的周围环境。

（6）无线传输网络支持。物联网感知系统应该能够支持不同应用环境下的网络平台，当前常见的网络类型有 Wlan、ZigBee、蓝牙等，终端能够支持多种网络类型，这将会节省整体成本，同时提高终端的通用性，通过此功能能够高效无差错地进行无缝信息传输。

2. 网络系统

物联网在实际应用中，外部干扰和破坏是不可避免的，系统恢复尤为重要，而在物联网各个组成部分中，网络系统的在整个恢复过程中，起到了非常重要的桥梁作用。将感知系统和应用系统衔接起来，传递着数据及控制信息，如果感知系统部分的数据不能够传送到应用系统，则物联网的基本功能就不能实现，而如果应用系统的信息不能够通过网络系统反馈到感知系统，则就不能够对传感器进行有效的管理，使得物联网的优势不能有效发挥出来。物联网的网络系统是整个物联网系统的桥梁，网络里传输的是感知系统采集的实际数据以及应用系统发送的控制及处理结果信息，这就构成物联网的数据流，也是物联网关注的本质。物联网的网络系统除了其核心的作用外，对其设计和搭建要进行重点的研究，在大规模的使用中，如何能够使网络在短时间内迅速搭建起来，也是决定物联网系统能否大规模应用的实用性核心因素。在一些校园网应用场景中，周围环境复杂，不能进行精确的网络部署，例如在校园应急事件处理中部署的物联网，在校园内复杂的地形中实现大规模网络的部署，快速方便地部署将是特别关注点，在网络的拓扑结构及网络的路由设计方面要能够适应此类需要。

鉴于物联网部署环境的复杂性以及部署时间要求尽量短、周围环境差的情况，对传输网络提出了很高的要求，物联网传输网络必须符合如下要求：

（1）传输网络能搭建迅速。不论在何种应用中，都要求能够在最短的时间内实现网络部署，这样才能最大限度地发挥物联网的作用，尤其在一些紧急突发情况下需要物联网的搭建，时间更是一个争取的因素。

（2）传输网络部署容易。物联网的部署除了迅速之外，还需要网络建设操作容易，在实际部署的过程中，要便利实现，不能够耗费太多的人力、物力投入，否则将会给网络的实际应用发展带来极大的难度，对物联网的发展也有很大的副作用。

（3）传输网络建设及维护成本低。物联网的应用很多都是较大规模的，覆盖的面积范围广，节点数量众多，有的应用是临时性的搭建，因此更需要网络的成本小。在网络的设计过程中，要充分考虑各方面的因素，节点的通信半径、节点的部署密度、节点通信模块选型、网络路由类型等都是重点考虑的点，合理的设计才能降低网络的建设成本，同时也使网络的维护成本较低。

（4）传输网络具有较强的可扩展性。传输网络能够适应具体应用的变化，能够及时地扩大网络的覆盖面积，能够及时地调整网络的覆盖面积，这样可以更好地适应具体应用的变化。当所检测的区域减小时，可以适当地关闭某些"多余"节点，而当检测区域面积扩大时，要能够及时地扩展网络，能够覆盖所有的面积。

（5）传输网络稳定性高。传输网络中的数据及控制信息，要保证数据的完整性，网络具有良好的冗余错误能力。针对具体的应用，当网络不能够达到所要求的传输准确度时，要进行网络的调整，要尽力保证关键数据的传输，而可以对非关键数据适当地降低要求，这就可以节省由于检错纠错而消耗的网络处理能力。

（6）传输网络容量足够大，能够负载高峰值的数据流。传输网络的容量应该根据实际场景中的数据流情况自行进行调整，当有较大的数据流时，要能够实现分流，同时要特别注意主干网络部分的阻塞情况，要自动优化网络流路径，能够容纳大容量数据的传输，能够承受高峰值的负载量。

物联网的传输网络是物联网的通用应用，一般设计是两级网络组合架构，其能够简化为简单的一级网络架构也可以升级为三级网络架构。此网络架构能够在不同的应用场景中迅速临时搭建，实现物联网的功能。合理的网络架构不仅能够在网络终端和控制处理中心之间进行信息的双向传递，同时还能够快速便利部署、网络成本低，为实际应用带来极大的帮助。

3. 应用系统

物联网的应用系统是整个物联网的"大脑"，网络中采集的信息最终都要汇聚到此处，经过相应算法的判断、分析、处理，最终的处理结果就是物联网系统的一个目的，此结果可以为决策提供帮助，较完善地表现相关的检测情况，智能判断结果，也可以优化网络路由及调整网络拓扑。

物联网应用系统必须符合如下要求：

（1）智能化。智能化是物联网数据中心的基本特点，由于网络状态众多，针对不同的网络状态及接收到的数据类型，都能够进行及时处理并及时检测到网络中的异常点，如部分网络阻塞、部分节点失效等信息。除了处理上述的网络状态信息外，数据中心还需要处理终端传输过来的采集数据，根据相应的算法，处理后立即得到相应的计算结果，此结果将会存储，其中的异常数据点要进行相应的处理。

（2）数据接收功能。应用系统能够接入物联网的传输网络部分，能够进行数据的接收，一般是通过 PC 端的外部硬件接口或者网卡接口来实现。

（3）数据反馈功能。反馈信息给终端，这是数据中心的一个重要功能，物联网的信息传输是双向的，除了终端部分向数据中心输送数据外，数据中心也要把相应的处理结果及网络、终端的控制信息发送到终端部分，来实现有效合理的管理。

（4）异常数据报警功能。当数据中心对终端的采集数据进行处理后，一旦发现异常点，这可能是关乎网络的重要情况，或者关于使用用户的重要情况，此时要立即对此异常数据进行警报，相关的监护人员或者执勤人员要立即进行处理。

（5）管理统计功能。数据中心要能够对网络运营情况、节点位置分布、节点数目、用户使用情况、用户及节点的匹配关系、数据历史记录等信息进行管理和简单的统计查询，能够满足用户的不同需求。

（6）存储功能。物联网的数据无疑是巨大的，在如此庞大的数据中，依据重要程度，要筛出不同种类的数据，对其中的关键数据、重要数据要进行实时存储，存储的数据是未来算法分析的依据，同时也是未来查询的数据源。

二、射频识别系统设计

射频识别（radio frequency identification，RFID）技术，是一种利用射频通信实现的非接触式自动识别技术。可通过无线电信号识别特定目标并读写相关数据，无须识别系统与特定目标之间建立机械或光学接触。RFID标签具有体积小、容量大、寿命长、可重复使用等特点，可支持快速读写、非可视识别、移动识别、多目标识别、定位及长期跟踪管理。RFID技术与互联网、通信等技术相结合，可实现全球范围内物品跟踪与信息共享。RFID技术应用于物流、制造、公共信息服务等行业，可大幅提高管理与运作效率，降低成本。任何新技术的产生和发展都源于实际应用的需要。RFID技术也不例外。RFID技术是无线电广播技术和雷达技术的结合。雷达采用的是无线电波的反射和回射理论，而无线电广播技术是关于如何用无线电波发射，传播和接收语音，图像，数字和符号的技术。RFID技术的发展是基于多项技术的综合发展，它涉及多项关键技术：芯片技术、天线技术、无线收发技术、数据变换与编码技术、电磁传播技术等等。

1.RFID技术

当前RFID技术主要包括RFID技术标准、RFID标签成本和RFID应用系统等多个方面。

（1）RFID技术标准

RFID的标准化是当前亟须解决的重要问题，各国及相关国际组织都在积极推进RFID技术标准的制定。目前，还未形成完善的关于RFID的国际和国内标准。RFID的标准化涉及标识编码规范、操作协议及应用系统接口规范等多个部分。其中标识编码规范包括标识长度、编码方法等；操作协议包括空中接口、命令集合、操作流程等规范。

（2）RFID技术领域

RFID应用系统研究主要集中在工作频率选择、天线设计、防冲突技术和安全与隐私保护等方面。工作频率选择是RFID技术中的一个关键问题。工作频率的选择既要适应各种不同应用需求，还需要考虑各国对无线电频段使用和发射功率的规定。当前RFIDT作频率跨越多个频段，不同频段具有各自优缺点，它既影响标签的性能和尺寸大小，还影响标签与读写器的价格。此外，无线电发射功率的差别影响读写器作用距离。

表6-3　RFID频段特性

频段	描述	作用距离	穿透能力
125~134kHz	低频（LF）	45cm	能穿透大部分物体
13.553~13.567MHz	高频（HF）	1~3m	能穿透金属和液体
400~1000MHz	超高频（UHF）	3~9m	穿透能力较弱
2.45GHz	微波（Microwave）	3m	穿透能力最弱

天线是一种以电磁波形式把无线电收发机的射频信号功率接收或辐射出去的装备。天线按工作频段可分为短波天线、超短波天线、微波天线等；按方向性可分为全向天线、定向天线等；按外形可分为线状天线、面状天线等。受应用场合的限制，RFID标签通常需要贴在不同类型、不同形状的物体表面，甚至需要嵌入物体内部。RFID标签在要求低成

本的同时，还要求有高的可靠性。此外，标签天线和读写器天线还分别承担接收能量和发射能量的作用，这些因素对天线的设计提出了严格要求。当前对 RFID 天线的研究主要集中在天线结构和环境因素对天线性能的影响上。鉴于多个电子标签工作在同一频率，当它们处于同一个读写器作用范围内时，在没有采取多址访问控制机制的情况下，信息传输过程将产生冲突，导致信息读取失败。同时多个阅读器之间工作范围重叠也将造成冲突。这些也是 RFID 的研究对象。

（3）RFID 系统

基本的 RFID 系统通常由三部分组成：RFID 标签（tag）、RFID 阅读器（reader）及应用支撑软件。RFID 标签由天线和芯片组成，天线在标签和读卡器间传递射频信号，芯片里面保存每个标签具有的唯一电子编码和用户数据。每个标签都有一个全球唯一的 ID 号码——UID，UID 是在制作芯片时放在 ROM 中的，无法修改；用户数据区是供用户存放数据的，可以进行读写、覆盖、增加的操作。RFID 阅读器是读取（或写入）标签信息的设备，可设计为手持式或固定式。阅读器对标签的操作有三类：识别（identify，读取 UID）、读取（read，读取用户数据）、写入（write，写入用户数据）。用支撑软件中包括运行在标签和阅读器上的软件之外和介于读写器与企业应用之间的中间件（middleware）三部分，其中 RFID 中间件是将底层 RFID 硬件和上层企业应用结合在一起的黏合剂。该中间件的主要任务是对阅读器传来的与标签相关的事件、数据进行过滤、汇集和计算，减少从阅读器传往企业应用的巨量原始数据，增加抽象出的有意义的信息量。可以说，中间件是 RFID 系统的神经中枢。图 6-17 所示给出了基本的 RFID 系统的组成。

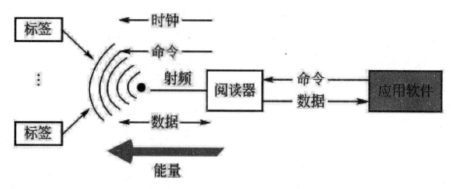

图6-17　RFID系统组成示意图

RFID 应用系统具体的工作过程如图 6-18 所示，应用系统通过发送应用指令到读写器，读写器通过编码器、解码器对指令进行处理后，命令响应单元发出标签读写命令，通过天线向标签发送指令，标签响应后将标签中存储数据经由天线通过空中接口返回到读写器天线，再经过编码、解码后，命令响应单元将读取结果返回到应用系统。RFID 读写器读取 RFID 标签的数据位于较低的硬件层，读取的原始数据被传送到中间件处理，在中间件的设备和数据管理层，具有识别重复读了多次的 RFID 标签过滤机制的功能。利用过滤冗余数据机制，数据被过滤，只有和上层相关的数据才被传送到中间件。实时产生的 RFID 信息经过事件管理层处理供上层的交易过程和解决方案使用。

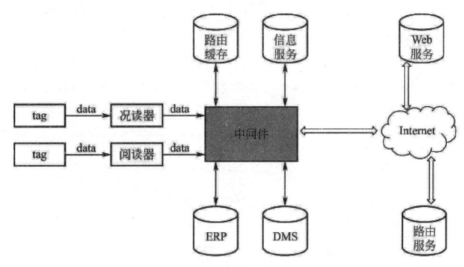

图6-18 RHID应用系统工作过程示意图

RFID 系统中数据之间的传输一般是利用无线射频技术，主要是利用天线，以电磁波形式把无线电收发机的射频信号功率接收或辐射出去，多个标签可以同时发送数据，同时多个阅读器也可以接收来自标签的信息，发送和接受的过程可以同时进行。

（4）应用程序接口

应用程序接口主要包括接口方式与接口软件。接口方式主要指的是读头和应用计算机的接口方式。RFID 应用系统的接口方式非常灵活，包括 RS232、RS485、以太网（RJ45）、WLAN 等接口。接口软件一般是由 RFID 设备制造厂商提供的，通过这种软件可以对设备进行测试，可以直接生产一定格式的数据文件，供用户分析使用，也可以向其他应用软件提供数据接口。

2.RFID 应用系统设计

目前，我国部分高校已经建立的数字档案馆，实现了数据库和互联网技术辅助人工的档案管理方式。但是对于实体档案的管理仍存在档案盘点的效率较低、档案编目流程复杂、档案存放的错架或不在架的情况难以查清、借还手续烦琐等问题。如何采取先进的技术手段解决实体档案管理中存在的问题，已经引起了档案界的广泛关注。鉴于这种现状，文件档案管理的技术升级与改造迫在眉睫。采用 RFID 技术可以实现校园档案管理的自动化、智能化，具有其他方式无可比拟的优越性。

（1）RFID 档案管理系统总体设计

基于 RFID 技术的校园档案管理系统的总体设计如图 6-19 所示，系统由数据采集和数据处理模块、档案管理模块和数据库三部分组成，数据采集和数据处理模块包括档案袋数据。

采集、档案盒数据采集、档案借还数据采集、借阅人员数据采集和安全管理数据采集5个子模块。档案管理模块包括基础管理、储位管理、借还管理、实时监控、全部盘点、档案查询6个子模块。档案管理模块的储位管理、全部盘点、在位监控、设备监控子模块通过调用动态库获取4通道读写器、1W读写器和门禁控制器的数据及下发指令；借还管理、基础管理和档案查询用于实现档案借还、数据设置和查询。数据采集模块通过RFID设备获取档案信息和人员信息，通过485通信模块获取震动传感器状态及门状态等安全信息，上报给档案管理模块。档案管理模块将录入的数据或数据采集模块上报的数据存储到数据库中。

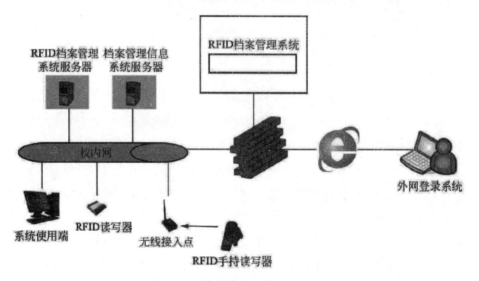

图6-19　档案管理系统总体设计

（2）RFID数据采集

系统硬件组成结构图如图6-20所示。采用保密级别较高的档案柜用于存储档案，RFID设备集成到档案柜中。RFID档案管理系统主要由档案管理终端和档案柜构成。档案管理终端与档案柜之间通过WLAN网络连接，可同时管理多个档案柜。档案管理终端包括RFID手持式读写器和RFID固定式门禁读写器两种，实现档案的录入、借还和安全管理。档案柜集成档案标签、层架标签、4通道读写器、1W读写器、门禁控制器和传感器，实现档案袋管理、档案盒管理和安全管理。4通道读写器通过功分器控制4层的天线模组；1W读写器通过切换模组控制天线模组。挂接多个档案柜时，通过给门禁控制器分配ID号来区分不同的档案柜。

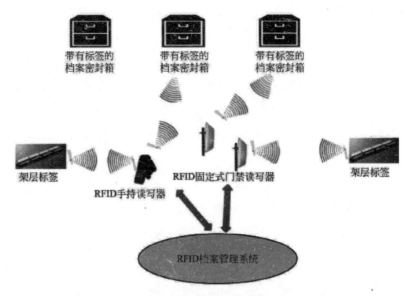

图6-20　档案管理系统硬件结构

RFID 档案管理系统通过 RFID 技术实现档案数据的采集，主要采用 RFID 读写器和 RFID 标签两类设备。RFID 读写设备主要有 4 通道读写器、1W 读写器、手持式读写器。RFID 标签主要有 3 种：50mm×50mm 规格，粘贴到档案袋上作为档案袋的唯一标志；18mm×36mm 规格，粘贴到档案盒上作为档案盒的唯一标志；86mm×54mm 规格，用于人员管理。由于要同时管理档案盒和档案袋，因此用 2 种 RFID 读写器加天线分别实现对档案盒的检测和档案袋的检测。此外，采用门禁控制器实现安全管理模块的数据采集。

RPID 档案管理系统的数据采集主要包括五部分：档案袋的在位数据采集、档案盒的在位数据采集、档案借还的数据采集、借阅人员的数据采集、安全管理的数据采集。

档案袋的在位数据采集用 4 通道读写器和天线模组实现。4 通道读写器通过 RFID 天线读取档案袋上的 RFID 标签，获取档案袋的在位信息。单个 4 通道读写器可以实现 4 层档案柜的档案袋数据采集。

档案盒的在位数据采集用 1W 读写器和天线模组实现。1W 读写器通过 RFID 天线读取档案盒上的 RFID 标签，获取档案盒的在位信息。单个 1W 读写器可以实现 1 层档案柜的档案盒数据采集，4 层档案柜需使用 4 个 1W 读写器实现全部档案盒的在位数据采集。

档案借还的数据采集用一体机实现。档案借还管理中，需要获取借阅或归还档案的信息，该数据采集方式采用一体机实现。将待借阅或归还的档案放到一体机上，一体机获取档案信息返给档案管理系统。

借阅人员的数据采集用桌面读写器实现。借阅人员在档案管理系统中采用人员射频标签管理，此部分数据采集包括人员标签的发放和借阅时人员信息的获取，均采用桌面读写器实现。

安全管理的数据采集用门禁控制器实现。门禁控制器通过 485 通信方式获取门开关状态、震动传感器状态等。

采集后的数据需要经过处理才能在档案管理系统的界面上得到展现。RFID 档案管理系统的 RFID 数据处理包括 2 部分，一部分为 RFID 读写设备返回的标签数据的处理，另一部分为标签数据与档案储位的关联数据的处理。RFID 读写设备返回的标签数据处理，由动态库完成。标签数据与档案储位的关联数据的处理，由档案管理系统完成。安全管理的数据处理相对简单，由动态库将获取到的状态传递给档案管理系统完成状态的展现和报警。

三、无线传感器网络

无线传感器网络（wireless sensor network，WSN）是由部署在监测区域内的大量廉价微型传感器节点组成，通过无线通信方式形成的一种多跳自组织网络系统，它是当前在国际上备受关注、涉及多学科、高度交叉、知识高度集成的前沿研究领域，综合传感器技术、嵌入式计算技术、现代网络及无线通信技术、分布式信息处理技术等，其目的是协作地感知、采集和处理网络覆盖区域中感知对象的信息（如光强、温度、湿度、噪声、震动和有害气体浓度等物理现象），并以无线的方式发送出去，通过无线网络最终发送给观察者。传感器、感知对象和观察者构成了传感器网络的3个要素。如果说Internet构成了逻辑上的信息世界，改变了人与人之间的沟通方式，那么无线传感器网络就是将逻辑上的信息世界与客观上的物理世界融合在一起，改变人类与自然界的交互方式。人们可以通过传感器网络直接感知客观世界，从而极大地扩展现有网络的功能和人类认识世界的能力。无线传感器网络作为一项新兴的技术，越来越受到国内外学术界和工程界的关注，其在军事侦察、环境监测、医疗护理、空间探索、智能家居、工业控制和其他商业应用领域展现出了广阔的应用前景，被认为是将对 21 世纪产生巨大影响的技术之一。

1. 无线传感器网络概述

无线传感器网络是在自组网基础上发展起来的一项技术。不同于一般的通信网络，无线传感器网络的任务不是通信，而是要监视周围环境。无线传感器网络由具有感知、计算及通信能力的一群微小节点组成。这些节点部署在要监视的区域中，采集指定的环境参数，如温度、振动、化学浓度等，并将数据发送到汇聚节点供分析。

由于传感器网络常部署于地面，受地面障碍物、植被等干扰，无线通信的距离一般较短，通信干扰大，链路质量差，传输速率低。可见，每个传感器节点的能力（资源）是非常有限的，单个传感器节点的作用很小，但是如果将大量这样的节点以适当方式组成网络，并将它们的输出有机地关联与融合，整个网络可提供远高于单个节点的强大功能。

放置在野外环境的传感器节点很容易受恶劣环境影响而失效，或因为电池耗尽而死亡，而替换失效的节点往往不可能或代价很高，因此人们一般会在监视区域中放置大量的节点，通过节点的冗余部署来提高网络的生存能力和可用性。

以下各种原因都可能导致无线传感器网络的拓扑发生改变：

（1）出于节能和减少传输冲突的考虑，传感器节点定期在工作状态和睡眠状态之间切换。

（2）节点可能因故障、电源耗尽、链路中断等原因与其他节点断连。

（3）网络中可能会补充一些新的节点。

（4）部分节点具备移动的能力。由于传感器网络通常缺乏集中式控制机制，因此传感器节点必须具有自组织能力，能够自动完成网络的初始化过程并适应网络拓扑的改变。

大部分传感器节点靠电池供电，能量非常有限，而庞大的节点数目以及节点部署的环境（如野外、内嵌建筑物内）往往使更换电池不可能，因此传感器节点的能量水平决定了网络的寿命。传感器节点微小的体积也导致了它的计算能力和存储容量很有限，不能进行复杂的计算和存储大量的数据，节点的无线通信带宽通常也只有几百 Kbps。传感器网络中各种协议及算法的设计都必须以节能为第一要旨，其中特别重要的是要尽量减少网络中的通信量，因为通信消耗的能量最大。

部署无线传感器网络的目的是监视物理环境，从中获得用户感兴趣的信息，因此用户关心的是从网络中获取的信息而不是网络本身。以数据为中心是无线传感器网络区别于传统通信网络的最大特点。另外，为减少冗余传输以及满足数据融合等需要，节点具有数据处理的能力，这也是不同于传统通信网络的特点。

应用相关也是传感器网络区别于传统网络的一个重要特点。传感器节点有限的能力及电源供应决定了传感器网络不适宜作为一个提供通用服务的网络系统，加上监视应用严格的实时性要求，传感器网络必须与特定应用紧密耦合才能设计出一个高效的应用系统。因此，跨层设计在传感器网络中是一个必然的选择。

虽然无线传感器网络在一定程度上类似于无线自组网，但是两者在规模、节点密度、网络拓扑及无线通信方式等方面有着很大的不同。无线自组网的节点数量通常是几十或上百，而无线传感器网络的节点数目往往要高出好几个数量级，节点密度很大，而且容易受环境影响。无线自组网的拓扑变化主要由节点的运动引起，而传感器网络中的节点大部分是固定不动的，拓扑变化主要由节点的休眠调度、环境干扰或者节点故障引起。另外，和无线自组网中的节点相比，传感器节点的处理能力、存储能力和通信能力都十分有限。所以，移动自组网中的协议与算法往往并不适合无线传感器网络。

无线传感器网络在工作时通常在监测区域预先部署大量传感器节点，这些节点通过自组织方式构建无线传感器网络，网络结构如图 6-21 所示。

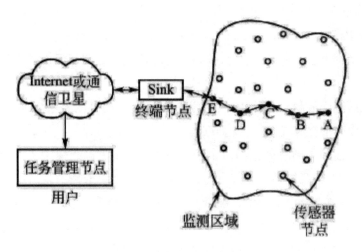

图6-21　无线传感器网络体系结构

整个网络通常由传感器节点（node）、汇聚节点（sink）、互联网和用户界面等组成。传感器节点以协作方式感知部署区域内监测对象和采集相关信息，采集数据在发送之前或者转发过程中可进行信息预处理，然后遵循某种路由协议下，沿着网络中的各节点进行逐跳传输，经过多跳路由后被传递到汇聚节点；汇聚节点也称为数据中心（datacenter）或基站（basestaticm），具有较强的处理能力、存储能力和通信能力，是联通传感器网络与外部网络、实现协议之间的通信转换的一座桥梁。当数据由传感器节点传送到汇聚节点后，可以对数据进行过滤、融合等再处理，然后通过互联网或卫星提供给用户展现、分析。用户也可以对传感器网络进行配置和管理，如发送查询请求或者分配监控任务等。图2-22所示给出的是某高校利用无线传感器网络监测校园内山体情况的例子。负责监测校园内山体的传感器节点构成一个异构的网络。雨量传感器、含水率传感器、测斜传感器、位移传感器产生的数据量小，且数据不是时刻变化的；而地声传感器、GPS设备与视频传感器产生的数据较大。为了在满足数据要求的条件下更好地利用带宽资源，系统采用低速率与高速率传感器节点共存的异构网络体系结构。雨量传感器、测斜传感器、位移传感器采用低速率网络传输协议；地声传感器、GPS设备与视频传感器采用高速率宽带网络传输协议。

在这个应用中，传感器网络为三层的MESH网络。

第一层为使用ZigBee协议的低速率探测传感器网络。网络中的各种探测传感器节点与中继节点通过自组织成网的方式形成最底层的传感器监测网。协议的自组织性主要体现在传感器节点故障时的网络快速愈合能力和新的节点增加部署时的快速组网能力。采用带有快速邻居发现与更新的自组织网络协议，实现预期的目标。

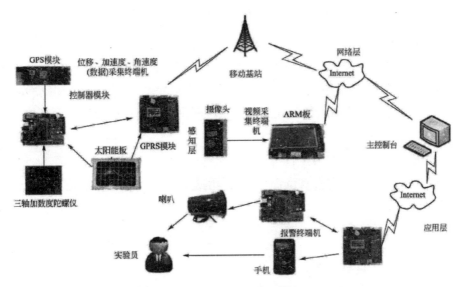

图6-22 山体滑坡监测及预警系统总体示意图

第二层为汇聚网关层，使用 WiFi 进行数据的传输，该层包括 ZigBee-WiFi 网关、WiFi 中继节点、校园网网关与大数据量的音视频传感器节点、GPS 传感器节点和地声传感器节点。探测传感网络中的数据可以通过任一个 ZigBee-WiFi 网关接入汇聚网关层，通过在汇聚网络中中继到达某一校园网网关，校园网网关具有 WiFi 到校园网的网关功能，能够将使用 WiFi 汇聚到的数据通过校园网网络发送到监测中心。为了满足大数据量的传感器设备，如音视频传感器等的数据速率要求，也将它们放入汇聚网关层，它们可以以单跳或多跳的方式将数据传送至校园网网络中。

第三层为校园网网络与地质灾害监测中心站。为了更好地利用移动通信基础设施，系统使用校园网网络与远程地质灾害监测中心站进行数据交换。校园网网络具有覆盖整个校园、万兆位传输的特点。使用校园网能够满足当前的监测传感器与多媒体数据的传输需求，并可以大大降低部署成本。

无线传感器网络作为一种融合了无线通信技术、传感器技术和分布式计算的特殊自组织网络，可以部署在长期无人驻守区域或者人难以到达的危险区域，长期、协作地实时监测、感知和采集网络分布区域内的各种环境或监测对象的信息，并将感知数据处理后及时传输到控制中心，方便用户的进一步分析、处理。由于无线传感器网络自身的许多优点，使得它在智慧校园建设中具有巨大的应用价值和广泛的应用前景。

2. 无线传感器网络节点定位技术

定位即确定方位，确定某一事物在一定环境中的位置。在无线传感器网络中的定位具有两层意义：其一是确定自己在系统中的位置；其二是系统确定其目标在系统中的位置。在传感器网络的实际应用中，传感器节点的位置信息已经成为整个网络中必不可少的信息之一，很多应用场合一旦失去了节点的位置信息，整个网络就会变得毫无用处。在智慧校园建设中，校园内位置的感知是校园智能空间技术的重要支撑。

在无线传感器网络中，为了实现定位的需要，随机播撒的节点主要有两种：信标节点（beaconnode）和未知节点（unknownnode）。通常将已知自身位置的节点称为信标节点，信标节点可以通过携带 GPS 定位设备（或北斗卫星导航系统（BeiDou（COMPASS）NavigationSatelliteSystem），或预置其位置等手段获得自身的精确位置，而其他节点称为未知节点，

在无线传感器网络中信标节点只占很少的比例。未知节点以信标节点作为参考点，通过信标节点的位置信息来确定自身位置。传感器网路的节点构成如图 6-23 所示。

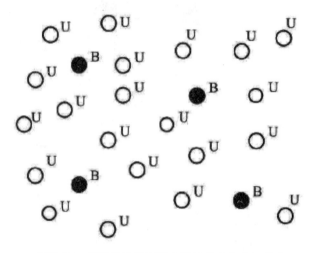

图6-23　无线传感器网络中信标节点和未知节点

在图 6-23 中，整个传感器网络由 4 个信标节点和数量众多的未知节点组成。信标节点用 B 来表示，它在整个网络中占较少的比例。未知节点用 U 来表示，未知节点通过周围的信标节点或已实现自身定位的未知节点通过一定的算法来实现自身定位。

（1）常用概念

邻居节点（neighbor nodes）：无须经过其他节点能够直接与之进行通信的节点；

跳数（hop court）：两个要实现通信的节点之间信息转发所需要的最小跳段总数；

连通度（connectivity）：一个节点拥有的邻居节点数目；

跳段距离（hop distance）两个节电间隔之间最小跳段距离的总和；

接收信号传播时间差（time difference of arrival，TDOA）：信号传输过程中，同时发出的两种不同频率的信号到达同一目的地时由于不同的传输速度所造成的时间差；

接收信号传播时间（time of arrival，TOA）：信号在两个不同节点之间传播所需要的时间；

信号返回时间（round-trip time of flight，RTOF）：信号从一个节点传到另一个节点后又返回来的时间；

到达角度（angle of arrival，AOA）：节点自身轴线相对于其接收到的信号之间的角度；

接收信号强度指示（received signal st.ength indicator，RSSI）：无线信号到达传感器节点后的强弱值。

（2）节点定位技术性能评价标准

在无线传感器网络定位技术中，不同的定位算法对定位结果有不同的影响，通常情况下用以下几个指标来衡量：

定位精度（positional accuracy）：定位精度是指空间实体位置信息（通常为坐标）与其真实位置之间的接近程度，它是衡量传感器网络定位的首要指标，只有达到一定定位精度的定位算法才是真实有效的。定位精度分为绝对精度和相对精度，绝对精度是指误差的绝对值，以长度为单位表示；相对精度是指误差值与节点之间距离的百分比。

有效定位范围（effective rang of orientation）：定位系统所能定位的有效范围。在WSN中要满足大多数节点能够被定位，只有覆盖大范围的节点定位才有意义。

节点密度（node density）：节点密度就是指播撒的传感器网络节点的疏密程度。在传感器网络中节点密度对定位的性能影响很大，一般情况下节点密度越高定位的精度也会越高，反之则会降低节点的定位精度。在WSN中针对不同的定位算法所需要节点密度也不相同，另外传感器节点的性能和价格也决定了播撒的节点的密度。

信标节点密度（density of beacon node）：信标节点密度是指信标节点在整个WSN中所占的比例。信标节点具有自身定位功能，价格较贵，不可能大面积播撒，节点的密度决定了定位的精度的高低。

容错性和自适应性（fault tolerance and adaptivity）：所谓容错性是指在故障存在的情况下系统不会失效，仍然能够正常工作的特性。容错即是fault tolerance，确切地说是容故障（fault），而并非容错误（error）。自适应性可以看作一个根据环境变化能够智能调节自身特性的反馈控制系统，以使系统能按照一些设定的标准工作在最优状态。

安全性（security）：安全性指的是指系统对合法用户的响应及对非法请求的抗拒，以保护自己不受外部影响和攻击的能力。WSN通常工作在物理环境较为复杂的区域，定位系统易受到环境或人为的破坏和攻击，从而无法达到在理想的无线通信环境所能达到的定位效果，因此定位系统和算法必须具有很强的安全性。

功耗（power dissipation）：功耗是指功率的损耗，在WSN设计过程中功耗始终是困扰其应用的一个主要方面。由于传感器节点的能量受限并且不容易得到补充，因此需要整个WSN能够以较小的能耗和高效的能量利用率来实现安全定位是当前研究所面临的首要问题。

代价与成本（cost and consideration）：定位算法的代价一般包括时间代价、资金代价和空间代价。在保证定位精度的前提下，应使定位系统的代价最小，如定位所需的计算量、通信量、存储空间等。

各个评价标准之间相互关联、相互影响的。某一个标准的好坏可能是由另外的一个或几个决定的，一个指标变坏的同时一个指标也会跟着变坏，因此在传感器网络的设计过程中要结合实际情况综合考虑。

（3）传感器网络节点定位算法

在定位的实现过程中有许多算法，根据不同的标准有不同的分类方法。最常见的分类是方法基于测距的（range-based）定位算法和距离无关的（range-free）定位算法。假若定位算法需要知道未知节点到参考节点或信标节点之间的绝对距离，然后才能计算出未知节点坐标信息，这样的定位方法就可以称为 mnge-based 的定位算法。反之，其他的算法无须测量节点之间的距离值就称为 nmge-free 的定位算法。range-based 定位算法精度上优于 nmge-free 的定位算法，但需要测量距离，计算量比较大，需要消耗大量能量，并不适用于低功耗、低成本等应用领域。range-free 的定位算法实现起来比较简单，计算量也较小，但并不能实现高精度的定位，是一种粗精度的算法。

①基于测距的定位算法

基于测距的定位算法实现起来比较复杂，首先需要通过 TOA、TDOA、AOA、RSSI 等常用的测距技术来测量各个未知节点到信标节点的绝对距离值。

TOA 是根据信号的传播时间计算被测节点之间的距离。TOA 算法虽然定位精度较高，但是该算法要求节点之间精确同步，使用复杂，对硬件要求太高，因此不太适合于无线传感器网络定位的应用。TDOA 是在 TOA 的基础上形成的算法。在该算法中，发射节点采用两种不同频率的无线信号同时发送一组信息到指定的相同区域，由于这两种信号的传输速度不同，因此到达目的地的时间也会有所差别。接收节点根据这个时间差以及两种信号的传输速度就可以计算出接收节点和发射节点之间的距离值。AOA 是通过 triangulation 来进行定位运算的。在 AOA 算法中，未知节点首先要计算出相对于参考节点的方位角，这就使该算法在复杂电磁环境中的定位性能很差，不能在现实生活中较多电磁干扰的环境中使用。RSSI 是利用信道衰减模型，根据所接收到的信号的强弱来实现节点的定位功能。在实践应用中，信号在传输过程中必然会遇到干扰、反射、吸收等的影响，这就极大地降低了定位精度。PDOA 是通过测量接收信号相位差，求出信号传播的往返时间，然后计算信号往返的距离。NFER 是通过近场电场和磁场的相位差来测量距离的。

测距结束后就要进行定位（计算坐标）阶段，即利用测距阶段所得的节点间的距离或方位等参数来计算出未知节点的位置，在此期间常用的算法有：三边测量定位法（trilateration）、多边定位法（muhilateration）、三角测量法（triangulation）等。

Trilateration 是通过三个已知坐标的信标节点以及这三个信标节点到未知节点的距离信息，根据二维空间距离公式建立方程组，采用线性化方法来求解出未知节点的位置信息。假设已知三个信标节点 A、B、C 的坐标分别为（x1，y1）、（x2，y2）、（x3，y3），它们到未知节点 D 的距离分别为 d1、d2、d3，未知节点 D 的坐标设为（x，y），可以得到下列方程：

$$\begin{cases} d_1^2 = (x-x_1)^2 + (y-y_1)^2 \\ d_2^2 = (x-x_2)^2 + (y-y_2)^2 \\ d_3^2 = (x-x_3)^2 + (y-y_3)^2 \end{cases} \qquad (6\text{-}3)$$

根据上式可得未知节点 D 的坐标方程为

$$\begin{bmatrix} x \\ y \end{bmatrix} = \begin{bmatrix} 2(x_1-x_3) \\ 2(x_2-x_3) \end{bmatrix}^1 \begin{bmatrix} x_1^2 - x_3^2 + y_1^2 - y_3^2 + d_3^2 - d_1^2 \\ x_1^2 - x_3^2 + y_1^2 - y_3^2 + d_3^2 - d_1^2 \end{bmatrix} \qquad (6\text{-}4)$$

Muhilateration 是已知三个以上信标节点的坐标信息以及信标节点到这个未知节点的距离信息，利用两点间的距离公式可计算出未知节点到信标节点之间的距离，最后利用最小二乘法（leastsquare，LS）、极大似然估计（maximum likelihood estimation，MLE）或最小均方误差（minimum mean square error，MMSE）等求出未知节点的坐标信息。

Triangulation 是通过未知节点的接收器天线阵列来测量出周边信标节点所发出信号的入射角信息，利用所得到的角度信息和信标节点的坐标信息，根据 Trilateration 算出未知节点的坐标。

②基于无须测距的定位算法

基于测距的定位算法虽然能够实现精确定位，但往往也对硬件要求较高，导致硬件成本增加，不利于大面积、多领域、广角度地使用。无须测距的定位算法使用起来比较简单，只需要利用未知节点到参考节点之间的估计距离值或其他位置信息，然后用三边测量法或极大似然估计法来计算出未知节点的坐标信息。无须测距定位算法由于不需要精确测量节点间的距离信息，极大地降低了对节点硬件的要求，而且它是利用节点间的距离估计值来进行计算，因此受环境的影响较小，在许多对节点定位精度要求不高的应用场合能够大量使用。现有的基于无须测距的定位算法主要有 DV-HOP 算法、质心算法、Amor phous 算法、APIT 算法、凸规划算法和 MDS-MAP 算法等。表 6-4 所示为各种无须测距定位算法的比较。

表6-4 无须测距定位算法比较

名称	类别	网络节点密度	信标节点密度	是否需要额外装置	信标节点定位误差	定位精度
DV-HOP	分布式	影响较大	影响较大	否	好	良好
Centroid	分布式	影响较大	影响较大	否	好	一般
Amorphous	分布式	影响较小	影响较大	是	一般	般
APIT	分布式	影响最大	影响较小	否	好	一般
凸规划	集中式	影响较小	影响较小	否	好	较好
MDS-MAP	集中式	影响较大	影响较大	是	一般	良好

各种定位算法都有各自不同的应用领域，针对不同的情况有不同的定位算法可供选择，

没有哪一种算法在智慧校园应用中拥有绝对的优势，在某一种场合比较适用，但应用环境一旦改变，可能这种算法的性能就会发生变化。在具体的应用环境中要综合考虑算法的特点和实际情况，对于安全和定位的各种参数要有所取舍。另外，在不同的应用中还应考虑把几种算法综合起来使用，针对同一种环境进行区域划分，不同的区域适用不同的定位算法，然后再把这些算法结合起来。

3. 无线传感器网络应用设计

随着校园信息化建设的不断深化，国家对高校实验室建设的财政支出持续加大，实验室和实验设备数量越来越多。对高校实验设备进行规范化、科学化和信息化的监测与管理是智慧校园建设的重要环节。如果通过无线传感器网络中的传感器节点采集流经实验仪器设备的电流值，就能够通过电流值和事先设定阀值的比较来判断实验设备的实时运行状态。实验设备的电流值可以通过电流互感器获取，传感器节点的控制芯片对电流值进行处理并能够自动判断设备的运行状态。然后利用无线通信和有线通信相结合的方式来实现实验室设备运行状态数据的传输。系统的数据传输主要包括两个方面：一个是传感器节点将获取到的数据通过 ZigBee 网络传输到汇聚节点；另一个是汇聚节点将接收到的数据通过校园网上传到校园数据库服务器供其他智慧校园应用软件调用。通过实验设备运行状况数据信息的实时采集和上传，能够实现实验室设备运行状态远程监测，使管理人员不用亲自去实验室现场就能够了解当前设备的运行状态，提高了管理者的工作效率和设备使用率，大大降低了管理者的劳动强度，为校园决策者提供实验设备使用的完整材料，提高实验设备的投入产出比。

（1）系统总体设计

如图6-24所示为系统总体结构。根据系统功能，将整个系统划分为三部分：传感器节点、汇聚节点和管理节点。其中传感器节点主要由电流互感器和 ZigBee 的终端节点构成，被部署在实验室中，与每个被监测设备相连接，负责对实验设备运行状态信息数据进行采集和处理，并将数据经 ZigBee 无线网络传输至汇聚节点的 ZigBee 模块；汇聚节点作为系统的数据汇集中心，由一个 ZigBee 协调器节点和嵌入式网关组成，负责汇集传感器节点发送来的数据并实现 ZigBee 无线网络与校园网的连接。按照实验室分布的实际情况，一个实验室内的若干个传感器节点可以构成一个 WSN 子网，几个相邻实验室的若干个传感器节点也可以构成一个 WSN 子网；若干个汇聚节点会将整个 WSN 的数据发送给管理节点，管理人员通过管理节点管理整个 WSN。系统的管理节点包括数据库服务器模块和监测模块，分别用来对数据进行永久存储及实时显示。

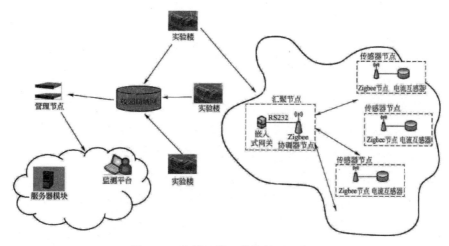

图6-24　有线无线一体化管理示意图

（2）传感器节点

传感器节点是整个系统的数据来源，主要有两大功能，一个是实时采集设备的运行状态数据，另一个是将数据通过 ZigBee 无线网络发送给汇聚节点。传感器节点的核心部分是 CC2530 芯片，该芯片包含主控处理器、射频芯片等主要部件。实验室设备运行状态的采集利用电流互感器完成，对采集到的电流进行相应的处理后可以直接由 CC2530 芯片的引脚控制。CC2530 控制模块通过 AD 转换获取电流值的大小，并通过此电流值大小来判定设备当前的运行状态，之后将处理后的相关数据封装为系统定义的协议格式，通过射频模块传给汇聚节点。此外，传感器节点还可以判断出被监测设备的运行状态是否发生变化，进而决定是否向汇聚节点发送数据，节省了系统资源。

（3）汇聚节点

汇聚节点作为监测系统的数据汇集中心，由 ZigBee 模块与嵌入式开发板构成。ZigBee 模块负责汇集传感器节点发送来的数据，并通过串口将数据传输给嵌入式开发板；嵌入式开发板从数据中提取有效信息，对其进行协议转换，通过重新封装打包等一系列操作将有效数据封装在 TCP/IP 数据包中，运用校园网上传至管理节点。汇聚节点实现了 WSN 网络和以太网络的连接，在整个系统中起着网关的作用。

（4）管理节点

管理节点是监测系统的数据处理中心，包括两部分，一个是服务器模块，另一个是监测平台。服务器模块通过 Java 语言实现，需要长时间运行，具有跨平台性，用来接收汇聚节点发送过来的数据，并将数据保存到校园数据库中。监测平台通过 JavaWeb 技术实现，采用 JDBC 技术远程访问服务器中的数据库，获取设备的运行状态信息，工作人员可以通过监测平台随时随地查看当前各个实验室中设备的运行状态，并对系统用户和日志进行相应的管理。

第五节　视频监控网

随着高等教育事业的发展，高等教育规模扩大，校园治安问题日益突出。高校扩招、校舍扩建、多院校合并使高校建设进入了一个高速发展期。安全管理规范制度不健全、安全防范意识差、人员流动性增大、安全管理人员少，巡检范围大等因素导致原有的人防、物防措施已远远不能适应高校安全发展的需要。校园视频监控系统的推广和应用，为校园的安全防范管理带来了较为完善的解决办法，视频监控系统因为其集成安全防范、防盗报警、考场监控、综合管理等多项功能，正在全国各地高校普及推广。

一、视频监控服务器端设计

在智慧校园建设过程中，网络视频监控获得广泛应用。利用网络视频监控服务器构建校园监控系统，监控系统支持多种有线介质、无线传输介质，并可实现大量的集成功能，可在系统中实现传统防盗报警联动、视频矩阵切换、远距离信号传输、远程设备控制等功能，整体性能非常好。网络摄像头采集的视频监控图像经过信号的传输、接收、画面呈现的设备可分布在校园内的任意地点，监控系统依托于校园网进行数据计算，可以发挥校园网上高性能计算机的强大运算能力，保证校园安全。

1. 视频监控系统

在智慧校园视频监控网的建设中，一般需要考虑学校的校园周边环境、校园范围、教学楼群布局、网络软硬件情况、系统建设经费等，通常把系统设计为 C/S 工作模式，即客户机 / 服务器工作模式，其具体结构如图 6-25 所示，包括客户机端、服务器端和数字传输网络三部分。

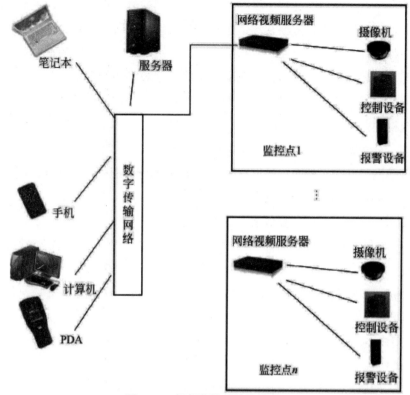

图6-25 视频监控系统结构图

客户机端包括校园网用户使用的 PC 机、笔记本电脑、PDA、手机等终端设备，主要提供校园安全监控操作与浏览，是请求的发起点，用户可以在客户端上检索视频文件信息，发送视频播放请求，控制视频播放的进度。

服务器端多采用分布式系统，包括数据采集平台、流媒体服务器、数据存储平台和管理平台等分布式服务器集群。服务器端大多拥有异常情形监测报警功能。客户机端与服务器端通过校园网络连接传输视频监控数据。为了保证监控摄像机的监控视频流准确、稳定地通过校园 IP 网络进行传输至服务端存储与监控浏览终端监控，视频监控服务器一般都具有一种或几种视频压缩功能。

数据采集平台主要负责视频采集及预处理，由镜头、监控摄像机、报警传感器、防护罩、支架、解码设备、电动云台等设备构成。

流媒体服务器是整个系统的请求响应中枢，负责响应用户的视频请求，从数据存储平台中读取视频文件，对其进行视频编码、压缩、处理转化成视频数据流，发送给客户端，并且接收来自客户端的视频操作消息，比如暂停、播放、拖拉等，给予及时的反馈。

数据存储平台则负责对视频文件的存储，当接收到用户请求时，数据存储平台的主节点将会根据视频信息获取节点上的视频块，进行组装发送给流媒体服务器。其中，可以借助数据存储平台对于大数据文件的高效处理能力，对视频文件进行转码，解决客户端对视频文件格式的问题。

管理平台是对流媒体服务器上视频文件进行管理的后台管理系统，主要将上传的视频文件信息保存到数据库中，方便视频信息检索。管理员可以对视频文件进行维护，及时更新、删除视频文件，并可以对用户进行管理，维护系统的安全。管理平台软件多采用 Web 形式，管理平台软件负责对分散监控场所、不同类型数字图像设备进行统一的整合集中管理，Web 形式更适用于智慧校园等大中型网络环境。智慧校园内的视频监控管理平台不但要具备传统视频监控所有功能，还需增加一系列相关软件（如中心集中配置、流媒体转发、嵌入式代理、分布式存储集群管理等），使其成为完整的大型网络视频与报警管理平台。

数字传输网络涵盖了校园内的有线网、无线网和传感网。具体采用何种数字传输网络，要根据视频服务器端的部署情况确定。

校园网用户发送一次视频播放请求的过程如下：

（1）用户打开客户端，选择某个视频文件，点击查看，发送获取视频文件信息的 HTTP 请求。

（2）视频服务器接收到 HTTP 请求后，检索数据库，将视频文件信息返回到客户端界面。

（3）用户在客户端上点击视频播放，向流媒体服务器发送视频播放的 RTSP 请求。

（4）流媒体服务器接收请求后，从数据存储平台集群中读取视频文件，并将视频文件进行压缩、编码后，处理成 RTSP 视频数据流，发送给客户端。

（5）客户端接收到流媒体服务器的视频数据流后进行播放。

2. 流媒体技术

流媒体技术的概念是指在互联网中利用 TCP/IP 协议栈进行网络通信，利用多媒体技术进行数据收集的实时连续的流式传输技术。在流媒体技术中，对媒体文件并不是完整的送达目的端，而是以流的形式连续的传输，在流式媒体的数据流随时传送随时播放，只是在开始有一些延迟，流媒体实现的关键技术就是流式传输。流媒体就是指利用流式传输技术连续传送的媒体。流式传输广义上定义为把视频和声音信息发送到网络服务器上的技术，狭义上定义为把音频和视频信息通过互联网发送到电脑上的技术。一个视频采集端服务器将采集的视频分组成网络包，传送到网络上，另一端即客户端通过解压设备对这些数据进行解压组装后，将数据原样显示出来。网络音视频技术和移动通信技术的发展进步推动了流媒体技术的提升，给流媒体技术提供了技术保障，其中就涉及流媒体技术从数据的采集到播放整个过程。

流媒体协议栈是支持流媒体的关键核心技术，常用的流媒体协议主要有基于 RTP/RTCP 的实时流媒体协议栈、RTSP 协议栈、RSVP 协议栈等，这些协议实现了流媒体的传输、音频视频直播的实时传输。

RTP/RTCP 是为流媒体服务提供支持的协议栈，是 IETF 音频视频工作组开发的标准，是实现实时通信不可缺少的协议。RTP（real time transfer protocol，实时传输协议）是指实时数据报文传输协议，支持实时数据报文的传输。协议包含时间标签，报文序列号等内容用于控制实时传输。发送端将带有时间标签的数据包发送出去，接收端则分析时间标签的信息，获取解码速率因子，完成数据的解析。RTP 协议本身并不负责传输中的同步，为了提高传输效率，"传输同步"由应用层协议来完成。为了获得更好的灵活性，RTP 的数据和控制报文采用相邻的端口号。RTP 协议和 UDP 协议共同实现传输层协议功能。UDP 只是负责传输数据包，并不负责数据包传送的先后顺序。UDP 分组承载了 RTP 协议中的数据包。每个 UDP 包均包含时间标志和符号化方式识别码后发送出去，接收端再通过时间标志和序号"复原"数据包、记录顺序、同步音频、视频和数据以改善接收端连接重放效果。RTCP（real time transport control protocol，实时传输控制协议）是监视 RTP 会话的服务质量协议，它会提供关于 RTP 数据分发的质量反馈。RTCP 通过一个不同于 RTP 的 UDP 连接发送消息，采用组播技术定期发送控制报文给会话的每个参与者，接受方再发送反馈报文给会话的每一个参与者以及管理实体，通过分析处理反馈报文，会话的每个参与者以及管理实体能够确定是否存在问题，以及问题是本地的还是远程的。RTP/RTCP 能够满足实时通信的基本要求，能够充分考虑给定的网络，实现传送质量有保证的流媒体通信。

RTSP（real time streaming protocol，实时流传输协议）是应用级协议，控制实时数据的发送。RTSP 提供了一个可扩展框架，使实时数据，如音频与视频的受控、点播成为可能。数据源包括现场数据与存储在剪辑中数据。该协议目的在于控制多个数据发送连接，为选择发送通道，如 UDP、组播 UDP 与 TCP，提供途径，并为选择基于 RTP 上发送机制提供方法。RTSP 建立并控制一个或几个时间同步的连续流媒体。尽管连续媒体流与控制流交叉是可能的，通常它本身并不发送连续流。换言之，RTSP 充当多媒体服务器的网络远程控制。RTSP 连接没有绑定到传输层连接，如 TCP。在 RTSP 连接期间，RTSP 用户可打开或关闭多个对服务器的可靠传输连接以发出 RTSP 请求。此外，可使用无连接传输协议，如 UDP。RTSP 流控制的流可能用到 RTP，但 RTSP 操作并不依赖用于携带连续媒体的传输机制。实时流协议在语法和操作上与 HTTP/1.1 类似，因此 HTTP 的扩展机制大都可加入 RTSP。

RSVP（resource reservation protocol，资源预留协议）为两端点通信经过的每个网络节点进行资源预留（如带宽、时延等）。数据传输前，接收方给发送方发送路径资源需求，发送方根据接收方的需求结合网络以及自身的情况为该数据流请求网络资源。RSVP 并不提供任何 QoS 相关的功能，只是尽最大努力的传递 QoS 参数。与 RTSP 协议相似，RSVP 也只是一个控制协议，并不传输实际的数据。RSVP 的工作原理是源端与目的端在正式传输数据之前通过发送 PATH 与 RESV 消息建立一个传输路径。PATH 消息由源端发出，经过的路径的路由器记录路径软状态（softstate）。目的端接收到 PATH 消息后进行处理，然后沿 PATH 消息传送的路径返回 RESV 消息进行资源预约的确认。若资源预约成功，就在路径经过的所有路由器上记录资源预留的信息。目的端发送的数据就可以使用路径上的路由器预留的资源，从而满足其 QoS 的要求。RSVP 定义这种特殊的 QoS 控制关系为会话（session）。

上述流媒体协议的关系为：以 RTP 负责传输流媒体数据、通过 RTCP 对 RTP 进行控制与同步，用 RTSP 则负责发起或者终结流媒体，而 RSVP 负责图像传输的质量。

3. 流媒体服务器

流媒体服务器的功能是将视频文件以流式协议传输到客户端，供用户在线观看，这些流式协议主要有 RTP/RTCP、MMS（microsoft media server protocol，串流媒体传送协议）、RTMP（real time messaging protocol，实时消息传输协议）等，也可以接收从视频采集器、压缩软件等接收的实时视频流，再将视频流以流式协议的方式发送给客户端，实现实时视频传输。流媒体服务器主要由以下功能模块组成：RTP 数据打包发送模块、RTSP 通信交互模块、RTCP 控制模块等，各模块介绍如下：

（1）RTP 数据打包发送模块：主要是用于对编码后的数据流进行打包，封装成 RTP 数据包，通过 Socket 发送到网络上。RTP 的典型应用建立在 UDP 上，但也可以在 TCP 或 ATM 等其他协议之上工作。

（2）RTSP 通信交互模块：RTSP 并不传输数据，其作用相当于流媒体服务器的远程控制，用来协调控制会话，客户端通过用户授权并和服务器进行 RTSP 交互后，才可以进行数据传输。

（3）RTCP 控制模块：负责对 RTP 进行控制，同步提供数据发布的质量反馈，并根据反馈信息动态地调整数据的发送速率，防止网络阻塞。

流媒体服务器是实现校园网络视频实时监控的重要部分。它主要用来处理客户端的请求，将经过压缩编码的视频信息传输到用户端，这个功能由流媒体服务软件完成。流媒体服务软件的主要作用是将视频数据流进行 RTP 封装，接收和处理用户请求，并实时将视频信息传输到用户端。在视频传输的过程中，流媒体服务软件根据客户端反馈的网络状况信息对视频帧率进行调节。流媒体服务软件主要由四大部分组成，分别是主控制部分、RTP 部分、RTCP 部分及 RSVP 部分组成。RTP 实现模块主要完成将视频数据流打包加上 RTP 包头，并传输给用户端。RTCP 实现模块每隔一定的时间间隔便产生 RTCP 数据包，对远程客户端的请求做出响应，并依据客户端反馈的网络状况随时调整网络服务性能。RSVP 模块主要用来保证视频流传输的服务质量。目前几种主流的流媒体服务器软件分别介绍如下：

（1）Red5。Red5 是开源免费的流媒体服务器，使用 Java 语言开发。功能比较强大，支持在线视频录制、在线聊天、VOD 视频点播，以及网络摄像和电视的实时播放等。Red5 只运行在 Flash 平台上，支持 flv 流转化，支持 RTSP、RTMP 协议，适合用于小型的多媒体业务，比如视频监控、视频会议等，Red5 是比较完善的一个流媒体服务器，开发者不需要进行过多的编程，就可以将业务直接部署到 Red5 上。

（2）Live555。Live555同Red5一样，同样是开源免费的流媒体服务器，使用C++语言开发。它是一个跨平台的流媒体服务器，支持多种标准协议，如RTSP、STP、RTP/RTCP等。Live555流媒体服务器非常强大，提供了对音视频文件的多种编码格式，有MPEG、H.263+、DV、JPEG，具有良好的可扩展性。Live555易于被修改，所以使用十分广泛，很多播放器的流媒体播放功能都是基于此，比如VLC、MPlayer等。

（3）DarwinStreamServer,简称DSS,是苹果公司提供的一种开源的实时流媒体服务器，它跟Live555一样，也是基于C++的，同样遵循高性能、简单、模块化等原则，能达到程序高效、扩展性良好的要求。DSS实现了四种IETF指定的国际标准，分别是RTSP、RTP、RTCP和SDP（session descriptionprotocol）。苹果公司的QuickTime系列播放器就是使用该流媒体服务器。

在开发流媒体服务器的过程中，很多开发者选择将上述三种主流的开源流媒体服务器软件之一移植到流媒体服务器上，这是提高开发效率的有效方法。

4. 基于V4L2的视频采集程序开发

目前的视频采集卡操作系统大多选用嵌入式Linux，V4L2（vide of orlinux two）就是在嵌入式Linux系统下开发有关视频设备的驱动程序，V4L2支持大多数音视频采集硬件设备，扩展性也很高。对开发人员来说，V4L2最大的特点就是在驱动开发接口中屏蔽了硬件驱动程序的细节，只需调用V4L2为应用程序提供的接口函数就可实现对视频采集，而无须考虑复杂的硬件操作层面，这种处理极大简化了应用程序的开发。这个驱动程序主要包括两个接口，分别是视频采集接口和视频输出接口。视频采集接口向上层提供常用的API函数，应用程序调用这些API函数可以实现对视频采集芯片的配置以及对视频处理前端有关视频属性的参数设置，进而完成视频的采集功能。视频处理后端工作模式的配置以及视频显示设备的驱动通过视频输出接口实现。

在视频采集驱动V4L2中，视频采集设备与应用程序间的视频数据交换有两种方式。第一种是通过read/write函数直接读取内存，视频数据在驱动程序的内存空间和用户内存空间不断进行复制拷贝，其不仅效率低下，而且占用大量的内存空间。第二种是使用mmap函数的内存映射技术，它是把驱动程序内存空间的数据通过地址映射到用户的空间进行直接访问，视频数据处理时间大幅缩减，数据存取的实时性得到提高。

V4L2采用了分层构架，其好处是应用程序无须对具体的硬件设备进行操作。V4L2的上层为应用程序提供了常用的API函数接口，而且这些API函数一般都是统一的标准，这样就屏蔽了底层硬件设备的差异性。V4L2下层主要完成对底层的具体的视频设备的驱动。

V4L2在整个系统中起着承上启下的作用，它不仅要接受从下层驱动传递来的视频数据，又要向应用程序提供这些视频数据。V4L2的结构框架如图6-26所示。

基于V4L2的视频采集分为以下步骤：打开视频设备、视频属性设置、分配缓冲区、视频采集、关闭视频设备。视频采集步骤如下图6-27所示。

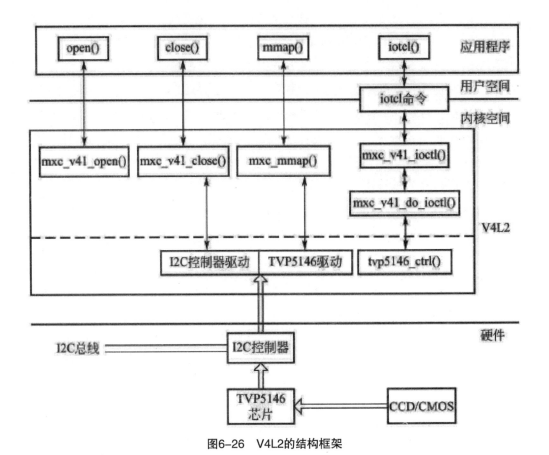

图6-26　V4L2的结构框架

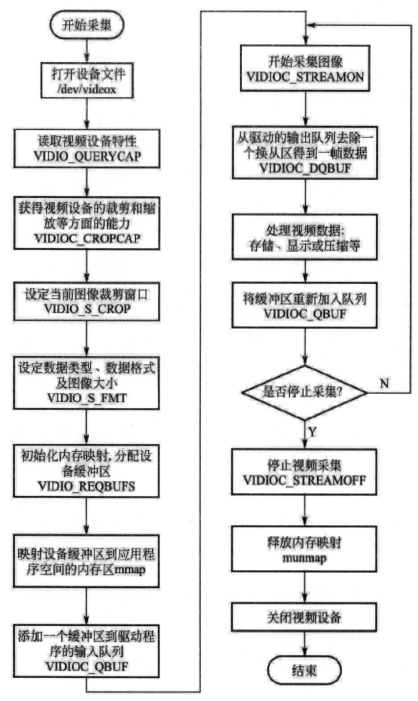

图6-27 视频采集步骤

（1）打开视频设备

V4L2中使用open（）函数打开视频设备，并将应用程序打开视频设备的模式设置为非阻塞模式。在非阻塞模式下，不管缓存里有没有视频数据驱动程序都会将缓存里的内容发送给应用程序。在阻塞模式下，如果没有视频数据驱动程序会一直等待，应用进程就处于阻塞状态,直至能够采集到数据。阻塞模式效率很低,且占用大量内存资源,一般不使用。

mxc_v41_open()函数来实现一些设备的初始化功能,以下为具体函数。

er=prp_enc_select(cam):实现对设备的编码功能;

INIT_LIST_HEAD(&cam→ready_q):完成准备队列的初始化;

INIT_LIST_HEAD(&cam→working_q):完成工作队列的初始化;

INIT_LIST_HEAD(&cam→done_q):完成队列的初始化;

mxc_sensor_csi_init():寄存器及工作模式进行初始化;

err=mxc_sensor_csi_init(V4L2_MODE_HIGHQUALITY):视屏显示的大小以及格式进行初始化;

prp_init(cam):预处理中断函数初始化。

(2)视频属性设置

在视频设备打开后,还需要对视频属性进行一系列的设置。属性设置对应的结构体和ioctl命令如下表6-5所示。

表6-5 视频属性设置

属性设置	对应的结构体	ioctl命令
查询设备功能	Struct v412_capability capability	VIDIO_QUERYCAP
选择视频输入	Struct v412_input input	VIDIO_QUERYCAP
检测视频支持格式	Struct v412_std_dstd	VIDIO_QUERYSTD
设置视频捕获格式	Struct v412_format fmt	VIDIO_S_FMT

(3)分配缓冲区

由于内核空间和用户空间的地址不匹配,对于存放在内核空间里的视频数据,用户空间是无法直接访问的。但是V4L2采用了内存映射技术,只要通过mrnap函数把内核空间地址和用户空间地址关联起来,这样就能实现在用户空间读取内核空间视频数据的目的。这样做的好处是避免了大量的视频数据从内核空间到用户空间之间的数据复制,既减少了数据到达用户空间的时间,也减轻了CPU的负担。缓冲分配首先从申请帧缓冲开始,然后获取每个缓冲区的物理地址,最后实现每个缓冲区在应用空间的内存映射。分配缓冲区需采用以下几个命令来完成:

Struct V412_requestbuffers req;

Ioctl(fd,VIDIOC_REQBUFS,&req);// 申请 req.count 个帧缓冲

Struct V412_buffer buf;

buf,index=numbufs;

Ioctl(fd,VIDIOC_QUERYBUF,&buf);// 获取每个缓冲的物理地址

buffers[numbufs],start=

mmap(NULL,buf.length,PROT_READ,PROT_WRITE,MAP_SHARED,fd,

buf.m.offset）；// 映射第 index 个内存

（4）视频采集

视频采集是通过 ioctl 命令来实现，在上一步缓冲区已经分配好，这些缓冲区就形成了一个 FIFO 队列，遵循先进先出原则，先进入 FIFO 的视频帧会优先被应用程序调用。

视频采集主要用到以下几个命令：

icotl（fd，VIDIOC_STREAMON，&type）；// 开始视频采集

icotl（fd，VIDIOC_DQBUF，&buf）；// 帧缓冲出列

icotl（fd，VIDIOC_QBUF，&buf）；// 帧缓冲入列

icotl（fd，VIDIOC_STREAMOFF，&type）；// 视频采集结束

（5）关闭视频设备

视频采集结束后，必须要先解除内存映射，释放内存资源后才能关闭视频设备。

二、视频监控客户端设计

视频监控客户端软件指安装在校园网用户使用的 PC 机、笔记本电脑、PDA、手机等终端设备上的应用软件。客户端软件能够为用户提供一个可视化的操作界面和视频播放的平台，完成与管理平台服务器的通信，并接收流媒体服务器的视频数据并进行播放。随着手机业务不断兴起，校园内视频监控的终端逐渐由电脑 PC 端转向手机平板等更为轻便携带的终端。3G、4G 的全面来袭，校园内 WLAN 网络的大规模的部署和业务的不断推广，以及网络质量的不断提高，让网络速度变得更快，带宽更大，传输数据量速率上有着明显的提升，这一切都使在手机上终端上实现视频监控客户端成为主流。

1. 校园视频监控 APP

客户端上安装 APP 软件后，在提供的功能界面上进行在线注册，视频监控系统会根据用户的类型提供相应的操作界面。视频监控系统将操作用户分为管理员用户和普通用户。管理员用户可以在客户端软件上对注册用户进行增加、删除、查询等操作，也可以对视频文件进行修改和删除。由于手机客户端的存储容量小，一般不在客户端上做视频上传的操作，该操作将在管理平台服务器的后台管理系统上进行补充。普通用户则只拥有对视频文件信息的浏览、查询，在用户登录以后，则可以对视频文件进行播放。客户端上还提供了对流媒体视频数据的接收，用户不用再安装其他的视频播放器，用户点击播放后，客户端将会发送请求到流媒体服务器上，流媒体服务器会对视频文件进行编码、压缩，传送到客户端后，客户端会调用 Aandroid 或者 iOS 操作系统提供的接口对视频数据进行合并、解码、播放，这些过程相对用户是透明的，用户操作非常简单。

视频监控 APP 部署在 Android 智能手机上，通过用户操作的界面，可以实现对监控视频的随时查看，以及设备的控制、信息查询与配置等等，还可以进行语音通话，方便及

时相互沟通，视频监控 APP 在校园视频监控系统中的工作过程如图 6-28 所示。视频监控 APP 在设计的功能主要涵盖了以下几个部分：用户登录模块、设备列表模块、视频播放模块、音频通话模块、资料查询模块。

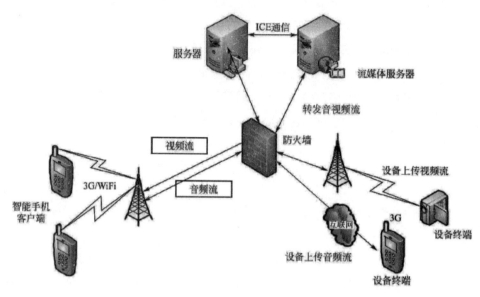

图6-28　视频监控APP工作过程

（1）用户登录模块

使用 APP 软件前需要用户登录注册，用来核查用户的信息。校园网用户使用 RFC3261 中定义的方法进行 EGISTER 注册登记。为了保证视频监控 APP 与服务器会话间的实时性和持久性，交互的双方需要长时间保持链路活动的状态，因此需要每隔一定时间不断地向服务器端发送心跳包。在用户发送自己的用户名和密码时，为了用户的安全性，进行了 MD5 加密。MD5 是一种散列函数，输入两个不同的明文会得到不相同的输出值，并且从输出值无法得到原始的明文，即其过程不可逆，其在安全上有着一定的保证。此外，无线电发射功率的差别影响读写器作用距离。

（2）设备列表模块

当用户通过验证，成功登录后，界面上有设备列表界面，通过这个界面用户可以知道自己的权限，即用户可以了解到自己名下所拥有的设备信息。每一个设备信息占一行，呈线性排列，上面有设备的名称，以及开启与否的状态。用户有权对这些设备终端进行操作，如果在这个设备的名称前有打钩标志，则表示它在开启工作状态，可以对它进行远程视频请求，方便快速查看远端的情况。还可以进行语音双向即时通信，一旦发现视频中有问题，就可以同样语音快速通信。通过这个设备列表可以让终端的情况尽在掌控之中。

（3）视频播放模块

在视频播放模块中，需要设备监控端，服务器平台共同参与完成。首先音视频软件发起视频播放请求，服务器平台收到请求后，向监控视频采集端转发请求，采集端收到消息后，将视频数据上传，再通过服务器平台转发到音视频软件端，音视频软件端将接收到的数据，即 RTP 数据包，将 RTP 数据包排序解析，得到具体视频数据再推送到 ffmpeg 库中进行解码，最后将解码后的数据流推送到手机上进行显示。

（4）语音通话模块

语音通话模块采用 G.711 编解码。按照语音通话模块的实现进程进行划分，音频通话模块大致可以划分为音频数据的采集，音频数据的编码、RTP 实时传输、语音数据接收、语音解码并且播放等部分组成。Android 系统通过自身所带的麦克风进行数据采集原始的音频数据，即 PCM 数据，再进行相对复杂程度较低的 G.711 编码，可以减少资源相对紧张的手机应用的开销。然后再将这个编码后的数据流进行 RTP 封装，接着实时发送出去。在发送的同时也实时接收 RTP 数据包，通过 G.711 转码，得到原始的音频码流，让手机自带的麦克风播放出来。语音通话模块相对于视频播放模块来说，在信令的交互上和数据传输上是进行的，而且每一个用户都有一个唯一的电话号码。

（5）资料查询模块

在查看视频监控的画面时，有时候会对一些画面进行保存，在需要时进行反复查看。资料查询模块还可以查询本地的文档图片等其他的信息。如果有新增加的一些功能也可以扩充到这个模块中来。再经过编码、解码后，命令响应单元将读取结果返回到应用系统。

2.Android 应用开发

Android 系统在短短几年的时间里，成为使用率最高的操作系统，这中间与其自身所拥有的众多优秀特征是密不可分的。它不仅可以为 Android 系统应用的开发者带来十分的便利，同时也可以为 Android 平台的使用者带来更为极致的用户体验。Android 平台具有以下五大显著特征：开放性、丰富的硬件选择、无缝结合的 Google 应用、网络应用和多线程模式。

（1）Android 操作系统

Android 操作系统是一款建立在 Linux 平台的开源操作系统，该平台由操作系统、中间件、用户界面和应用软件等四个部分组成，它的最大特点在于它拥有一个开放的体系架构，使用一种为软件叠层（softwarestack）的方式进行构建。这样的软件叠层结构设计可以使 6-29 所示即为 Android 操作系统的体系结构。

Android 分为四个层，从高层到低层分别是应用程序层、应用程序框架层、系统运行库层和 Umix 核心层。Android 应用程序层包括 Email 客户端、SMS 短消息程序、地图、日历、web 浏览器、联系人管理程序等。所有的应用程序都是使用 Java 语言编写的，并且所有的应用程序都是可以被他的开发人员所研发的其用程序所替换的。应用程序框架层主要提供了用 Java 实现的 API 接口。程序开发人员通过对 API 函数的调用实现对数据的操作。每个应用程序的身后都拥有一系列的服务和系统。系统运行库层可以分成两部分，分别是系统库和 Android。运行时，系统库是应用程序框架的支撑，是连接应用程序框架层与 Linux 内核层的重要纽带。Android 应用程序采用 Java 语言编写，程序在 Android 运行时执行，其运行时分为核心库和 Dalvik 虚拟机两部分。核心库提供了 Java 语言 API 中的大多数功能，同时也包含 Android 的一些核心 API，如 android，os、an droid、net、android、media 等。Android 的核心系统服务现在依赖于 Linux2.6 内核，内存管理，进程管理，如安全性，网络协议栈和驱动模型。Linux 内核也同时作为硬件和软件栈之间的抽象层，Linux 核心提供了手机操作系统所应该具有的最基本的功能。

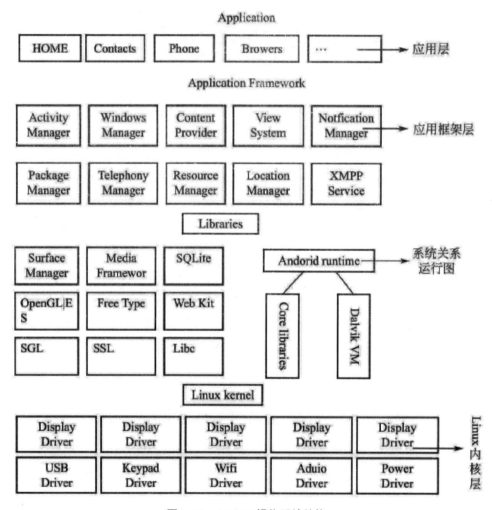

图6-29 Android操作系统结构

（2）Android 应用开发组件

Android 四大基本组件分别是 Activity，Service 服务，Content Provider 内容提供者，Broadcast Receiver 广播接收器。

Activity 一般称之为"活动"，就是负责与用户来进行交互。每个 Activity 之间又可以通过 Intern 来进行通信。每一个 Activity 就是一个屏幕，用户可以点击滑动等各种操作，与之对应的它也会呈现各种效果。Activity 具有自己的完整的生命周期，它拥有创建、销毁、运行、暂停、停止等这几个状态，如图 6-30 所示。

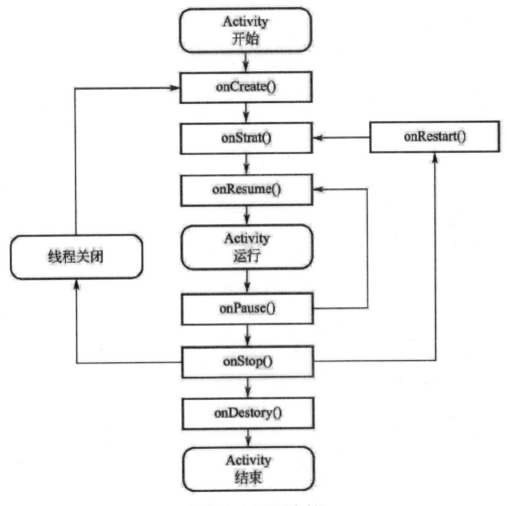

图6-30　Activity活动过程

Service 和 Activity 有类似之处，但是 Service 与 Activity 的区别在于它不需要提供可视化的图形用户界面，也就是说 Service 通常在后台运行。由于 Service 不需要显示界面，所以 Service 的生命周期往往比 Activity 长，它更适合提供一些后台的服务，如网络的连接、长时间的 IO 操作等。

Content Provider 实现了共享数据的方法。每一个应用程序都独自运行着，每个组件也运行在各自的线程中，那么每个组件之间如何进行数据交互，这时就要用到 Content Provider，我们也可以把它想象成一个数据库。

Broadcast Receiver 是用来接受广播消息的组件，它是一个全局的监听器。广播消息可以来自多方面，比如短信电话这种系统广播通知，当然也可以是开发人员所自定义的广播。

在视频客户端中开启了一个自定义广播，用来监听监控电话的接入。

3.Android 视频监控客户端设计

Android 视频监控客户端设计一般采用 eclipsed4，Source Insight3.5 开发工具，基于 Open-Core（Android 多媒体框架）的 Android SDK1.5 等软件编程工具完成系统开发工作。界面基于 Android 的 GUI 系统的 Video Monitor 类实现。

为了让用户界面显得大方简洁，操作上又容易上手，使得恰当使用 Android 的 UI 资源，既可以让界面十分美观，又可以提高代码编写效率。在操作的便捷性上考虑，是界面与界面之间、功能与功能之间要有很强的逻辑关系，图 6-31 所示是各个界面之间逻辑关系。

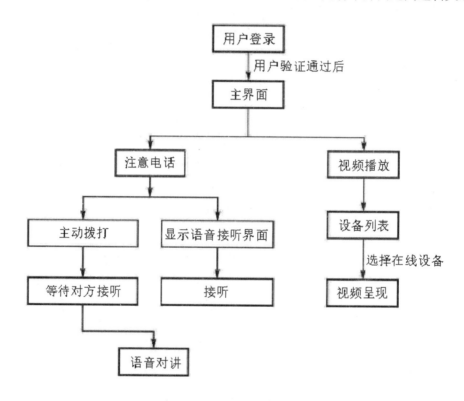

图6-31　手机客户端框架结构图

（1）用户登录功能

手机客户端软件要得到视频监控服务器的信息，首先就要服务器平台建立连接，那么就需要用户登录完成验证，再通过心跳包保持彼此的联系，这样的用户可以得到服务器平台的权限的认证和进行有效的规范化管理，最大限度保证用户信息安全，避免在互联中有人对平台进行恶意攻击。从界面 EditText 控件中得到用户名、服务器 IP 和密码，设定好用户 ID 和服务器端口，向平台发送，管理平台服务器在接收到这条信令后会将其中的数据进行提取，然后在数据库中对信息进行核查，如果信息数据核查失败，则会直接将失败信息发送到手机客户端。数据匹配成功后，会回手机客户端一个用户登记的加密种子 Seed，在手机客户端解析出这个 Seed 种子后，再重新对密码加密，通过 MD5 的加密方式：

MD5[uscrname+seed+md5（pwd）]，将得到的密码 password 再发送到管理平台服务器中，管理平台服务器收到信息后，将会进行再一次的匹配验证，成功后将消息反馈给手机客户端，手机客户端这时会定时往服务器平台发心跳包，时间间隔为 10 秒。手机客户端向管理平台服务器定时发送 REGISTER 请求信息，并且在请求时会添加一定的数据信息，此数据格式是以 XML 形式封装的，其中 heartbeat_reqUeSt 就表示心跳包。

```
<?xml versio="1.0"?>
<heartbeat_request></heartbeat_request>


<login_response>
<time>20160706T153838Z/<time>
</login_respose>
```

（2）视频播放功能

在视频播放开始的时候，首先会发起一个 query 请求，这是一个媒体信息查询请求，管理平台服务器以 XML 形式回复一系列媒体信息参数，接着再发起一个 Media 请求，一个携带一系列媒体信息参数的 INVITE 请求，当收到响应后便开始了流媒体播放。

```
private void dosurfacedraw（）{
    Videobit.copyPixelsFromBuffer（buffer）;
    buffer.position（0）;
    int surfaceViewidth-sfv.getwidth（）;
    int surfaceViewHeight=sfv.getHeight（）;
    int bmpWidth=VideoBit.getwidth（）;
    int bmpHeight=VideoBit.getHeight（）;
    Matrix matrix=new Matrix（）;
    float scalewh;
    float scalehh;
    scalewh=（float）surfaceViewWidth/bmpWidth;
    scalehh=（float）surfaceViewHeight/bmpHeight;
    matrix.postScale（scalewh，scalehh）;
    Bitmap.CreateBitmap（VideoBit，0，0，bmpWidth，bmpHeight，matrix，true）;
    Canvas canvas=sfh.LockCanvas（）;
    canvas.drawBitmap（resizeBmp，0，0，null）;
    sfh，unLockCanvasAndPost（canvas）;
}
```

三、智能视频检测技术

在校园视频监控网上的服务器端大多拥有异常情形监测报警功能，这些功能与数字图像处理技术相结合形成了各式各样的智能检测算法，这就是智慧校园的基础，以下介绍几种校园智能视频检测应用：

1. 基于视频监控的自习室座位管理

高校图书馆因其环境舒适、资料齐全，成为大学生日常学习及查阅资料的首选之处。由于部分图书馆座位分布不是集中的大片区分布，使得读者在寻找座位时要花费很长时间；而与众多入馆读者需求相矛盾的是，图书馆座位的相对不足，从而导致各种抢座、占座现象的出现，广大读者对此多有怨言。为减少占座现象，以往多采取人工排查清理的方式，但人工排查清理治标不治本，占座现象反复出现，人工管理的方式明显不再适用于图书馆的座位规划管理。因而，各高校图书馆相继开发出不同的座位管理系统对座位进行管理。

利用视频监控网建立视频监控采集系统，采集座位区域的座位使用情况的图像信息，通过图像识别技术自动鉴别座位的使用情况，通过与校园卡系统结合，建立一套图书馆座位管理系统，从而实现从座位预约管理、座位使用状态实时更新，到读者违约记录处罚为一体的图书馆座位管理系统，以此提高图书馆座位的利用率，有效解决高校图书馆占座问题。

系统实现思路如图 6-32 所示，由视频监控系统对座位进行实时监控，并将获取的视频信息输入座位服务系统中，由系统判断当前座位是否空闲，生成座位使用情况记录表。读者通过网上预约或者现场刷卡对座位管理系统进行操作，将读者对座位的使用情况保存于读者使用座位数据表中，服务程序根据违约条件同座位情况数据表以及读者座位使用数据表进行对比，生成读者违规信息，根据该信息对座位状态数据表进行更新，并将同步结果发布到终端显示中，从而方便读者更快地选择座位。

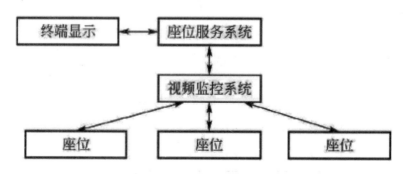

图6-32　自习室占座管理系统示意图

读者可以提前 30 分钟通过网络对座位进行预约或者现场刷卡选座，到达座位并就座，系统检测到读者就座后即将座位状态调整为使用中，从而实现了座位的预约及使用。当读者离开时刷卡确认离开，系统检测后即将座位状态调整为空闲，从而实现了座位资源的释放。通过这样的流程，座位管理系统实现了图书馆座位的自动管理。

系统的硬件构成主要包含三部分：座位管理终端机、视频监控系统和座位管理服务器。

座位管理终端机分布在每一个座位集中区域，在终端机中实现座位状态实时发布、读者刷卡选座、刷卡离开等功能。座位管理终端机是分布在图书馆各个角落中的座位管理及信息更新节点，是系统对外的门户。

视频监控系统是由分别部署在座位区域两端的以 2 台为一组的高清网络摄像头，视频监控系统通过网络与服务器连接，将座位区域的实时图像信息传输到座位管理系统服务器中。视频监控系统担负着整个座位管理系统中的信息采集的功能，是整个系统的情报中心。

座位管理服务器中部署有座位使用情况数据表、读者座位数据表、座位状态数据表及图像识别系统，图像识别系统主要作用是对视频监控系统传回的图像中座位相关区域进行分割，并分析分割后各独立座位区域的图像信息，依靠图像识别技术获取座位的实际使用状态并将之更新在座位使用数据表中。服务器同时将读者座位预约及使用情况存储于读者座位数据表，通过两数据表与违约条件对比生成读者违约记录，而后将给该信息更新到座位状态数据中，并将座位信息同步传输到座位管理终端中，供读者在选座时参考。座位管理服务器是整个座位管理系统的信息处理及发布中心，是整个系统的大脑。

2. 基于图像分析的考场视频监视系统

在各类考试中，为杜绝监考不严、集体舞弊等问题，视频监控技术无疑是实现考试公开、公平、公正最有效的手段。但传统的"电子监考"仅仅只是通过摄像头将考试过程记录下来并采用人工方式监考而已，考试成本增加的同时，电子监考人员工作压力极大，并不能有效发现考场中存在的问题。而采用一种基于混合高斯背景建模法与肤色分割定位相结合的作弊行为检测方法。将混合高斯背景建模法计算得到的运动前景图像，与考生检测结果位置相结合，提取活动的考生目标。结合肤色分割、筛选以及定位方法，定位考生的关键部位（脸及双手），并根据作弊行为判定准则判别作弊嫌疑行为。实验结果表明，可以检测 80% 以上的作弊行为，具体检测思路如图 6-33 所示。

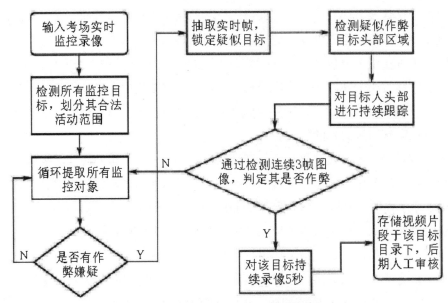

图6-33　针对考试作弊行为的视频智能检测方法

使用摄像头来采集实时视频，对视频序列图像进行初步分析处理来提取目标信息。运用帧减差分法和背景减除法等算法从视频序列图像中检测运动目标。预先建立好基于人头部的训练分类器，以减少数据处理量提高视频处理速度。通过事先预定的作弊特征，基本确定作弊目标，并做出初步处理，标定出人头部区域，通过人体比例模型得出该考生上半身区域，为后续的判断是否有转身幅度过大、肢体动作异常以及头部偏转角度过大等作弊疑似行为分析做准备。

采用了多窗口的 HOG 检测改进算法，以适应考场中考生检测的需要，该方法采用一组检测窗口及对应 SVM 分类器，根据图像划分规则对图像划分区域，并使用不同的检测窗口分区域检测。该方法用以解决小目标检测时，单窗口检测的耗时增长问题。用一种基于混合高斯背景建模法与肤色分割相定位结合的作弊行为检测方法。首先，将混合高斯背景建模法计算得到的运动前景图像，与考生检测结果位置相结合，提取活动的考生目标。然后，结合肤色分割、筛选以及定位方法，定位考生的关键部位（脸、双手）及运动方向。最后，根据作弊行为判定准则判别作弊嫌疑行为。

根据上述方法，学者们还设计了作弊行为存储报警取证、考生标记、作弊行为统计及考场秩序评价标准等内容。

3. 校园内运动目标异常行为检测与识别

校园安全与每个师生、家长有着切身关系，如何保障广大师生和社会人员在校园内的安全一直是社会关注的热点问题。校园作为典型的公共场所，主干道路上人流量大，混合交通现象比较普遍，极可能造成一些异常状况，如交通事故、人群拥堵、学生打架等事件。这些事件持续时间短、造成的危害大，它们的发生会扰乱正常的校园秩序，对校园安全造成威胁。

校园环境下的异常行为各式各样，具有非常强的场景相关性，且缺乏明确的定义和界线，需要由场景的上下文以及应用背景共同定义，因此异常行为的检测与识别具有非常强的挑战性。定义相对具有普适性的异常行为以让系统具有较强的适应性是非常困难的，且在智能视频监控过程中，发生在场景中需要关注的异常事件一般只占整个监控过程的很小一部分时间或区域，因此可以对某些具体的异常事件进行分析、描述、定义和建模。

在校园安全监控系统中，对异常事件进行检测往往是系统的重要的，如校园交通监控中车辆的违规行为、教学公共场所人群中的异常紧急事件等。研究从视频序列中自动检测异常事件的方法具有非常重要的意义：校园监控范围较大，一方面可以减轻现有监控中心工作人员的工作负担，他们通常需要长时间、不间断地观察大量相机记录的监控视频以发现异常事件；另一方面，由于人工监控存在的困难，目前商业应用中的视频监控系统并没有充分发挥实时主动的监督作用，通常只是记录摄像机的输出结果。当异常情况发生后才搜索已记录的结果观察发生的事实，而不是在事件发生时实时发出预警。

校园异常事件通常具有很少发生、难以描述、难以预测、微妙而不易察觉等特点，因此无法建立通用模型来识别异常事件。因为其很少发生，无法获得足够的训练数据，而且异常事件之间的差异可能很大。因此，通过相似性度量实现异常检测仅适用于离线检测情况。在检测图像和视频数据中的不规则性问题时，设法使用当前视频库中的数据块表示新的观察数据，而不能将数据库中的大邻接块数据组成的新观察数据视为异常。此方法也是基于异常行为很少发生，无法由其他正常行为解释的特性，但它目前也只在简单图像和视频上有效，而不适合长期观测的真实校园场景。

对于5种异常行为，包括行人徘徊、人群聚集、人群奔跑、车辆逆行、人车严重冲突，每种行为都有其显著特征。由于行为间的差异性，包括参与对象本身的属性差异、时间时空规律的演化差异等，必须对每种行为提取相应特征。针对上述各种异常行为的提取特征，用马尔科夫随机场模型（MRF）进行异常行为检测与识别。具体实现方法如图6-34所示。

异常事件的发生会对校园安全造成威胁。因此，一旦发生异常事件应及时通知相关人员采取措施迅速处理。这要求视频监控系统在实际应用中，具有对异常行为的智能分析功能，及时将告警信息传递给相关人员以便做出快速反应。在基于场景的异常行为识别中，强调了场景在异常行为中的关键作用，设计出能够自动识别相应场景，并进行特征提取与识别的异常行为检测算法；在基于冲突严重性的人车冲突识别中，以往的异常行为检测通常不涉及行人与车辆的冲突异常检测，而在大学校园道路交通环境下，人车冲突现象非常普遍。因此，本书设计出能够识别在大学校园内无信号灯控制的交叉口环境下人车严重冲突的异常行为检测算法。

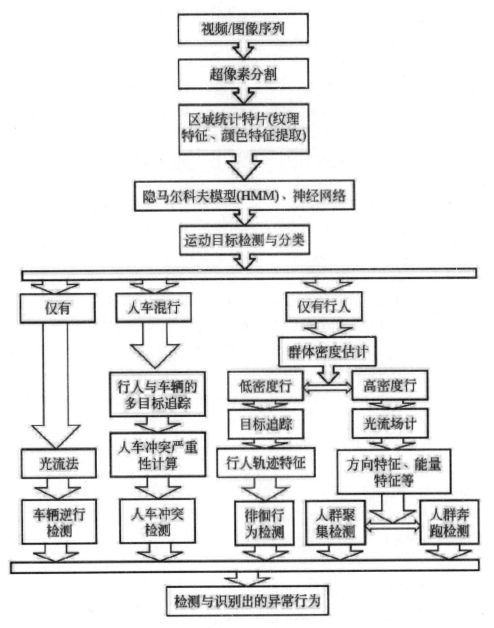

图6-34　有线无线一体化管理示意图

4.高校教室占用率统计系统

目前各大高校图书馆自习资源普遍紧张，教室往往成为学生自习的主要场所，但是学生寻找没课且人少的自习室通常需要花费大量时间。所以，开发一个智能的教室占用率统计系统帮助学生寻找自习室是一项非常有价值、有意义的研究课题。与此同时，各高校都在教室安装了视频监控系统，为本系统的开发提供了硬件支撑，计算机视觉等技术的发展也为系统的开发提供了理论依据。出于上述原因，设计并仿真实现了一个基于监控视频的高校教室占用率统计系统，帮助学生寻找自习室的同时提高学校教学资源利用率。

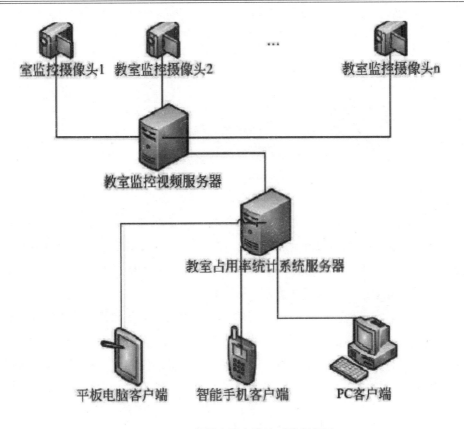

图6-35　教师占用率统计系统示意图

　　具体结构如图 6-35 所示，采用一种基于人头检测的教室占用率统计方法。首先，对采集到的教室视频图像进行预处理，预处理包括干扰区域的去除、HSV 颜色空间转换、二值化、腐蚀膨胀，得到根据发色信息提取的人头候选区域。然后利用基于 Hough 变换检测圆的方法对人头进行检测，得到根据人头的形状特征提取的人头候选区域。再根据画面中不同位置的人头大小不同，用基于面积的人头检测方法去除相应位置过大和过小的非人头区域。之后利用累计帧差法的思想，排除静止的非人头区域，得到最终人头区域。最后统计人头个数，得到最终的教室占用率。该占用率统计方法能够有效地计算出当前教室占用情况，以此为基础，对基于监控视频的高校教室占用率统计系统的总体架构、功能架构和技术架构进行了设计，并对教室占用率统计模块进行了仿真实现。

　　研究者针对某高校三种不同类型的教室监控视频进行了实验分析。实验结果表明，在光照均匀且遮挡不严重的情况下，三个教室的平均正检率都比较高。对测得教室占用率与实际教室占用率进行了对比，两者基本一致。说明通过人头发色信息、人头形状信息和人头面积信息提取人头区域的方法是切实可行的，该占用率统计方法能够有效地计算出教室的占用情况。这个方法实现的教室占用率统计方法切实可行，能够有效地辅助学生快速寻找自习室，在节约学生宝贵的学习时间的同时，又对学校的教室资源和监控资源进行了有效的利用，是一项非常有意义和有价值的研究成果。

第七章　智慧校园模式

智慧校园集成了高校现有的各类应用服务系统，搭建适合管理、教学、科研、校园生活的一体化、智慧化、智能化的教学、学习、生活环境。通过对物联网、云计算和人工智能等先进信息技术的合理运用，使校园资源和学校师生的互动模式发生改变。校园资源、教学、管理、科研等应用系统被高度整合，提高各应用交互的响应速度、灵活性以及准确性，使人们能快速、准确地获取所需信息，从而实现智慧化服务和管理的校园新模式。智慧校园衍生出校园发展的新模式，其主要特征有智慧技术、智慧管理、智慧教学、智慧服务、智慧人文、智慧生活等。利用智慧校园所提供的较强的发现、分析、解决问题的能力来进行创新管理将是日后高校信息化发展的必然趋势。

第一节　概述

教育信息化是衡量一个国家和地区教育发展水平的重要标志，实现教育现代化、创新教学模式、提高教育质量，迫切需要大力推进教育信息化。近年来，高校正在向智能化校园迈进。高校作为信息化建设的重要组成部分，承担着技术革新和应用推广的重要作用，打造"智慧校园"、创新"教学模式"已经成为高校信息化建设的共识。目前，各高校对校园信息化建设的重要性越来越重视，对基础设施建设投入也越来越多，资金、技术、人员等条件是过去不可比拟的。先进的互联网络，云计算、大数据及物联网技术的广泛应用，智能移动终端的应用和普及，对教学改革带来巨大的冲击，各种云上学习和交流沉淀了大量的数据，实现大数据的融合和虚拟化，通过构建面向云计算的校园网信息化平台将为高校的智慧校园建设提供良好的发展空间和技术支撑。

一、智慧校园建设规划

1. 建设目标

在国家教育行业信息化的政策背景下，智慧校园的建设水平体现了高校教育信息化的程度，也反映了决策者对现代教育发展趋势高瞻远瞩的水平；更是衡量学校办学能力和教学科研水平的重要标准之一。

根据教育部《教育信息化十年发展规划（2011—2020年）》中关于"加强高校数字校园建设与应用。利用先进网络和信息技术，整合资源，构建先进、高效、实用的高等教育信息基础设施"的要求，结合高校实际情况，开展智慧校园建设，实现学校信息化跨越式发展，充分提升学校的管理和服务能力。

智慧校园建设的主要目标：

（1）实现校园内教学、科研、管理、服务的数字化、信息化、网络化，深化教育改革，提高办学质量、办学效益和科研水平；

（2）实现信息资源和信息服务的合理规划、合理分配、合理利用；

（3）提高学校管理过程和管理系统的质量、效益、效率；

（4）保证资源和服务的可靠性、安全性、科学性。

2. 需求分析

（1）一站式服务需求

普通高校现有数字校园系统重管理轻服务现象严重，为师生提供的信息服务不够全面。原有模式按照管理信息化系统和教学信息化系统的分类来投资和组织实施教育信息化工程项目。采用"技术导向"的思维模式，在实施过程中表现出明显的"重建设、轻应用"倾向，不仅导致教育信息化投资效率不高，而且对促进教育改革、推动学习方式变革、提高教育质量影响不足。因此，需要实现智慧校园业务的整合贯通，通过信息门户，提供面向师生的一站式服务。

（2）标准化需求

普通高校现有数字校园系统缺少统一的技术体系标准及详细的整体建设规划，不利于长期发展。在信息化建设过程中，业务系统由各个部门主导完成，缺少技术及功能的长期规划，主要解决当期的、局部的需求满足，各部门独立建设、独立维护，没有形成统一管理，有的甚至造成系统的重复建设，不利学校信息化的长期发展，造成了严重的资源浪费。因此，需要通过统一的标准和体系建设，进行长远的规划。

（3）开放性需求

普通高校现有数字校园系统业务模块的开发和维护模式不统一，更新维护困难。学校各应用系统的开发平台、数据库和运行环境千差万别，没有形成统筹的考虑。随着校园网上应用和资源越来越多，应用缺乏有效的组织和管理，技术升级存在风险，从而带来业务系统维护成本不断增加的问题。因此，智慧校园需要是一个开放性的平台，提供面向学校未来需求变化和扩展的平台，通过开放性的平台进行持续改进，并能够实现更加方便的系统维护。

（4）数据共享需求

普通高校现有数字校园系统缺乏数据标准，业务系统之间数据难以共享，给各部门的协作业务处理带来困难。由于数据缺乏标准，现有的系统无法提供相互交换数据的功能，这使某些数据需要跨部门使用时，还依赖于手工的传递或通过电子邮件等方式半手工传递。这种低效率的信息共享方式无法满足各部门及时获取需要其他部门信息的需求，同时也无法进行跨业务部门的业务流程系统建设。因此，需要建立数据共享机制及规范，实现校园数据的共建共享，协同发展。

3. 智慧校园设计原则

在智慧校园总体设计过程中，整体上应该遵循以下原则进行规划：

（1）以云平台为框架，无缝集成学校已建和今后新建的业务应用系统。

在符合国家教育部和行业标准的体系指导下，建设本校的智慧校园数据标准，以校园云平台为框架，无缝集成学校已建和新建的业务应用系统，促进数据利用的最大化。把数据交换集成、用户管理、统一身份认证、业务数据整合、信息资源展示等都融合起来，以标准、数据、应用、用户作为重点要素进行规划和建设。

（2）遵循全面规划、分步实施的原则，为学校的智慧校园持续建设打下良好基础。

遵循全面规划、分步实施的原则，在充分保障学校现有投资（业务系统、服务器设备等）下，制定智慧校园的信息标准，建设智慧校园基础平台以及各系统之间的接口标准与规范，为今后业务系统的建设与整合打下建设的基础。

（3）先进性原则

系统设计采用先进的互联网＋智慧校园理念、先进技术和先进的系统工程方法。建设可持续发展、具有先进性、开放性的智慧大学校园。

（4）扩展性原则

智慧校园总体架构设计合理，考虑对于未来的发展，设计充分考虑今后扩展的要求。包括与其他应用系统（如智慧城市）之间的互联以及系统的扩容能力等，在满足现有系统互联的前提下，能够很好地适应未来信息系统增长的需要。

（5）系统安全性原则

在智慧校园总体设计与建设中，充分考虑智慧校园系统的安全，包括数据安全、网络安全、传输安全、管理安全等。

总之，高校智慧校园建设规划，以人为本、面向服务、信息互通、数据共享，能提供及时、准确、高效、随时随地的校园信息化服务，"提供满足跨部门的业务管理、面向全校用户便捷的信息服务"。通过"管理化＋服务化"的思路帮助学校实现由传统应用系统以管理为核心，转向前端以服务为核心。实现学校各类资源的整合和配置优化，提高学校的管理水平和办学效率，使高校信息化应用达到较高水平。智慧校园建设与传统数字校园建设的区别如图 7-1 所示。

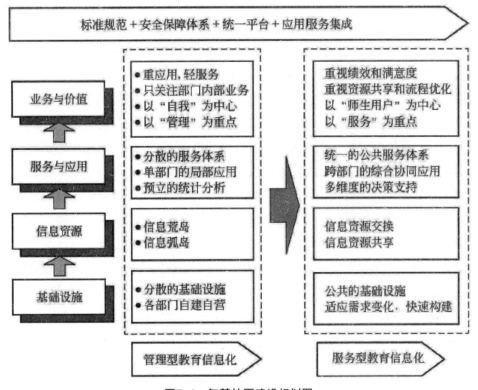

图7-1　智慧校园建设规划图

二、智慧校园重点建设内容

　　智慧校园建设首先是在高校现有的"IT基础设施层"基础上，完成"应用支撑层"的搭建。通过对高校现有"业务应用"的数据整合，实现数字校园信息资源的共享与交换。支持智慧校园对信息整合基础上的应用整合与开发，实现 Web 门户、手机客户端、微信、短信、电子邮件等方式的智慧校园信息的"综合服务展现"。同时，需要建设智慧校园的"信息标准和安全运维体系"。

　　为了建设高效、安全、大容量的智慧校园应用平台，为学校的教学系统、管理系统、科研系统以及师生信息共享服务平台等应用系统提供良好的支持，必须建立以用户为中心的智慧校园网络，采用云计算技术搭建学校数据中心，推动智慧校园建设的全面实施。打破现有的校园网络建设格局，改变目前高校院校内部部门间各自为政的现状，整合各部门现有的业务系统，如邮件管理、办公系统、一卡通等系统的认证方式，建立起全校范围内部门之间信息交互的平台，将同一用户必须多次重复登录业务系统，记忆多套账户和口令的方式改变，提供统一的身份认证平台，打造统一的数据管理平台，为用户提供高效、便捷的专属信息服务体验。

1. 信息标准

信息标准建设是高校智慧校园建设的重点之一，对推进智慧校园建设，保证信息的交流与共享，有着重要的意义。鉴于各个学校的特殊性，因此所采用的信息标准必须保证和教育部及国家的信息标准相兼容。

《教育管理信息化标准》的颁布为教育部门进行教育数据总体的规划和组织，建立统一的数据平台提供明确的规范和标准，它将带动教育管理信息存储、访问、更新、传递方式的变革，进一步减轻学校人力资源和财政管理的负担。根据该信息标准的要求，在建设具体的智慧校园项目时，应该结合国家和行业标准以及学校的实际要求，制定出《×××学校信息化数据标准》，包括信息标准、代码编码标准、技术标准、管理规范等，为高校各部门之间信息交换和资源共享提供基础条件，保证数据信息在采集、交换、传输和使用过程中有统一、科学、规范的描述和制定标准，确保信息化管理系统的有序建设，合理使用，维护规范有序。该数据标准在全校范围内作为数据编码的依据和标准，为数据库设计提供了类似数据字典的作用，为信息交换、资源共享提供了基础性条件。同时，该数据标准能够规范应用系统的用户认证方式，建成学校统一的身份认证平台，将各部门组织信息用户信息统一存储，统一调配分类，建设基于目录服务和认证服务的统一用户管理、授权管理和身份认证体系。

制定完成后的高校信息标准内容如图 7-2 所示。

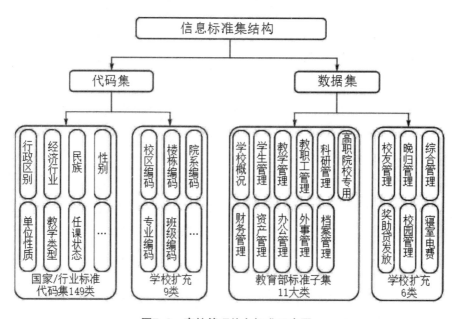

图7-2 高校管理信息标准示意图

2. 共享数据中心库

共享数据中心库即统一的数据资源与交换应用服务平台系统，是对智慧校园中的各种结构化数据进行统一管理的平台，还包括数据交换平台，是实现智慧校园数据共享，提供深层次数据挖掘、数据分析的重要基础。

通过共享数据中心库的建设,以《学校信息化数据标准》为基础,建立学校的数据中心平台,实现异构信息系统之间的数据交换和共享,明确业务系统与数据中心平台的接口规范;保证数据的准确一致,"谁产生、谁维护";建立可以为整个学校提供综合查询和决策支持所需的数据信息,为学校将来的决策支持系统积累分析数据;为后续开发各种应用系统的通用数据库平台,保证新的系统建立在数据中心平台上时,不会产生新的分散数据。

共享数据中心库应该采用作为国家标准的教育部《教育管理信息化标准》为中心数据库设计依据,并在对立项高校各业务系统需求进行充分调研的基础上,根据学校的实际情况进行修改增减,最终形成共享数据中心库数据字典。

共享数据中心库管理与监控系统基于严密的安全规范下,实现对元数据的管理、数据模型管理、数据中心监管等功能。其主要功能特性如下:

(1)主题(数据子集)管理

可以灵活地随时修改、增加和删除子集,以方便地将数据库表分配到其中的某个子集中。

(2)表管理

可以轻松地完成数据库表的增加、删除和修改,也可以方便地添加和删除键。

(3)表数据管理

包括查询、导出、新增、删除、修改数据等。

(4)权限管理

用户访问数据中心,对数据中心库表的权限管理。数据中心管理系统提供了基于角色的访问控制(RBAC)机制,可以灵活地定义角色、用户和相应的权限,保证数据访问的安全。只有相关授权的用户,才可以进行对应的管理操作。

(5)数据库备份

数据库手动和自动备份及备份还原;数据库备份点查询。

(6)数据库恢复与初始化

数据库初始化,在部署系统或需要深度还原的时候使用;数据库可选还原。

(7)数据库监控

以图表的形式直观地展示公共数据中心库表使用情况、资源占用情况等。

(8)日志

通过对日志的管理,管理员可以很方便地通过日志管理了解到成员对数据库操作情况,知道用户在各时间的活动。统计整个年度的操作分布,对管理软件有很大帮助。

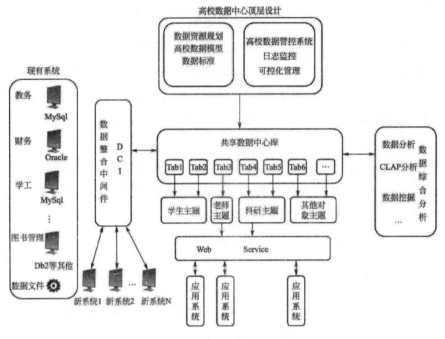

图7-3　共享数据中心库架构图

采用云平台作为共享数据中心库的基础平台，必须为大量的用户提供服务，其基础架构就不能是传统的网络模式，而要同时面对大量的数据，数据的存储方式、存储安全性要求云计算采用分布式体系架构，在体系架构中选择合适的模式，为用户提供云存储模式的共享数据中心库。存储的数据不在单一的某一位置，而是存放在多个地方，当网络中某一节点的设备宕机或故障时，保证数据的安全存储，保证数据能够有效恢复。搭建一个面向应用、安全可靠、规范统一、灵活可扩展的共享数据中心库，通过该共享数据中心库实现业务系统和数据中心之间的数据交换和共享，为学校教学、科研、管理和服务提供统一、规范、实时的权威性数据服务。

3. 虚拟化平台设计

虚拟化平台设计是通过虚拟化软件构建虚拟化服务器，从而节省硬件资源，提高硬件利用率，运用虚拟机管理程序在一台物理机上虚拟出多台虚拟机，这些虚拟机可以像真正的物理机一样运行各种软件，完成计算等任务，在资源使用上个虚拟机之间互相隔离，拥有相对的稳定性。

某高校利用 VMwarevSphere 数据中心虚拟化平台可实现关键业务应用程序与底层硬件设备分离，让所有应用程序和服务拥有最高级别的可用性和速度，从而达到高可靠性和高灵活性。其虚拟架构整合服务器的过程如图 7-4 所示。构建虚拟化平台主要有以下优点：

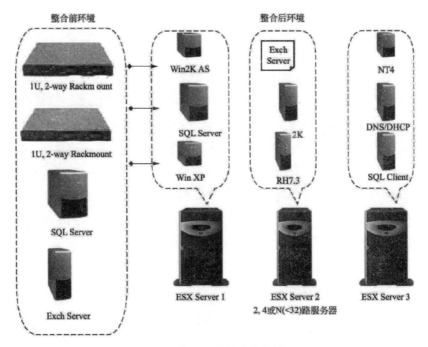

图7-4 虚拟架构整合服务器图

（1）控制数据中心内 x86 服务器的数量，通过虚拟架构整合 x86 服务器，在一台物理服务器上运行多个虚拟机，搭建多个操作系统和计算机应用，淘汰性能不足的老旧硬件设备，搭建虚拟网络环境，为今后网络扩展提供空间。

（2）利用虚拟架构预备新的项目，推迟购买新的物理硬件。通过整合多个物理服务器到一个物理服务器，可以降低 30% 左右的软件硬件成本，提高每个服务器的平均利用率，从原来的 6% 提高到 70%~80%，大幅度降低数据中心运营成本。

（3）部署服务器时间缩短，几分钟内即可部署好一台服务器，将人力从服务器重建和应用加载的时间中解放出来。

（4）硬件维护时间缩短，以前需要数天完成的工作，变为管理准备和 1~3 小时维护窗口，只要提前做好数据的备份工作，可以做到零宕机，应用服务不中断下的硬件维护和升级。将所有服务器的资源看作一个大的资源池进行统一管理，按需分配，无须担心设备与设备之间、操作系统与操作系统之间的兼容问题，以及旧的硬件和操作系统维护和升级等一系列问题。

4. 统一身份认证平台

身份认证系统是智慧校园的重要组成部分，为各应用系统提供集中的身份认证服务，提高智慧校园应用系统的安全性。通过指定相应的集中认证技术规范，提供统一的应用系统用户管理接口，最终实现所有新建系统用户认证的统一集中化管理，做到真正意义上的集中认证。该系统为智慧校园的所有用户提供统一的身份确认与权限交付。用户通过统一信息门户实现单点登录。

第二节　平安校园

近年来校园暴力等恶性案件时有发生，"校园安全"日益成为各界媒体所关注的话题。社会对校园安全的重视程度逐渐升级，教育部门亦高度重视校园安全方面的建设。教育部要求制定学校安全工作考核目标，并将其纳入教育督导评估体系。随着国家相关政策的出台，"平安校园"建设作为智慧校园的重要内容也已相继展开，越来越多的学校选择了科学、有效且节约人力物力的技防措施作为保护校园安全的重要手段，保障校园安全，进行科学管理。高效的技术防范手段，强大的应急联动机制，联合人防、技防、物防等有效措施，是避免出现群体事件、抑制学校灾害事件的有效手段。

一、智能巡更系统

随着科技的不断发展以及智慧校园构想的不断推进，校园巡更系统作为智慧校园设计的重要组成部分，也正在结合计算机网络技术、通信技术以及多媒体技术向着智能化方向发展。学校是一个孕育人才的地方，关乎中华民族伟大复兴梦的实现，所以学校正常教学秩序安全保证是社会急需关注的。智能巡更系统是将特制的信息钮安置于指定的巡检线路上，保安沿途巡检时，只需用智能设备依次碰触（阅读）信息钮，信息便"拷贝"到巡更棒中，巡更点的按钮都配置有无线传感器，通过无线传感网将信息实时地传递到管理中心，管理人员通过计算机来读解巡更棒中的信息，便可随时了解保安的整个巡检活动，有效地督促保安工作。对保安人员的巡逻工作进行监督，实现技防督促人防、技防和人防相补充的安保体系，保证校园内的安全，同时便于保卫处对保安人员的管理。此外，还可以将资料储存在电脑中，作为日后分析评估保安工作的材料。

二、智能视频监控系统

随着高等教育事业的发展，高等教育规模扩大，校园治安问题日益突出。高校扩招、校舍扩建、多院校合并使高校建设进入了一个高速发展期。安全管理规范制度不健全，安全防范意识差，人员流动性增大，安全管理人员少，巡检范围大等因素导致原有的人防、物防措施已远远不能适应高校安全发展的需要。校园视频监控系统的推广和应用，为校园的安全防范管理带来了较为完善的解决办法，视频监控系统因为其集成安全防范、防盗报警、考场监控、综合管理等多项功能，正在全国各地高校普及推广。

随着智慧校园构想的不断推进，校园安防系统中的视频监控模块也逐渐向智能化方向发展。视频监控通常应用在安防领域，可以协助保卫部门打击校内犯罪、监控非法聚集扰乱校园秩序行为，维护校园稳定。随着社会的发展，计算机技术、图像处理技术以及移动通信技术的不断提高，使得对远程现场的视频监视与遥控等功能实现成为可能，传统的视频监控技术和手段能录像和提供视频，只能实现"监"，而不能实现"控"。为了能实现"控"需要花费大量的人力、物力和财力，但效果却不理想，在很大程度上制约着平安校园的建设和发展。第3章介绍的基于物联网技术的视频监控系统与传统的视频监控系统不同，采用此类智能监控系统，视频监控系统不再需要保安人员一直盯着查看画面，而是摄像头能够根据现场的情况和感知的信息自动跟踪拍摄和录制画面，同时向监控中心实时地提供数据信息，保安人员只在发生情况和需要时查看各摄像头的画面。当有紧急情况发生时，系统能够自动向监控中心报警，这些都将自动地进行，不需要人工干预。

智能分析仪嵌入 Limix 操作系统，采用视频压缩编码技术、视频编解码技术、以太网和流媒体技术，硬件设计采用 DM368 硬件平台上的 ARM 子系统、视频图像协处理器、视频处理子系统以及外设接口，视频输入输出接口模块、外部存储器接口模块、以太网通信模块、电源模块的设计原理，满足系统硬件需求。系统包括远程视频采集、视频服务器和监控客户端，主要功能包括远程视频采集、视频编码、实时传输、FFMPEG 视频解码及客户端显示。采用 JMF（Java 媒体库）框架实现远程视频图像采集，采用 H.264 视频压缩技术实现视频编码，采用流媒体技术以及 Socket 网络通信实现基于 RTP 协议的端到端传输，采用 FFMPEG 视频解码库，实现智能手机的视频软解码功能，采用 SurfaceView 实现视频实时显示。对于手机监控，利用 Android 系统所带的 SurfaceView 视频类来实现视频的播放与展现。在语音通信方面，通过 Android 系统所带的采集模块，使用 G.711 对采集的音频数据进行编码处理，根据 RFC3984 协议完成对音频编码数据的 RTP 格式封装，完成数据传输，在接收端通过 Android 系统提供的多媒体指令进行语音数据的播放。数字图像处理方法采用自适应的多模快速背景差方法，融合 Kalman 和 MeanShift 作为目标跟踪方法，能适应视频图像中目标大小的变化，在较为复杂的场景中也有良好的适应性。

三、校园周界报警系统

校园周界安防作为智慧校园安全防范系统的重要组成部分，得到了普遍重视。传统的校园周界以建立围墙、栅栏，或保安值班守护的方式保护校园的安全，但是还是不时有盗窃等犯罪行为发生，围墙栏杆等普通阻挡物不能智能化防范，保安值班在校园内也是点式蹲守，值班员对工作的认真程度也不能保证，因而对校园周界报警提出了新的要求。物联网技术在安防领域的应用提升了校园周界报警系统的智能化。校园周界防范系统所采用的主要是传感器技术，目前校园周界安防系统通常采用红外对射、高压脉冲等技术。

防盗报警系统是校园安防系统中的一个重要组成部分，系统通过安装在现场的各类报警探测器获取报警信号，经过多种方式传入中心控制管理设备，经处理后输出相应的报警信息。

智慧校园防盗报警系统的架构设计主要如下：

（1）中心管理系统支持对多主机管理，可以实现多机统一管理。

（2）系统具有防破坏功能，链路上的断路、短路都将导致系统报警，系统本身具有的后备电源，可确保系统在断电情况下正常工作。

（3）系统与电视监控系统紧密配合，并通过与视频监控系统统一接入前端视频服务器，进行统一控制的方式实现联动，达到快速响应报警的效果，系统通过软件可灵活设置当监视范围有进入报警，联动监视系统所对应的画面切换显示、自动录像等功能，是一个基于全数字计算机处理的报警联动体系。

系统启动后，一旦发生非法出（入）校园周界的防线，即因红外线被切断而自动发出报警信号，接收模块随即以触点脉冲形式发出信息，该信息通过连接线缆传至管理中心。经识别后，发出报警声响，显示警情位置，监控系统自动将报警探测器附近摄像机的画面在监视器上单画面显示，摄像机（快球）将转到预置位置，从而为学校监控中心相关人员及时处理提供视频图像和地理位置。

在学校的偏僻角落设置紧急求助点，该求助点由紧急报警按钮、针孔摄像机及与监控中心双向语音对话的对讲系统组成。当教工或学生遇到某些困难时，就可按下紧急求助按钮，这时，在监控中心的主监视器上立即跳出该求助点的主监控画面（通过针孔摄像机），还可将附近的快球或带云台摄像机方向调整至求助点，以便看清求助点周围情况。同时，系统以声音提示的方式提醒值班人员注意，值班人员可以立即使用监控中心的对讲话筒与求助者进行对讲。或者另外一种情况，当没有使用紧急求助按钮，但是校园保卫人员在监控中心发现某紧急求助点附近可能即将有不适当的行为发生时，值班人员也可以通过监控中心的对讲话筒，对这个紧急求助点附近的人员进行喊话，以便及时制止错误行为的发生。

四、智能消防系统

基于物联网的智能消防系统是在传统的消防系统上，利用无线传感器网络、智能识别、云计算、移动通信等技术有效感知火灾信息，快速并准确传输信息，智能决策和控制，预防并减少火灾发生，因此相应的支撑技术包括传感层技术、网络层技术、应用层技术。系统的感知层是信息的来源，传感器可以把检测到的各种信息转换成相应的电信号，这些信息是实现自动检测和自动控制的首要环节，是实现智能决策的重要保障；网络层是信息的传递，无线网络技术实现了信息传递的无线化，实现了"低复杂性、低成本、低功耗、低速率"和"高效率、高扩展性、高维护性、高兼容性"；应用层是信息的存储、处理和决策部分，可视化和 Android 技术的应用，实现了信息交互的便捷性、直观性和形象性。

智能消防监控系统总体结构由 ZigBee 无线传感器网络模块、GSM 报警模块和本地与远程消防监控中心模块三大部分组成。

（1）ZigBee 无线传感器网络模块包括 ZigBee 终端节点、路由节点、协调器节点三大部分，负责区域内感测环境信息，如温度、烟雾、火焰和一氧化碳的含量，并利用 ZigBee 技术把信息发送到楼层路由节点，再由路由节点转发到楼栋协调器节点。

（2）GSM 报警模块由协调器节点、GSM 模块、保安人员组成。协调器节点除接收来自传感器节点的数据，还要通过GSM 通信网络，以手机短信的形式发送给校园保安人员，以便保安人员能够及时查看现场并做出相应处理。

（3）消防监控中心模块由串口通信、本地监控和远程监控组成。ZigBee 协调器节点通过串口发送信息到本地监控中心，显示和智能存储每个传感器节点的信息，并判断火灾参数，如超过安全值后，将自动报警。远程监控中心主要为便捷式移动设备通过校园网连接本地监控、远程监测各点的状态，形成一个具有火灾预防、报警、消防及事后处理等功能完善的智能消防监控系统。

第三节　校园节能系统

高校作为人口生活的密集地，能源的消耗巨大。节能化校园的设计实施有利于减少学校能源消耗，帮助学校的日常管理和监控，具有社会和经济意义，高校中存在大量的用电设备，电能是高校运维所需要的最主要能源，无论是在生活区、学习区、工作区都需要电能的持续供给。而目前高校中的电能使用浪费现象非常明显，如某些教室没有学生时仍旧打开照明、某些工作区的空调处于不间断运行状态等。

根据《高等学校校园建筑节能监管系统建设技术导则》以及实际情况，对电、气、水等能耗进行分类分项。将电能分为照明、插座用电，空调用电，动力用电，特殊用电；燃气分为食堂用气，供暖（主要是锅炉房），热水供应；用水分为宿舍、浴室、教学楼。其中，还可以把有的分项再进行细分，再根据校园建筑的不同用途进行建筑功能上划分，分为教学楼、办公楼、学生生活、公共设施、其他等。将上述水、电、气的分类应用到各个划分的建筑当中，最终完成校园水、电、气等能源的分类分项。

建筑能源系统物联网的架构体系，采用分层结构形式，共包含6层，分别为感知控制层、网络传输层、信息汇聚层、数据加工层、诊断决策层和信息输出层。建筑能源系统物联网的架构体系中各层之间相互独立，任一层并不知道它的相邻层是　如何实现的，层之间仅通过层接口提供信息互通。由于每一层只实现单一且独立的功能，因此可将复杂的问题分解若干个容易处理的子问题，降低问题的复杂度。当架构体系中任何一层发生变化时

（例如某个细节功能的实现技术发生变化），只要层间接口的关系保持不变，则架构体系的整体功能不受影响。架构体系的结构既松散又紧密联系，由于系统工作量大，难以采用单一的某种技术手段实现架构体系的所有功能，各层都可以采用最合适的技术来实现。

建筑能源系统物联网的架构体系中各层的设备组成和功能如下：

（1）感知控制层

感知控制层主要由各类传感器组成，包括电量传感器、水量传感器、热量传感器、温度传感器、压差传感器等，组成了校园建筑能耗监测系统的感知层，实现建筑电量、水量、热量、温度、压差的实时采集，并将采集的数据由网关传输至采集服务器。建筑配电系统中安装的继电器、给排水系统和暖通空调系统管网中安装的电动控制阀、控制器组成了建筑能耗监测系统的控制层，实现供电线路的通断，水量、热量的调节与控制。

（2）网络传输层

网络传输层是校园建筑能耗监测系统数据传输的媒介，主要依靠完善的校园网资源和电信、移动、联通等通信服务公司提供的网络，实现网关设备与服务器之间的网络传输。

（3）信息汇集层

建筑基本信息、监测仪表配置信息、实时采集数据等信息汇集至数据中心的服务器，组成了校园建筑能耗监测系统的信息汇集层，汇集的所有信息传递给数据加工层。

（4）数据加工层

数据处理软件将采集的实时数据处理为建筑分类分项能耗，并利用分类分项能耗计算结果、建筑基本信息和设备信息加工成建筑能耗评价指标和设备能效指标信息，传递给决策诊断层。

（5）决策诊断层

决策诊断层主要负责校园建筑能耗分析，校园建筑的配电系统、给排水系统、供热系统的调节与控制方法和校园节能管理策略的制定。

一、照明控制系统

基于ZigBee技术的校园照明控制策略，充分利用ZigBec近距离、低复杂度、低功耗、低速率、低成本等特点，无须替换原有照明设施，仅仅通过加装控制模块，即可实现系统的控制。照明控制系统主要由控制模块、无线网络模块、照明调光模块等部分组成。在总控系统中，利用传感器采集的数据判断分析当前应采用的场景模式以及每一个被控元件的实时参数。在网络节点上，利用ZigBee强大的自组网功能实现智能节点上的灯具的控制参数值以及各功能模块参数值之间的交换，实现系统的远程控制。整个控制系统的框架如图7-5所示。

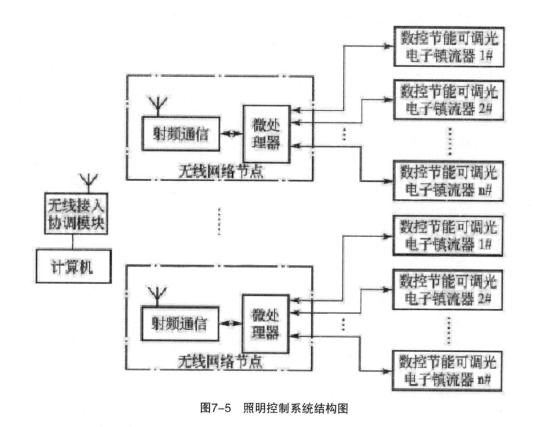

图7-5　照明控制系统结构图

二、供热节能系统

　　根据中国政府网公布的《国务院关于节能减排综合性工作方案的通知》，我国将进一步加大工作力度，确保实现单位国内生产总值能耗降低20%左右的目标。全面实施北方采暖地区居住建筑供热计量及节能改造。目前北方采暖地区房屋年平均供热能耗为每平方米约22千克标煤。如果对校园内建筑物进行全面的供热计量改造和监控，供热能耗将可以降低1/3以上。根据世界银行提供的经验，波兰在没有进行建筑围护结构节能改造的情况下，只是将面积收费改为供热计量收费，全国就实现了节能30%。供热分栋计量及温度控制物联网系统正是满足智慧校园采暖节能减排的需要，解决目前校园内供热不均衡的问题。支持情景信息的建模模型和感知模块。开发一个通用的、标准性的情景感知软件平台可以提供情景感知的原始系统，给开发人员提供更多便捷服务。

　　在热计量物联网中，底层热计量数据的传输需要依赖热计量ZigBee网络来完成，该网络所使用的路由算法对网络生存时间的影响较大。热计量对象名解析服务器保存了热计量EPC编码和相应产品数据的服务地址之间的映射信息。热计量电子产品编码信息服务器保存了与热计量表相关的所有数据信息。热计量高维数据聚类算法能够对热计量高维数据进行数据挖掘操作，得到相应的知识。

图 7-6 所示为智慧校园供热分栋计量物联网系统的前端部分——用热计量与温度控制装置的组成原理图。用热计量与温度控制装置包含两部分：一部分装于每栋楼的供水与回水管道上，用于对供热热量进行计量，对电控阀进行控制等；另一部分分散布置于楼宇内代表性测量点，用于建筑物内部的温度检测、室内目标温度设置、热水温度及用热量查看等；两部分之间通过使用无线通信技术实现整体集成。通过安装在供热水管上的超声传感器能测量出供热热水的流量，通过分别安装在供热进水和回水管道上的温度传感器能测量出进水和回水的温度差，根据水的流量和温差利用微处理器经过换算就可以得到每栋楼的用热量。将室内温度传感器的检测值与设定的室内温度值进行比较，比较结果经无线网络（Zigbee）发送给控制部分，通过对安装在供热水管上的电控阀进行控制，可以使室内的温度达到设定的目标值。

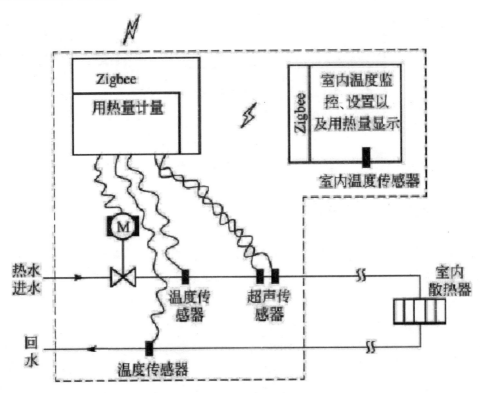

图7-6 供热控制前段装置原理图

图 7-7 所示为智慧校园供热分栋计量物联网系统的组成框图。整个系统由四层组成：第 1 层为用热计量与温度控制装置；第 2 层为数据收集与通信控制器；第 3 层为校园网；第 4 层为智慧校园云平台 Web 服务器。通过采用无线组网技术（如 Zigbee），一个数据收集与通信控制器将与多用用热计量与温度控制装置实现数据通信，通过采用校园网实现多个数据收集与通信控制器的数据通信，这样就可以将用热计量与温控装置采集到的现场数据（如供水温度、回水温度、热水流量、用热量、室内设定温度等）集中起来，传送到校园网云平台的 Web 服务器上。在服务器层通过对接收到的数据进行加工，供热单位便

可通过校园网网络实现远程抄表、供热管网监控、供热均衡管理与供热控制、服务决策、维护指引等功能。通过注册授权，校园网用户可以通过校园网络，查询用热情况；更进一步，特殊用户还可以对自己实验室内温度进行远程设定，对电控阀进行远程开启与关断等操作。

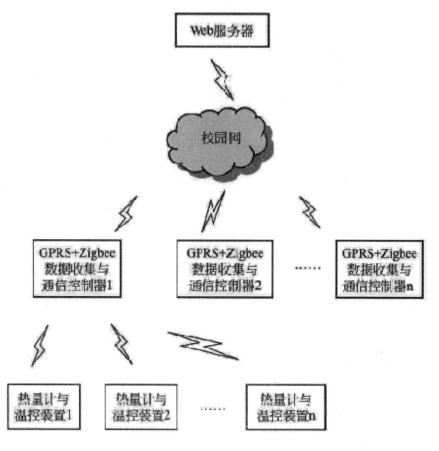

图7-7　数据预处理流程

物联网中的电子标签内存储的只是产品的 EPC 编码，而中间件系统应该能够由该 EPC 编码得到提供相对应产品数据的服务地址，该寻址映射工作就是通过使用 ONS 对象名解析服务系统来完成的。供热部门能够从校园网 Web 平台实时地采集所有热量表的用热数据。通过校园网 Web 平台还能够和热量表物联网中的对象名解析服务器、电子产品编码信息服务器进行数据通信，从而可以得到校园数据中心数据库中保存的大量楼宇采暖数据，同时，还能够进行数据挖掘操作，对这些海量数据进行聚类操作，得到有用的知识，来帮助领导决策。

综上所述，智慧校园供热分栋计量物联网系统是多种技术的综合应用，前端信号的感知、现场参数的控制、数据通信网的建立、数据的组织与分发，各技术节点都需要仔细研究与规划，建立起完整的数据协议规范以确保数据链的形成。由于整个数据链较长，且以无线网络为主，因此数据安全也是不可回避的问题。只有经过仔细研究，严格规划解决好这些问题，才能在供热分户计量物联网系统中实现"M2M"，才能实现真正的智能化监控与管理。

三、大型设备监控

近年来，随着高等教育改革的不断深化，国家对高校实验室建设的财政支出持续加大，实验室和实验设备数量越来越多。怎样对这些实验设备进行规范化、科学化和信息化的监测与管理也就变得十分重要。实验室设备运行状态监测系统的主要目的是完成实验设备运行状况数据信息的实时采集和上传，实现实验室设备运行状态远程监测，使管理人员不用亲自去实验室现场就能够了解当前设备的运行状态，提高了管理者的工作效率和设备使用率，结合校园智能空间技术解决设备空置或者空转难题。大型设备监控系统的需求分析如下：

（1）数据采集

数据采集是整个系统工作的第一步，采集到准确可靠的数据是系统监测工作顺利进行的保障，因而显得极其重要。采集模块需要采集设备的实时运行状态，而以现有的技术，无法直接判断设备的运行状态，只能通过采集设备的相关参数来间接判断设备的三种运行状态（开机、待机和关机）。在不同的工作状态下，流经设备的电流值大小不同，可以利用互感器来采集设备电流数据，根据采集数据确定设备的运行状态。

（2）采集数据的汇聚

前端采集模块采集到数据后，需要将数据进行汇集。因为学校的实验室有不止一台实验设备，也就有多个前端数据采集模块发送的数据，所以需要有一个汇聚模块用来接收连接各个设备的采集模块发送来的数据。此外，为了减少布线和维护方面的人力及经费支出，降低系统的功耗，提高系统的通信质量，必须选择一种效率高、耗能低的无线网络完成数据的汇集（如 Zigbee）。

（3）数据的上传

通过无线网络将采集到的数据汇集后，还需要将数据通过校园网上传至服务器实现数据的永久保存。由于校园网属于以太网，而从数据采集到数据汇集属于无线传感器网络，两者的通信协议不同，不能直接相连，因此，必须要有一个网关设备，用来连接 WSN 与校园网。网关设备通过对来自不同网络、不同格式的数据包进行解析、转换来连接两种异质网络。

（4）数据的存储

系统需要实时地将检测到的实验室设备运行状态数据进行保存，而监测平台不可能每时每刻都在运行，因此需要一个服务器模块将数据存储到数据库中，供监测平台远程访问。

（5）实验室设备运行状态监测

作为系统中数据的监测中心，监测平台除了可以实时显示设备的运行状态外，还要对系统进行一定的管理，如用户管理和日志管理等。

图 7-8 所示为实验设备监控系统。该系统可以划分为三部分：传感器节点、汇聚节点和管理节点。其中，传感器节点主要由电流互感器和 ZigBee 的终端节点构成，被部署在实验室中，与每个被监测设备相连接，负责对实验设备运行状态信息数据进行采集和处理，并将数据经 ZigBee 无线网络传输至汇聚节点的 ZigBee 模块；汇聚节点作为系统的数据汇集中心，由一个 ZigBee 协调器节点和嵌入式网关组成，负责汇集传感器节点发送来的数据并实现 ZigBee 无线网络与校园网的连接。在工程实践中，可以按照实验室分布的实际情况，一个实验室内的若干个传感器节点构成一个 WSN 子网，几个相邻实验室若干个传感器节点也可以构成一个 WSN 子网；若干个汇聚节点会将整个 WSN 的数据发送给管理节点，管理人员通过管理节点管理整个 WSN。系统的管理节点包括服务器模块和监测模块，分别用来对数据进行永久存储及实时显示。

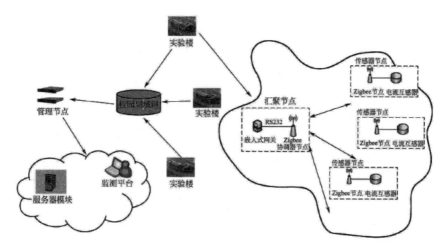

图7-8 实验设备监控示意图

第四节 校园服务

校园服务平台建设面向校内外的信息服务网站（统一信息门户平台），及时发布学校各类信息，对社会公众和校内师生提供不同的信息服务和进入相应校园信息管理系统的入口。该平台位于智慧校园体系结构中的最上层，实现数字化校园各应用系统与用户的人机交互服务平台，是智慧校园的信息集中展示的窗口。统一信息门户平台需将智慧校园的信息和应用资源有机整合成一个统一的 Web 页面，用户只要拥有一个账号，就能访问到权限范围内的所有资源。同时，门户平台要提供个性化信息服务，信息的内容和形式可以定制，不同的用户可以根据自己喜好来定制信息和服务内容，个性化设置自己的界面风格，用户可以享受到智慧校园所提供的个性化信息服务。图 7-9 所示为校园服务的总体架构图。

从教职工的角度，校园服务提供满足其工作、生活、服务等的全面信息化服务。如通过统一的信息门户平台，为教职工提供一站式的信息查询，如教职工个人的办公、教务、财务、科研等信息。

从学生的角度，校园服务为学生提供从入校到在校学习生活再到毕业离校等各个阶段、满足学生个性化需求的信息服务。如学生关注的新闻通知公告等校内信息，学生的选课、成绩、学分、缴费、贷款等与学生密切相关的信息化服务。

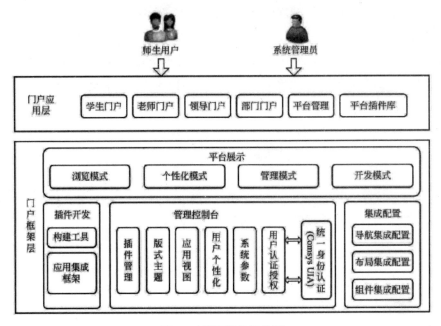

图7-9　校园服务架构图

从高校管理者角度，校园服务将高校视为一个有机统一的整体，基于教学、科研、管理、服务等各个领域，为高校提供涵盖整个校园相关的信息化、智能化服务。领导需要部门相关信息时，直接通过统一信息门户平台就可以获取所需信息，不需要像以前一样到各个部门去索要。同时若需要对一些请示进行批复，同样可以在这之上完成，极大地方便了领导办公。

一、校园信息推送

校园信息推送平台是在校园各类信息系统和信息服务进行整合基础上，通过运营商无线通信网络、3G 网络等传输途径，为学校教职员工、学生提供无线数字校园服务。用户可以不受空间、时间的束缚，随时利用手机等移动终端查阅（订阅）所需信息，掌握校园情况，处理工作事务，处理课业活动，发送即时信息，实时互动交流等。

校园信息推送平台以中心数据库为核心数据来源，以 WebService 为数据获取方式，通过手机短信（彩信）方式完成与用户的信息交互，从而使高校用户可以随时随地获取需要的校园相关信息。

校园信息推送平台为高校学生或家长开辟了一种新的服务窗口和服务渠道。及时收发手机门户信息不仅能够帮助学生随时随地了解在校情况，还可以给家长提供学生在校学习与生活的情况，而且能够个性化地对学生本人的学业与就业指导提供帮助，减轻了辅导员与班主任的负担，加强了学校的管理工作，获得家长的好评与支持，对于高校有着深远的影响。

校园信息推送平台具有如下特点：

（1）信息广度的扩展

信息获取方式延伸到用户终端，让用户在任意时间、任意地点、任意方式获取信息，随时、随地享受校园服务。

（2）随需的信息订阅

空中智慧校园实现与统一信息门户平台无缝对接，老师、学生可以在门户上随需订阅移动应用服务。

（3）校园运营

结合移动运营商及其他通信方式，以服务为核心，针对校园信息环境，打造可运营的数字化校园环境。与运营商合作，提供增值服务，带来运营价值。

从学生的角度出发，为学生从学生入校到在校学习生活再到毕业离校等各个阶段的、满足学生个性化需求的信息服务。如学生关注的新闻通知公告等校内信息，学生的选课、成绩、学分、缴费、贷款等与学生密切相关的信息化服务。学生可以利用校园信息推送平台来完成这些业务，而不用像原来一样需要来回往返于各个部门进行业务处理。极大地方便了学生，也为学生节省了很多时间。

二、校园一卡通

建立校园一卡通系统可以充分发挥校园网优势，以此取代学生证、借书卡、借计卡、上机卡等各种证件，应用于校园内的各类消费场所，如食堂、超市、图书馆、机房等。所谓"手机一卡通"，就是在校园范围内，在使用票证、现金等场所或需要身份识别时采用一张手机卡来完成。这种模式实现"手机一卡通、一机多用"的目标。为教师、学生的工作、学习、生活带来方便，提高学校的管理效率，为高校的后勤服务提供保障。同时，"手机一卡通"系统是校园信息化的重要组成部分，对校园的管理和决策具有重要意义，

基于 RHD 技术的手机一卡通，用户只需在手机中安装上 RFID—SIM 卡，就能实现一机"刷"遍校园，包括门禁系统、考勤系统、食堂、小卖部、看病、图书借阅、乘坐校巴等。校园手机一卡通系统的结构如图 7-10 所示。

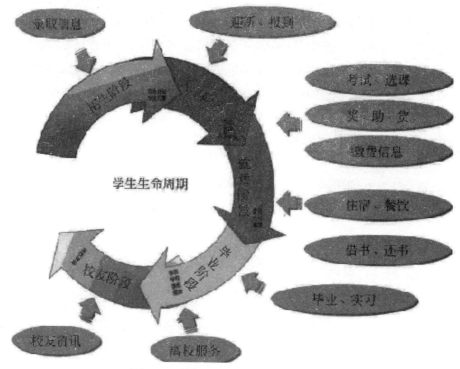

图7-10 校园手机一卡通系统示意图

校园手机一卡通系统的设计目标是建立一个集中平台，单位内部相关客户终端通过专线等方式接入平台，使身份识别、综合管理、银行转账、商务消费等子系统模块实现有效融合，与第三方应用系统实现无缝连接，达到整合校园零散和混乱的应用系统资源，从而在全网实现数据共享及同步更新的目的。系统应具备财务管理、身份认证、消费信息处理等功能，系统建成可应用于校园饮食收费、师生考勤、学生缴费等业务管理，从根本上改变学生一人多卡多证现象，提高校园管理水平和服务效率。

校园手机一卡系统的总体网格架构采用三级平台结构。一级平台为手机一卡通集中平台，即手机一卡通数据中心，部署在省电信机房，通过网络与电信公司各专门业务系统及各大银行系统实时连接，为一卡通用户提供各种电信增值业务服务，实现空中圈存及手机刷机消费数据处理与账户结算功能。二级平台为校园一卡通主干平台，部署在校园云服务平台上，主要实现校园卡和手机卡在学校内的刷卡消费应用和门禁、考勤等身份认证需求。三级平台即部署在校内各部门，由各部门管理使用的专门业务管理软件平台。

（1）手机一卡通系统集中平台

采用省级集中模式面向客户建起的手机一卡通系统集中平台，可以减少系统的维护成本，实现规模推广。手机一卡通集中平台主要设有四大业务中心，一是金融数据中心，专门处理手机一卡通系统的金融结算业务，共享账户消费及余额信息；二是身份数据中心，为全系统提供用户身份基础数据共享、认证服务；三是财务清算中心，可面向合作企业或系统用户提供规范的财务供清算服务；四是信息服务中心，为系统用户提供账户有关信息查询、业务办理提醒、消费与余额提醒等服务。

手机一卡通集中平台通过网络与电信公司各专门业务系统实时连接，为一卡通用户提供各种等电信增值业务服务，与各大银行系统连接，为用户提供无线充值（也叫空中圈存）服务，方便系统用户随时对账户进行自助充值服务，满足发展迅速的手机支付业务需求。在网络部署中，用带有双网卡的综合前置机把系统平台与电信业务系统、银行系统进行逻辑隔离，实行数据传输审查制度，屏蔽非法数据，确保系统安全。

（2）校园一卡通主干平台

校园一卡通主干平台由数据中心和业务管理中心两大中心组成。数据中心放置在学校核心位置，便于系统管理员的管理和维护；管理中心是系统业务集中办理、面向师生服务的场所，设置较为灵活，可放在校内既相对开放又便于服务师生的位置，方便师生前来办理各种业务；而数据库服务器集群、应用服务器和前置机等系统主要设备通过跨校区的校园主干网络与两大中心相连。

①采用服务器集群技术

传统的单机系统存在数据丢失风险高、系统硬盘故障多等安全方面的问题。而集群技术可有效解决这些问题。校园一卡通系统通过集群软件将两台高性能数据库服务器组成一个双机集群，并共享一磁盘阵列。两台数据库服务器同时运行，采用主备方式工作，不间断对外提供数据存储服务，实现并行处理和节点机失效后的任务平滑接管，即主机工作备机监听、主机故障备机接管。两台数据库服务器通过双卡以交叉的方式连接磁盘阵列，同时每个服务器又有自己的系统引导盘，实现独立运行、单独服务、负载平衡而不浪费硬件设备资源的双机运行效果，又可在故障发生时实现双向平滑接管工作，有效避免故障对用户产生影响，发挥双机集群的管理功能。

②应用服务器

一卡通系统软件在应用服务器上运行，主要是财务数据管理软件和身份数据管理软件。财务数据管理软件处理的是系统用户的金融数据，处理用户财务信息，包括账户消费记录、消费统计汇总、结算与报表管理等。身份数据管理软件用于管理系统全局字典、系统用户的基本信息管理（含照片等），为全网提供用户身份信息基础数据共享及适时更新认证服务。

③综合前置机

综合前置机是一种以报文交换为基础的中间交易设备，用来解决跨系统通信协议异同、转换不同主机定义的数据交易格式等问题，还具备监控系统设备状态、关键数据传输密钥的产生与管理等功能。综合前置机配有安全可靠的硬件加密卡对系统数据传输进行安全审查，部署于一卡通数据中心与子系统连接的关键位置。

④转账前置机

转账前置机，又叫圈存机，是银行转账系统连接学校一卡通数据中心及转账终端的关键枢纽。转账前置机是通过报文交换来实现银行卡向一卡通账户转账充值等资金划转功能，同时具有校内自助转账终端（圈存机）的监控管理功能，在转账操作中起到数据安全审查、密钥生成与管理、数据交换等作用。出于安全要求，转账前置机之间采用专线连接，并安装带有安全可靠的硬件加密卡，加强对转账数据传输的安全审查。同时采用双网卡的方式，将银行系统与校园网络进行严格有效的隔离，提高校园一卡通系统的安全性。

三、智慧教室

由于教育体制的不同，智慧教室技术在世界各国技术发展情况不同，研究内容也有所不同。例如，英国雷丁大学关注互动技术，研究了智慧教室的学生交互行为；德堡大学的 DEBBIE 项目研发了课堂笔记的自动化系统；美国亚利桑那州立大学的智能教室利用 PDA、情境感知中间件（context-sensitive middleware），并采用泛在计算和网络技术，实现小组之间的交流和合作学习。国内智慧教室研究的成果有智慧教室设计理念和教学模式的构建等，对智慧教室的应用仍然处于起步阶段。

1. 智慧教室的概念及特征

智慧教室的"智慧性"涉及教学内容的优化呈现、学习资源的有效取得、课堂教学的良性互动、

情景感知与检测、教室布局与电气管理等多个方面的内容，可以概括为内容呈现（showing）、环境管理（manageable）、资源获取（accessible）、及时互动（realtimeinteractive）、情景感知（testing）五个维度，简写为"SMART"，这五个维度恰好体现了智慧教室的特征，一般称为"SMART"模型，如图 7-11 所示。

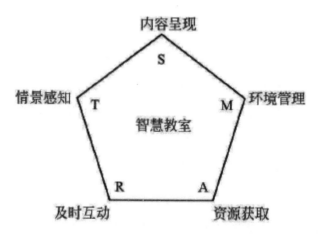

图7-11 智慧教室"SMART"概念模型

（1）内容呈现（showing）

内容呈现表征智慧教室的教学信息呈现能力，不但要求呈现的内容清晰可见，而且要

求呈现内容的方式适合学习者的认知特点，有助于增强学习者对学习材料的理解和加工。内容呈现主要包括视觉呈现和听觉呈现两个方面。视觉呈现涉及清晰度、视野、亮度、视角等多个因素。通过电子手段呈现给学生的信息能被教室内所有学生方便、清楚地看见，不影响学生的健康。在听觉方面，良好的听闻环境可以保证语言交流的顺畅，有利于师生之间的互动。

（2）环境管理（manageable）

环境管理表征智慧教室的布局多样性和管理便利性。智慧教室的所有设备、系统、资源都应该具备较强的可管理性，包括教师布局管理、设备管理、物理环境管理、电气安全管理、网络管理五个方面。

（3）资源获取（accessible）

资源获取表征智慧教室中资源获取能力和设备接入的便利程度，涉及资源选择、内容分发和访问速度三个方面。在资源选择方面，智慧教室应该能够提供丰富的教学资源以便于灵活支持教学活动，计算机、笔记本电脑、智能手机、平板电脑、手持式 PDA、投影机、电子白板等多种设备都可以很方便地接入，并且支持在教学的过程中对资源进行互动、操作和再生成。在内容分发方面，与学生学习相关的课程设置、教学计划、教学内容、教学手段等都应该很方便地分发到学习终端。在访问速度方面，资源的获取和终端的接入速度均应该以不影响教学活动为前提条件。

（4）及时互动（realtimeinteractive）

及时互动表征智慧教室支持教学互动及人机互动的能力，涉及便利操作、流畅互动和互动跟踪三个方面。在便利操作方面，智慧教室应该能够支持人机的自然互动，所有互动设备及界面具有操作简单、功能全面的自然互动。在流畅互动方面，智慧教室的硬件条件能够满足多终端、大数据量的互动请求。在互动跟踪方面，智慧教室能够记录并存储师生、生生以及人机的互动轨迹，为学习分析提供基础数据，从而为教师的决策和学生的自我评估提供技术支持。

（5）情景感知（testing）

情景感知表征智慧教室对物理环境和学习行为的感知能力。空气、温度、光线、声音、颜色、气味等是环境的物理因素，这些因素直接影响教师和学生的身心活动。智慧教室内布设的传感器可以实时检测室内的噪声、光线、温度、气味等物理参数，根据预设的理想参数，自动调节窗帘、灯具、空调、新风系统等相关设备，将教室内的声、光、温、气调节到适合学生身心健康的状态。学习行为的感知是指能够获取学习者的位置、姿势、动作、情感等方面的数据，以便能分析学生的学习需求，提供适应性支持。

一个具体智慧教室案例的总体框图如图 7-12 所示。

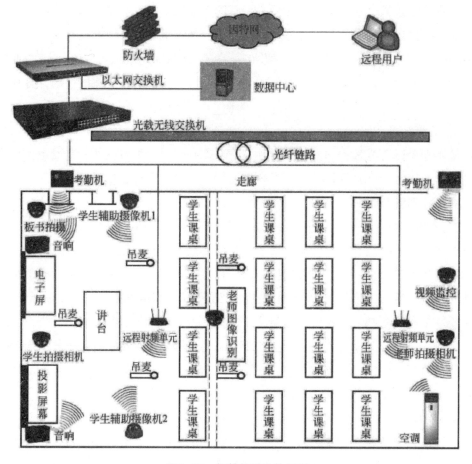

图7-12　智慧教室总体框图

　　智慧教室以物联网技术为基础，以光载无线交换机为核心，构建 WiFi 无线局域网，覆盖智慧教室，加上教室的有线网络交换机、网络路由器，从而建立融合有线网络、无线局域网的物联网网络支持环境，声、光、温、气等各种传感器件通过标准模块 WiFi 设备服务器（串口通信 RS232 转 WiFi 无线网络）无线接入物联网。同时，其他内置 WiFi 模块的各种手持设备（笔记本电脑、智能手机等）也能无线接入该智慧教室网络，成为智慧教室物联网网络设备的一部分；其他支持师生教学、科研实践开发的感知模块也可以通过与标准的 WiFi 设备服务器连接，也能轻易接入智慧教室，完成测试和验证。

　　智慧教室是自动化、智能化、集控化的管理系统，可以同时对多个教室的教学活动过程进行录制、直播和点播；可以对教室的设备进行集控式的管理；通过电子班牌对智慧教室的内容和环境状态进行发布；通过互动教学平台实现教学资源的管理和推送。

　　2. 智慧教室的主要功能

　　（1）环境监测和管理

　　通过安装在教室内部的监测设备（温湿度、二氧化碳、光照度传感器等）对教室环境进行实时监测和数据记录，通过后台控制系统实现对教室环境的改善，也可以根据预先设置策略进行智能控制。

（2）教学过程录制

通过安装在教室内的高清摄像头对教学过程进行网络化录制和存储，云端管理平台可以按照教学课表进行自动录制，或通过教室内控制屏进行手动录制。

（3）教室设备控制

通过安装在讲桌里的教室工作站，对教室内教学设备（互动教学一体机、投影、音响、功放等）进行统一控制，教师可以选择一键开关设备，也可以通过控制屏进行单独控制，从而降低设备操作复杂性。

（4）教室物资管理

教室设备贴二维码标签，通过手机二维码扫描识别的方式进行教室设备盘点。

（5）远程集中控制管理

智慧教师管理平台为 B/S 架构，可以通过远端登录对每个教室内设备实现单独控制，同时可以实现对这个教学楼的集中控制。

（6）教学互动管理

智慧教室教学视频课件通过云端进行发布，学生可以通过网络进行自主学习，对老师的课件进行点评和互动，老师可通过在线互动的方式实现教学互动。

3. 智慧教室的特点

（1）软件采用 B/S 结构，被授权用户可在任何地方通过浏览器登录系统，而不用安装任何专门的软件。

（2）教室端采用嵌入式智能物联网终端，在断网状态下实时监测、通知查询、智能控制等功能均可脱离上位机软件独立运行。

（3）基于用户部署的控制策略，教室端空气监测自动联动通风，光照度监测自动联动照明窗帘，温湿度监测自动联动空调，一切按需智控。

（4）群组化电子通知，校领导、各级管理人员、班主任、教师均可登录系统向各自授权范围内的教室终端液晶屏发布电子通知、公告。

（5）动态电子课表，中心管理软件可向选定教室分发通知及电子课表，教室端的液晶屏可动态显示当前课程信息，可动态查询最新周课程表。

（6）教室健康度显示，系统基于温湿度、CO_2 以及光照度监测等数据，自动计算教室健康度，以五颗星分等级显示，更清晰直观。

（7）智慧电子班牌，教室端液晶屏安装于教室外，可随时在走廊了解教室所属班级、当前进行课程/教师、室内环境、照明状态、空调状态等信息。

（8）远程管理，被授权管理者可随时登录系统控管本班电源、空调、照明、通风等设备设施。智能控制，智能发布，智能环控，智能中控。

（9）多种管理方式，系统可以通过教室内的控制屏实现手动控制，也可以通过登录

Web 的方式实现在线管理，还可以通过使用手机 App 登录的方式实现移动管理，通过多种管理方式更好地提供用户体验。

4. 智慧签到系统

在学校，课堂教学环节是学生接受系统教育最重要的一环，做好教学互动，是掌握好教学环节、提高教学水平的关键。现行的教学过程中，传统的签到环节、疑问确认环节、提问互动环节、课堂小测试环节存在诸多问题。签到过程中，使用纸张签到，效率低且存在代签现象，不便于教师统计；提问互动环节和课堂小测试的环节中，教师给出简单选择后，学生举手或者口头回答，不能获得准确的统计数据，教师只能根据大体情况来判断是否进行教学，没有准确的数据，更不能考虑后期的数据挖掘和数据统计工作。校园智慧签到系统可以解决这个问题。如图 7-13 所示，智慧签到系统由磁力门锁、RFID 读卡器及配套软件构成，采用 RFID 标签（校园一卡通）对学生进行考勤统计，对进入教室的人员进行身份识别，对合法用户进行考勤统计，对非法用户进行告警。同时可通过 WiFi 无线覆盖，对考勤情况进行远程监控、统计及存档打印。

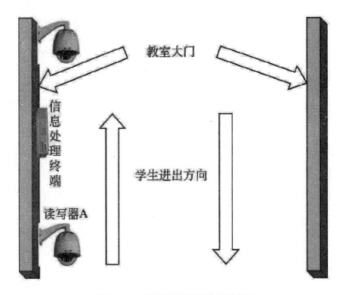

图7-13　智慧签到系统示意图

智慧签到系统的硬件主要包括读写器、信息处理终端和标签。读写器是用来激活 RFID 卡片工作，通过天线发射频率信号达到数据交换的功能。RFID 标签通常由耦合元件和一定存储容量的芯片构成，附着在物体上，用于存储被识别物体的信息，在工作时达到与阅读器互相识别和通信的目的。RFID 的工作原理类似于雷达，当贴附着标签的物体进入阅读器的辐射能量场时，阅读器通过天线发射频率信号，标签接收到信号后发射存储在内部的标识信息，阅读器的接收天线接收并识别信息，解调后再把信息通过相关的接口传送到主机进行数据处理。

智慧签到系统的软件主要包括中央管理部分代码与信息处理终端代码。中央管理部分代码由多个功能模块构成，即用户登录模块、考勤信息查询模块、读卡器控制模块、数据库管理模块等。用户登录模块主要实现任课教师和教务人员登录系统服务器，对学生考勤信息进行查询与管理，不同的用户权限不同，在系统服务器上使用的功能不同；考勤信息查询模块主要实现对学生考勤信息的调取，当用户使用信息查询功能时将学生考勤信息显示在相关界面供用户参考；读卡器控制模块完成对学生校园 IC 卡信息的采集，并将数据信息传送至系统服务器，当不需要使用读卡器时，系统服务器给读卡器发送休眠指令，读卡器立即处于休眠状态，节约能量；数据库管理模块实现对学生信息的添加、修改、删除、统计分析等功能，用户通过在系统服务器调用不同的指令，可实现相关的数据管理功能。信息处理终端代码是一个介于中央管理部分与 RFID 读写设备间的软件代码，可以让 RFID 设备端所得到的信息，通过系统的运行，有效地收集、整理并回传。系统使用者能够由此了解整个环境情况，是中央管理部分与 RFID 设备端沟通的桥梁。智慧签到系统通常也是校园网人员（教师、学生、管理者）定位系统的一部分，校园网人员定位系统由半有源 RFID 电子标签、半有源低频激活器、读写器、网络设备、计算机、服务器和系统软件组成，学生可以通过手机或 RFID 标签（校园一卡通）实现校园内消费、支付、娱乐、定位等，其结构如图 7-14 所示。

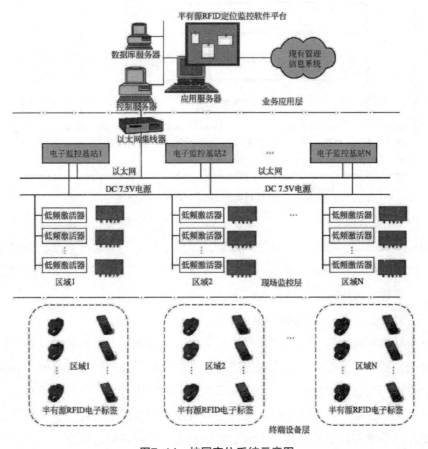

图7-14　校园定位系统示意图

5. 物联网平台

根据"SMART"模型，智慧教室物联网平台主要功能包括教学内容的优化呈现、学习资源的便利获取、课堂教学的深度互动、情景感知与检测、教室布局与电气管理等方面，可简单概括为内容呈现、环境管理、资源获取、及时互动和情景感知这5个维度，如图7-15所示。为完成以上5个维度的功能，要求物联网应用平台达到以下要求：

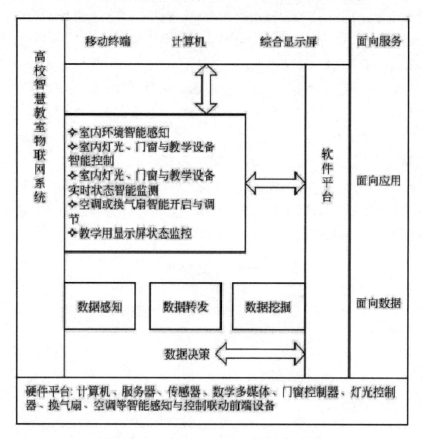

图7-15　智慧教师物联网平台结构示意图

（1）室内环境智能感知，必须具有教室内实时环境数据采集、转发与存储。室内环境感知前端应具备温度、湿度、二氧化碳浓度、光照强度、一氧化碳浓度、辐射等信息检测与感知功能。根据高校大型、中型、小型多媒体教室、语音室、实验室等教室建筑结构与平面特征，设计异构传感器实地部署方案。

（2）室内灯光、门窗与教学设备智能控制

基于室内环境智能感知功能，感知高校教室内的与灯光、门窗和教学设备智能控制相关的实时数据，如光照传感器、温湿度传感器等，在服务器端进行实时分析，在软件平台上进行智能管理与控制逻辑分析，从而实现高校教室的室内灯光、门窗智能开启与关闭。根据教师教学工作需求，在软件平台上进行专业特性和课程需求设置，实现教学设备的智能控制。此外，考虑室内学生人数、课程需要提前做好室内环境的灯光、门窗、多媒体设备等的初始化和开启工作。其中，对于教室门窗的监控，同时兼顾室内光照需求与多媒体显示屏工作所需光照情况，既考虑学生学习所需光照，又考虑教师授课所需光照，实时控制不同位置窗帘全开启、半开启或全关闭状态。

（3）空调或换气扇智能开启与调节

根据教室规模和上课学生规模比值情况，在软件平台设定空调或换气扇智能开启阈值。通过各类传感器，实时监测室内二氧化碳浓度，实时控制硬件平台各设备工作情况，实时调节设备状态。如果检测值超过不同阶段的极限值，则由软件平台发出各种调节、预警或报警等控制命令，通过调节空调或换气扇等设备降低室内空气二氧化碳浓度。如果检测到一氧化碳浓度，则及时向室内师生发出警报，同时向学校管理方和消防部门报警。

（4）教学用显示屏状态监控

现代高校教学活动中显示屏或投影幕成为关键设备之一，是高校智慧教室物联网应用平台的关键设备及数据展示的主要途径。其中，高校教室室内显示屏通常位于教室讲台，教室朝向右侧。一般只提供教师课件、演示操作等展示。因此，在物联网应用系统中除了原有功能外，还需要支持实时课程信息，如课程名称、授课专业、授课班级、授课教师、学生签到、室内环境质量参数和质量评价等实时信息。

具体的智慧教师物联网平台主要包括教学模块、LED 显示模块和室内环境智能感知模块。

①教学模块

教学模块由内置电子白板功能的触控投影机一体机、功放、音箱、无线麦克、扩音器、问答器和配套控制软件构成。使用内置电子白板功能的触控投影机代替传统的黑板教学，实现无尘教学，保护师生的健康，可在投影画面上操作电脑，在每个桌位上配置，实现师生交互式课堂教学。

②LED 显示模块

LED 显示模块由 LED 面板拼接而成，安装在教师黑板顶部，用于显示正在上课的课程名称、专业班级、任课教师、出勤率和教室内各传感器采集的环境数据。

③室内环境智能感知模块

室内环境智能感知模块是高校智慧教室物联网应用系统的数据来源和联动控制的核心功能。在教室内部部署各类环境数据监测传感器，如温度、湿度、二氧化碳浓度、辐射、光照强度等，实施数据采集、数据转发、数据存储等工作，通过 WiFi、Zigbee 等无线组网和通信技术，为室内环境实时监控和室内设备智能控制提供依据。根据部署的传感器类型，采集多类型室内数据，实现室内环境实时监测，并能够为上层应用和服务提供数据查询、转发、存储等服务。软件平台上，提供上述操作界面和接口。由用户设定或根据实际环境变化情况，设置相应室内环境参数评价级别上限值或机制。物联网应用系统日常运行过程中，对室内环境和系统运转质量进行实时评价。如果室内环境检测值越出正常界限，则应用系统进行预警、报警等一系列安全措施。日常检测值，也作为室内各类设备智能控制依据。该部分功能是实现高校智慧教室智能控制应用的核心功能。基于智能感知、继电控制、无线传感和校园网通信等技术，实现室内的灯光、门窗与教学设备实时状态智能监测与智能控制。具体实施时需要根据室内设备控制需求进行设计。例如，室内灯光控制模块，一般需要灯光控制器、光照强度传感器、软件平台应用等。对于室内设备控制日常运作采用智能控制模式，同时配备手动控制模式即多模式并存。不同设备之间、传感器与设备之间通过由软件平台为核心的协同架构，实现智能控制与系统故障自检相结合。此外，为了实现高校教室内部灯光设备智能控制，同时在软件平台上提供友好的系统界面和操作接口，帮助用户选择控制灯光设备对象，及其自动开启和智能关闭，收集设备工作过程的反馈响应。在智能监测中设计质量评价和事故预警功能。需要借助移动数据线性挖掘机制，在系统计算获得当前最佳控制阈值，作为新一轮的评价和报警上限值。该值可以实时匹配当前室内环境。因室内设备智能控制上限值不断发生变化，为了按时间序列记录室内设备控制情况，方便数据查询。对于教室门窗的实时控制，同样需要基于智能感知、继电控制、无线传感和校园网通信等技术，对教室内门窗设备实现智能控制。此外，为了实现门窗智能控制，在实地部署时需要增加窗帘控制器和配套用户移动终端应用程序和服务器端管理软件。窗帘控制系统结合继电控制器，根据服务器数据决策依据，经过移动数据线性挖掘后，对窗帘进行智能全开启、全关闭和半开启等状态切换。

6.智慧课堂教学

智慧课堂教学模型如图7-16所示，该模型是在智慧课堂的教学理念基础上设计的，对教师与学生都提出了新的教与学的要求。

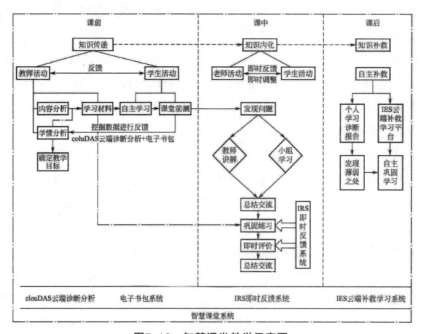

图7-16　智慧课堂教学示意图

在课前，老师对教学内容与学情进行科学详尽的分析。编制前置学习材料发放给学生，前置学习材料包括导学案、辅导资料、练习题、视频等。学生根据前置学习材料自主学习后，完成课堂前测，并整理出问题在课中提问，在这个阶段完成了知识的传递。教师把学生课堂前测情况上传至"douDAS 云端诊断分析系统"，根据学生的学习数据形成最终的诊断分析报告，据此进行详尽的学情分析，然后针对本班学生特点确定教学目标，制订教学计划，同时编制课中巩固提高用的学习材料。同时，也可根据"clouDAS 诊断分析报告"对个别学生进行个性化辅导。

在课中，教师与学生把发现的问题在课堂上提出来，由学生采用小组学习形式进行讨论交流。教师结合相关教学材料进行引导，然后有针对性地对学生的薄弱之处进行巩固练习。课堂上教师利用"IRS 即时反馈系统"进行即时统计学习情况，做出即时评价并即时调整教学计划。在课堂上让学生完成了知识的内化，发挥了教师的引导作用，突出了学生的主体地位。

在课后，学生根据"cloaDAS 个人学习诊断报告"找出薄弱之处，进行自主补救。学生在"IES 云端补救平台"上进行自主补救学习，在 IES 平台上据每个学生学习数据自动生成相关补救的学习资源，进行个性化辅导。可以在 IES 平台上回顾录制的课堂教学。也就是说在这个阶段是学生根据自身情况完成补救、巩固、提高，也体现了学生自主学习的能力。

7. 电子书包

电子书包无疑是未来对教育教学影响最大的电子教学产品，与学生人手一机的数字化教学应用一脉相承。但电子书包作为一种更便携廉价的数字化学习网络终端，会普及为学生必备的学习工具；与电子课木、虚拟学具、网络教学平台等教学资源和教学系统结合起来，将改变信息化教与学的环境和教与学方式，不仅使随时随地随需的个性化教与学成为可能，还会有效地促进优质教育资源的共享和教育的均衡发展。

电子书包是智慧教室的重要组成部分，主要利用信息化技术结合移动终端实现教学。电子书包是以学生为主要应用对象的电子学习资源的集合体，通过个人的移动智能终端可访问的平台，电子书包的设计与开发强调了云计算技术和移动终端应用的结合。针对学生对电子书包中教育教学资源的需求，结合"互联网＋智慧校园"的个性化推送算法，为学生打造普适与个性相互结合的学习平台。

以师生服务为主的电子书包平台，用户可以分为管理员、教师用户、学生用户。管理员是保证系统正常稳定运行的主要角色。教师用户既可以是狭隘意义上的教师，也可以是广义意义的教师。所谓狭隘意义的教师是现实中的教师，能够根据教学需求上传教育教学资源；广义意义的教师指能够访问该系统并上传教育教学资源的任何用户，待上传资源后，任何用户都可以开设相应的课程或录制教学视频，实现知识的传播和知识的共享。学习者是相对于教师角色的，因此，学习者既可以是学生，也可以是教师，甚至是访问该系统获取知识的一切学习者。

电子书包平台方案的业务流程如图7-17所示。访问电子书包区域平台主要包括以下流程：

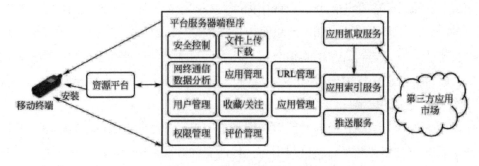

图7-17 电子书包业务流程图

（1）用户在智能移动终端安装"电子书包客户端APP"，实现对电子书包教育资源平台的访问。

（2）用户通过资源搜索或系统推送资源信息的方式发现感兴趣的教育资源信息或教育应用。用户可根据资源平台的设定，实现资源的在线访问和下载应用。同时，用户可通过客户端实现对教育教学资源的评价和收藏等操作。

（3）服务器端通过应用抓取服务从互联网或第三方应用市场获取最新的教育应用，从而抽取相应的资源信息，将其插入教育资源数据库中，并建立应用索引方便用户对资源的搜索。

（4）服务端程序根据用户实际需求推送与教育相关的信息或资源。

从图中可以得知，教师用户是电子书包平台的重要角色之一，能够实现教育资源的管理和教育教学工作。在电子书包中，教师模块实现的主要功能包括课堂教学、班级管理和专业发展。教师模块的具体功能如图7-18所示。

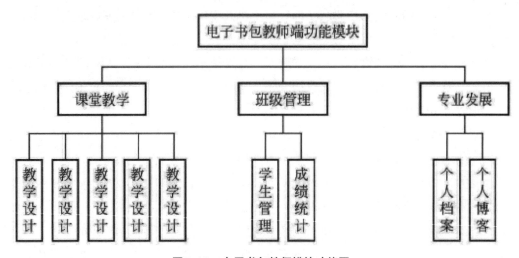

图7-18 电子书包教师模块功能图

课堂教学包括教学设计、资源中心、师生互动、随堂评测和学情汇总五个功能模块。

教师根据教学实际制订符合实际的教学设计方案；教师可上传相关的教育资源，并管理已上传的现有资源；为促进课堂教学的效率，教师可与学生进行互动讨论；利用随堂评测，教师能够随堂设定与教学内容相关的试题，待学生完成课堂试题后，能够及时对学生的学习结果进行测评；教师可根据各个学生的实际学情，分析学生的学习情况。该模块包括学生管理和成绩统计两个子模块。教师根据学生人数直接对班级情况进行管理，包括班级增加、删除或更新，并根据班级学生的情况设定班级的任课教师。同时，能够查询班级学生的成绩，实现成绩数据的统计。专业发展模块包括个人档案和个人博客两个模块，在个人档案中，教师能够完善注册信息，可根据个人需求发表博客。

学生模块的具体功能如图 7-19 所示。

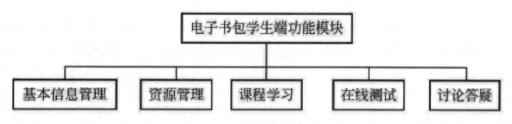

图7-19　电子书包学生模块功能图

学生的基础信息包括学生登录账号、密码、学生姓名、年龄、专业等信息，学生信息管理包括对信息的查看、增加、删除和更新等操作。学生通过电子书包平台获取系统推送的教育资源信息或应用信息，学生还可上传、下载资源。学生根据教学课程的需求能够从电子书包下载相关的资源支持课程教学，检查课程学习的效果。该模块是检验学生课堂学习和自主学习最直接的工具。课堂上，学生按照教师的要求实现在线测试，检验课堂学习的效果；课后，学生可进行自主测验，验证学习效果。在线测试的内容、类型和范围可由学习者自行设定，并根据测试的结果自动形成测试分析报告，指出学习过程中的不足，以帮助学生及时查漏补缺。学生可通过此模块与教师进行沟通，以解决自身遇到的问题。在沟通讨论过程中，学生可指定具体的教师或学生进行提问。

电子书包可以按照教材章节配置优质教学资源，包括图片音视频等教学素材、动画教具、微格课例、教学案例等多种类型。通过结合网络资源教师备课，电子书包几乎可以涵盖所有学科的所有知识点，支持教学对资源的多角度需求，支持所有教材版本。

电子书包不是单纯的平板电脑，它是经过教学应用设计的硬件、软件、资源和网络服务的集成产品。从使用者角度看，电子书包是内置了数字化学习资源和互动学习软件的智能网络终端，应用和资源可以从网络按需获取，互动学习则包括人机互动和通过网络的人际互动。从产业角度看，硬件、软件、资源和网络服务是个分工协作、整合开放的产业链，且这里的网络不是通常意义的互联网，而是专门提供教育资源出版发行、网络互动教学及管理服务的教育网络，即所谓教育云。电子书包与智慧教室中其他功能具有以下相互关系：

（1）与网络教室软件整合

电子书包人手一机，相当于把普通多媒体教室升级成了无线网络教室，所以需要与传统网络教室教学管理软件整合，在电子书包上实现网络教室的屏幕广播、屏幕点播、远程操控、锁屏、举手、文件分发等功能。

（2）与家校通系统的整合

通过无线网定位，自动向家长发送到校、离校通知短信。

（3）面向近距离互动应用的扩展

利用蓝牙等近距离通信技术，在没有 WiFi 和 3G/4G 网络的情况下，也可以支持电子书包近距离通信，实现如文件共享、桌面共享、互动游戏等功能。

8. 智慧教室多屏互动系统

在过去的传统黑板教学中，为了防止教师之前书写的教学内容、推理过程等被学生遗忘，会将整个内容都保留下来，教室前端会采用 4 块滑动的黑板供教师交替书写；教室的后面通常也有一块黑板，供学生自由创作、绘制活动板报等；多媒体教室中会有一台投影仪将教师主机投影在教室前面的幕布上，另外还配置有一块 A 板，供教师板书。这些都是多屏互动系统的最初形态。

所谓多屏互动是指基于 DLNA（digital livingnet work alliance，数字生活网络联盟）协议、闪联协议、Miracast 协议等，通过 WiFi 网络连接，在手机、PDA、智能电视等不同平台的多媒体终端设备之间进行多媒体内容（音频、视频、图片）的传输、控制、播放等一系列操作。也就是说，通过无线网络，将多种不同操作系统（如 iOS、安卓、Windows 等）平台的设备互相连接起来，利用某个软件，通过多屏互动技术支持的协议，将设备上的内容或屏幕分享到其他设备，实现多设备间跨平台屏幕共享、多屏互动。智慧教室内的各类电子设备，如平板电脑、交互式电子白板、红外触控屏、触控一体机、教育云平台、智能录播系统、智能可穿戴设备等构成了教室中的多屏教学环境。多屏互动系统即利用多屏互动技术，使用交互式电子白板、投影仪、平板电脑、智能手机、触控屏、电视、台式机、笔记本电脑等多种设备进行教学的方式，学生与教师间能够使用这些设备实现多屏多平台跨界互联互动，多屏互动系统实现了课堂教学中多屏互动、教学资源共享与资源同步，支持多种教学模式，各学习小组间可以同步学习、竞争学习和协作学习。

当前多屏互动的典型功能有三种：甩屏、操作和分享。甩屏，即在手机、平板电脑等移动终端选择某一节目，然后甩屏至智能盒子，甚至是智能电视上观看，或者是反向甩至移动设备端继续观赏。操作，在智能盒子和智能电视上观赏视频时，使用智能手机、IPad 等移动设备控制盒子或电视；分享，将手机或 IPad 等移动设备上的媒体内容分享至智能盒子或电视机上，进行大屏观赏，以此来提高用户体验。

教师利用同屏技术将智能手机无线融入教室多媒体系统，构成移动授课平台，可以脱离讲台，在教室内自由走动，在手机上的操作同步显示在大屏幕上，可以展示手机上的教学 PPT、各类文档、照片等，可以直接在手机屏幕上书写展示例题、演示推导过程，可以随时拍照展示学生的学习过程；学生端手机同样可以随时融入多媒体系统，展示自己的学习成果。智能手机屏幕是高清多点触控屏，在 APP 应用软件的支持下，配合同屏镜像投影，可以成为功能强大的手持电子白板，直接在屏幕上板书、画画等，并且具备笔迹优化、图文混排等优势。具备电子白板功能的免费 APP 很多，如白板涂鸦、小黑板、画图板、随手写、好写笔记等，大多具备绘图、文字输入、图文混排及媒体支持功能，适合于课堂教学应用；而苹果 iOS 系统的"ExplainEvery-thing"APP 应用软件，除了方便导入、批注图片和视频外，还能记录屏幕上的书写、绘画的笔尖移动轨迹，通过手机的麦克风录制讲解音频，最终把录制的结果导出成 MP4 格式的视频文件，适合用于制作微课。利用智能手机随身携带的优势，充当随身小黑板，可以在课前列提纲、要点，并随时随地熟悉完善教学内容，在课中补充完善、引导学生认知；课后总结回放，还可以把教学过程分享给学生，再现教学过程，有利于复习提高。在传统的课堂教学中，"粉笔＋黑板"言传身教的教学模式在形成学生逻辑思维，培养分析问题、解决问题的能力方面具有一定的优势。智能手机融入多媒体系统，实现传统黑板与电子白板的有机结合，将板书、推导、演算、标注等传统课堂教学活动融入现代课堂，实现"随处可写，随时可写"的效果，而且课堂板书自动分页保存，可以随时查阅与分享。

以某智慧教室为例，教学中共有 6 块 70 寸触控屏，用于教学内容展示，同时也作为教师和学生的交互工具。整个教室被划分为两个区域：教师区和学生区。

（1）教师区

教师区位于教室前端，由教室前端墙面上的 2 块 70 寸触控屏、教师端主机、教师讲台以及教学中使用的 StarC 云端一体化学习平台软件组成。2 块 70 寸触控屏组成交互式电子双屏，构成了双轨教学平台，其独有的双轨教学内容展示模式，支持文字＋图片、文字＋视频、视频＋图片、PPT+Flash、文字＋画板等多种格式的信息进行多样化的组合，使教学资源呈现多样化、高效化。

（2）学生区

学生区由教室左右两侧墙面上的 4 块 70 寸触控屏、学生课桌椅、平板电脑组成。4 块 70 寸触控屏同步呈现教学内容，同时用于课堂教学中的小组讨论环节，作为小组讨论成果展示工具，用于教师与学生间、学生与学生间的交互；课桌椅可根据课堂教学模式自由移动组合，适应课堂教学需求，体现了智慧教室的开放性与灵活性的特点；平板电脑用于教师与学生间的交互，每名学生配有一台平板电脑，学生可在平板电脑上进行课堂习题作答，教师也可以将双屏上的重难点教学内容下发至学生平板上。课堂教学模式可以分为讲授模式和小组协作模式两种。

①讲授模式

课堂教学采用讲授模式时，学生课桌椅的排列呈传统教室模式或电影院模式，即多排多列，面向教室前端。采取讲授模式时，教师可以通过教师区交互式电子双屏系统将教学内容有效地传递给所有学生。

②小组协作模式

课堂教学采用小组协作模式时，学生课桌椅的排列呈宴会厅模式或咖啡馆模式，即将学生进行分组，一般5~8人为一组，每组学生的课桌椅拼接成画形。小组协作模式体现了以学生为主的教育理念，实现学生与学生间的协作以及面对面交流讨论，学习方式多样化，多个小组通过教室周围墙壁上的触控屏可以进行同步学习、协作学习、竞争学习。

9. 智慧教室多媒体录播系统

多媒体录播系统是利用视音频记录技术完整记录课堂的教学活动，实现实时播放和课后回放。课堂教学活动包括老师、学生的图像与声音，教师的计算机课件、板书等信息。录播系统为智慧教室增加和强化了系统的数字化、控制的自动化、传输的网络化。系统集成了电影、双流、远程三种记录方式；自动发布平台、点播直播两种播出方式；支持普通、标清、高清标准的摄像机。多媒体录播系统分手动与自动两部分。自动部分实现无人值守，自动记录课堂教学过程，确保操作简单和常态，实现高效和量产的视频案例；手动部分沿袭了微格教室模式，用后台手工方式记录课堂的亮点和特色，实现个性化的视频案例和精品课程。使用者以普通教师为主，兼顾专业教师。

多媒体录播系统采用专业的标准设计，结构化控制技术，提供丰富的特技效果和强大的记录、编辑、点播、直播、远程教学、发布等软件，实现高清晰的画面和音视频同步输出的收视效果。录播系统的灵活性及有效性，有助于教师自我反思、教师专业技术成长，便于教学评估、教学研究、校本资源建设，同时又有助于提高教学质量，提高学校综合实力。多媒体录播系统是完成教育信息化的手自一体化建设的先进、实用的解决方案，营造常态化的教与学环境，保证优良录制效果，构建全方位的校本资源平台，将与课堂有关的如教师、学生形象、教师课件、教师板书、各种音视频信号，以及教师与学生的互动交流缓解等信息进行整合并录制。整个过程无须技术人员操作便可自动跟踪拍摄，并提供强大的课件及视频后期编辑功能，增强录播平台制作的灵活性及有效性。通过校园网，录播系统提供网上直播和资源共享，具有高清晰的画面和音视频同步输出的收看效果。借助手自一体化录播系统，有助于简化教学评估工作、促进教学研究、加强校本资源建设，同时又有助于提高教学质量，提高学校综合实力和声誉。多媒体录播系统适合于基础教育资源建设，高校、职成教精品课程建设，党、政机关、企事业单位的各种培训。尤其适合师范类院校的使用，学生可利用该精品录播系统在教室内模拟教师上课情形，将自己上课情况完整地记录下来，学生可根据录像回放完善自己上课时的不足及小动作等毛病，使学生受益匪浅。

多媒体录播系统中配置一台多媒体录播服务器和多套编码器。编码器可分别固定安装在多个智慧教室内。多媒体录播系统也配置教室可视信号管理平台，可安装在控制室和领导办公室内。通过教室可视信号管理平台，系统管理人员和领导可以在自己的PC上集中观看到所有智慧教室内教学的情况，实现电子监考、教学评估、教学指导等功能。录制直播教学时，多媒体录播系统管理人员可根据需要控制服务器连接到相应教室的编码器进行录制直播。多媒体录播系统适合规模较大的中小学以及高校使用，用于多媒体教学课件制作、多媒体教学直播、培训会议录制、电子监控、教学评估等。

多媒体录播系统总体功能分为五个模块，实现自动跟踪、录制、直播、资源管理、校园文化展示。通过多媒体录播系统实现智慧教室或录播教室的上课功能，能同步、清晰、不失真地记录教师、学生以及课件（非 VGA 转视频）等所有视、音频信号；录制可以单画面形式录制（电影模式），也可以多画面形式录制（分屏模式），两者能同时录制。画面之间切换具有 120 种以上特技功能。系统操作简单，能进行手动（镜头的推拉摇移及放大缩小）干预。真实再现授课情景，可以实时生成流媒体格式的文件，并可以进行后期编辑；通过校园网络实现远程直播、点播，能达到播放流畅、控制方便；多媒体录播系统生成的课程教学录像符合教育部精品课程网上技术标准。国家教育部为实现优质教学资源的共享，促进高校教学质量的提高，近年来在全国高校大力推进精品课程建设。精品课程建设中重要的一个环节就是教学过程的录像，智慧教室内的多媒体录播系统可实现教学现场视音频信号和课件信息的同步一体化录制，各项指标达到或优于《国家精品课程教学录像上网技术标准》的要求，完全可满足精品课程录制的需要。

10. 图像识别跟踪系统

图像识别跟踪系统是智慧教室的一个重要应用。图像识别系统经常采用的重要方法之一是利用图像匹配模型进行目标的定位、跟踪、识别。图像匹配模型的实现过程是把不同视频源或同一视频源在不同时间、不同成像条件下，对同一事物获取的两幅图像在空间上配准，或根据已知模式在另一幅图像中寻找相应的模式。图像匹配中应用最广泛的是模板匹配法，其基本思想是：两幅图像之间的匹配可以归结为二者某一特征值的相关性度量。图像识别跟踪系统对于每一个监视视频源，都有特定的图像识别程序进行特定识别，标记出相关信息。所有图像识别程序给出的相关信息经过控制程序综合分析后，得到实际控制、调度的要求，直接控制对应的云台移动。

图像识别跟踪系统监视智慧教室范围内活动过程中某一时刻发生的事件，综合利用各类信息，结合分析历史事件序列，可以准确地获知现场的情况，实施跟踪拍摄，捕捉现场重点活动细节，能够应用不同的环境与场合，结合具体的场合能够实现多个活动过程的识别跟踪，这些活动过程可以是教师演讲、学生发言、板书内容。根据现场的使用环境，图像识别跟踪系统能够覆盖整个使用环境，并且能够识别跟踪活动过程的重点。图像识别跟踪系统能够自动、准确地定位教师／学生的位置，并能实时跟踪拍摄教师／学生，保持教师／学生特写画面或图像取景的预置范围；清晰跟踪拍摄书写板书内容及板书的讲解过程。图像识别跟踪系统通过监视摄像机及跟踪摄像机完成自动跟踪／拍摄功能。监视摄像机是图像识别专用，跟踪摄像机拍摄现场活动，由跟踪系统控制云台的移动自动跟踪。

　　图像跟踪系统采用图像识别方式跟踪目标，比其他的跟踪方式拥有更好的抗干扰性、使用的方便性和跟踪区域设置的灵活性；对比其他的跟踪方式表现出抗干扰性强不受任何方式影响，如超声波、微波会受到类似的频率波的影响，或者其他障碍物的影响。一般跟踪距离会受到影响，如红外跟踪方式会受到光线的影响，在日光或是其他的光源下不能够实现跟踪。使用者不需要佩戴任何的设备，如红外定位跟踪需要佩戴一个红外型号的发射装置并且在一定距离之内才能实现跟踪，而发射装置使用又会受到一些限制（电源的供电时间长短、使用环境的距离的影响）。图像跟踪系统表现出跟踪区域的灵活性，能实现大范围、长距离的现场环境跟踪，如红外跟踪距离后有一定的限制，一般的距离在 5~8m 之内，通过加强之后也只能到达 15m 之内，对于加强后的发射器对供电提出了更高的要求，使用时间也会缩短。

　　（1）教师识别跟踪

　　教师自动跟踪使用图像识别自动跟踪方式，它可以自动识别教师位置，并实时自动控制摄像头跟踪拍摄，确保教师任意走动的情况下，自动跟踪系统仍能准确、实时地跟拍教师，并能根据教师与摄像机距离的远近控制摄像机的变焦，使教师画面大小始终保持在预先设置值的范围内。教师识别跟踪的范围设置为黑板 / 白板和前排学生之间的活动空间，在这个活动空间中，系统会自动跟踪教师的活动过程。如果教师走出这一个区域走到学生中间，录播系统会自动切换学生的全景画面；如果教师走到黑板 / 白板书写或是讲解板书内容时，录播系统会自动的切换板书画面。

　　（2）学生识别跟踪

　　学生自动跟踪使用图像识别自动跟踪方式。学生有要求提问或者是教师提出问题要求学生回答时，学生举手，教师指定其中的某一位学生站起来回答问题；当其中的学生站起来回答问题时，系统会自动通过跟踪摄像头进行定位并能根据学生与摄像机距离的远近控制摄像机的变焦，使画面大小始终保持在预先设置的范围值内以特写方式拍摄；当学生回答完毕坐下，系统自动识别后，通过录播系统切换到教师画面。学生拍摄使用两路摄像头，一路使用云台一体摄像头拍摄，能够针对不同位置 / 距离的学生进行特写跟踪拍摄。

　　（3）板书识别跟踪

　　板书识别跟踪使用图像识别自动跟踪方式，并且通过自主研发的边界划分技术，准确地监视黑板 / 白板区域，识别教师 / 学生的板书 / 板书的讲解行为，并能够实时跟踪板书 / 板书讲解的位置，控制云台一体摄像头跟踪定位该区域，并且能够清晰地拍摄。图像识别跟踪系统能够实现多个应用环境的跟踪，包括教师演讲区域、学生发言区域、板书内容区域。

　　某智慧教室的图像识别跟踪系统由两部分组成：一是图像识别跟踪主机，二是辅助的摄像头。图像识别跟踪主机采集辅助摄像头的图像进行识别，然后通过控制线路直接控制云台摄像头跟踪目标。教师辅助摄像头一个安装在教师演讲区域的上方，拍摄画面设置为可以观看教师的具体活动位置，在这个区域之内实现自动识别跟踪。学生发言区域辅助摄像头两个，安装在黑板／白板两端拍摄学生发言区域，拍摄画面设置为可以观看学生的具体活动位置，在这个区域内实现自动识别跟踪，并且能够根据摄像头与学生之间的距离进行变焦，拍摄特写画面。板书内容区域辅助摄像头一个安装在讲台区域的上方，拍摄画面设置为可以观看整个黑板／白板板书位置，在这个区域之内实现自动识别跟踪，清晰地拍摄板书内容。

11. 网上阅卷系统

所谓网上阅卷，就是以计算机网络技术、图像扫描技术和加密技术为依托，采用高速扫描机将考生的试卷批量扫描录入计算机，得到清晰、准确的试卷图像文件后，通过对试卷进行加密，屏蔽考生的个人信息，利用图像分割技术把每个考生答题部分剪切出来，服务器端软件通过网络随机分发给不同的计算机终端，阅卷老师通过计算机屏幕上显示的原始图像信息来进行判卷的一种考试阅卷方式。这种阅卷方式大大提高了工作效率，降低了工作强度，对减少和有效控制评卷误差、监控评卷质量起到了积极作用。

网上阅卷系统是基于图像处理、模式识别与人机交互工程研制的，由图像扫描识别系统和阅卷评分管理系统两大部分组成。图像扫描识别系统由试卷定义、客观题答案设置、客观题评阅三个子系统组成。阅卷评分管理系统由基本信息管理（科目、教师、学生信息管理）、考试项目管理（新建考试项目、编辑考试项目）、试卷管理（增加新试卷、编辑试卷配置、客观题管理、监控分组管理）、进程管理、后期处理（误差判断、成绩合成）、成绩管理（成绩统计分析）组成。

（1）命题

与一般的考试命题相同。

（2）试卷制作

由于采用了基于图像的 OMR 技术，可以扫描不同格式的试卷，因此，用户可以参照有关模板（如高考答题卡等）通过 Word、WPS 等编辑工具随意设计试卷。据不完全统计，一般情况下教师只需简单的操作，在十几分钟内即可完成答卷设计工作。答卷印刷可采用彩色或者黑白，以复印、速印或胶印等方式进行均可。答卷纸张只要求 70 克以上的普通纸张即可。

（3）考试

实际上，若不是为了进一步提高识别效果，考试方式是与传统考试完全相同，只要是深色笔都可用来答卷就可，只是要求考生在填写主观题的时候不能超出答卷上规定的答题区域。不需像高考答卷那样，用指定的考试用笔在标准答题卡上严格填满空格。

（4）答卷扫描处理

考试结束后，采用高速扫描仪将学生的考试答卷扫描至计算机，以图像的方式存储下来。在扫描过程中，系统可自动完成客观题的扫描识别工作，也可选择直接保存图像，以便将来做进一步识别。而主观题则以图像方式无失真地储存在系统中，供下一阶段的网络评阅使用。

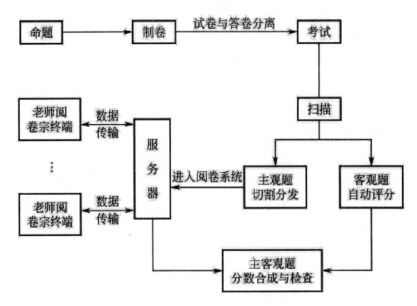

图7-20　网上阅卷系统基本流程

（5）答卷分割发送处理

网上阅卷系统的核心技术是如何对试卷扫描后的图像按一定的要求（如以题目为单位、以教师改卷任务）分割发送给阅卷教师，处理技术不同将直接影响到系统的性能和稳定性。

（6）网络评卷

对主观题进行网络评卷时，评卷教师以账号、密码登录系统后，系统将按照授权（如科目/题目）将有关评阅的内容自动分发给有评卷权限的教师。评卷教师通过点击系统提供的给分板或通过键盘输入得分，然后点击"提交"按钮即可完成某题目的评卷。如有需要，评卷教师也可直接在电子答卷上进行相关的批注，或者将其保存为优秀试卷。当评完某一题目后，系统会自动提交下一考生的答题图像，直至评卷完成。评卷组长以其账号、密码登录系统后，不但可以享有普通评卷教师的权限，而且还可以监控所负责科目、题目的评卷进度，对评卷员给分标准把握进行跟踪监控及提醒，也可以对双评、多评题目产生的差异做出终评处理。此外，还可对扫描或阅卷过程中出现的异常题目做出相应的处置。当双评或多评出现的差异在预定的范围之内，则考生该题的成绩取各评卷教师给分的平均值，超出预定范围的，譬如，对语文学科作文题目的评分，若规定了两个评卷教师之间所给得分差不超过5分，若超过5分，则系统自动将该题提交给评卷组长处理。

（7）统计分析

阅卷完成后，系统提供了客观题和主观题的成绩合并功能，并自动生成统计分析报表。考虑到学生、教师、学校领导、教育局领导、教研机构等不同角色有不同需求，因此，本系统从一开始设计时便做了大量的调查研究，摸清不同使用者的需要，在技术上做相应处理。一方面，系统提供的统计指标涵盖了教育测量学要求的全部内容，另一方面，还为不同角色使用者提供了便捷、准确详细、种类丰富、量身定制的统计报表。

12.教学质量监测与评估系统

教学质量分析与评估是教学管理的重要环节，是检验教学质量和办学效益的重要手段，是实现人才培养，达到教学目标的基本保证。通过评估，可以促进教学管理工作科学化、规范化，促使教师改革教学方法，提高教学质量。建设大学教务处教学质量分析与评估系统，可以对学校各学科专业的课堂教学质量进行系统化、个性化的全面监控，更加有效地提高人才培养质量；可以客观反映课堂教学质量、公正评价教师，为学校高水平大学建设提供必要的保障。

教学质量分析与评估体系主要由两个部分组成：以考试为基础围绕成绩进行的分析评估；以调查问卷为形式针对日常教学工作的分析评估。

（1）以考试为基础围绕成绩进行的分析评估

考试成绩是最基础最主要的教学质量评估的衡量标准，教学质量分析与评估体系提供考试全程针对不同角度的丰富的分析指标数据。

（2）以调查问卷为形式针对日常教学工作的分析评估

除了考试成绩之外，从日常教学活动中获得学生的平时表现、老师的课堂教学情况等，都是教育质量评估的重要依据，而通过无记名投票方式进行的网络调查问卷则是实现对日常教学活动评估的重要手段。以调查问卷为形式的分析评估主要针对的是考试之外的包括课堂等日常教学活动的评估，包括"学生评估""教师评估""领导评估"三个部分，各部分的指标体系中的每一项评估内容分优秀、良好、合格、基本合格、差五个等级。根据三个部分的不同权重进行综合计算，从而得出总评成绩。

学生是教学活动的主体，学生评估对教师的日常教学活动的评估最有发言权，且学生人数众多，具有广泛性，因此，学生评估应作为日常教学活动质量评估的主要依据。学生评估每学期进行一次，主要以各任课教师为对象主体进行测评。教师评估主要由督导组、各课程组负责人对本部门任课教师分别进行随堂听课、日常工作的情况评估，或者由老师对各个班级进行比较评估，结合学生问卷调查、学生座谈会、学生测评等结果，进行全面评估。领导评估由学校领导、院系领导在听取学生评估、教师评估情况汇报的基础上，结合各级领导听课和日常工作检查结果，参考学生评估和教师评估结果进行综合评定。以上活动分别在教务处学生评教系统、学校办公自动化系统上完成。

第五节　校园决策系统

随着互联网＋技术的飞速发展，人们身边充满着大量丰富多彩的网络信息，但是人们难以及时、准确地获取全部的有用信息。目前需要一种在不同环境下，满足不同用户的需求并为用户提供高效、及时的个性化服务的情景感知采集系统，以改善校园网用户的感知效率和提高校园网的智慧程度。近年来，研究人员对情景感知采集系统的相关理论、方法、应用展开了深入的研究，也构建了一些情景感知采集系统，如面向视障学生的情景感知危急预警系统、基于情景感知的移动图书馆学科服务搜索系统等，这成为智慧校园领域的热点研究课题。

一、教室利用率分析

在智慧校园内，教室信息化是一个重要的环节。无论是教师上课还是学生上自习，都需要得到教室使用状况的相关信息。但是，教室使用信息更新又有较高的难度。目前来看，学校规模在不断扩大，不同学校的教学楼越建越多，并且使用的教室也越来越多，教室管理信息统计的规模也在逐步增加。一些非数字化的信息管理方式虽然可以统计教室的相关信息，但是由于信息量较大难以及时更新，而且需要的人力也比较大。

对于当前高校使用的教室使用情况查询系统基本上是针对课程表设计的，所以只能查询出课程表内没有课的教室。如果这个教室虽然显示没有课，但已经被自习的同学占满，那么这个教室使用信息的显示价值就不是很大了。如果可以在教室管理信息中加入签到和退签的功能，那么以上问题就可以很好地解决。只要使用者合理使用，学校里教室的使用就可以更好地实时管理起来。

教室，是上课、自习、答疑和考试等教学活动的场所，有大小、座位数和类型的区别。高校教室包括普通教室、多媒体教室、语音教室、实验室、专用教室等。教室资源，除包括教室的数量、类型和规格外，还包括教室内的设施设备，譬如课桌椅、黑板、讲台、多媒体设备、实验设备、扩音设备、灯光照明、电扇、供暖、供水及卫生服务设施等。

利用数据库系统技术，业务操作所发生的各项要素（也就是数据库中的字段属性），作为数据库中的一张表被完整、准确地记录下来，利用数据库查询技术、统计分析功能、运筹学理论等一些数学建模理论，用具有智能作用的人机应用系统，给决策层提供正确的理论支持，该系统需要统一采集基础数据、信息记录和背景知识，然后进行目标决策规划和问题分析识别，因此要建立核心算法之间的桥梁，通过人机界面，用户能够和系统的数据库、数据仓库和存储的方法库建立交互关系，人机界面能够获取用户的问题，也能够将系统的内容展示给用户，用户通过操作人机界面的各种功能模块来获取相关的需求信息。

管理决策层在决策分析的过程，需要通过人机界面对后台的数据库中的子表进行访问和操作。用户通过人机界面向系统提供系统执行要用到的必要信息，与此同时，系统正是通过人机界面向用户反馈查询或分析得到的信息。

1. 数据库子系统

其主要分为数据库管理系统（database management system，DBMS）和数据库（database，DB）。数据库子系统的功能在于完成数据的存储、查询、分析处理和数据维护，同时要求通过各种方式对获得的数据进行析取，将整理完的数据进行转化，得到符合决策支持要求的数据格式。从另一个角度来讲，决策支持数据库子系统的主要工作内容就是将得到的数据进行一系列整理转换，但是与普通的数据库相比，决策支持数据库子系统要求设计灵活，容易改动，而且要在数据库的修改和扩充中保持数据的稳定性。

2. 数据的模型库子系统

决策支持系统的模型库子系统是由模型库（model base，MB）和模型库管理系统（model base management system，MBMS）组成的，如同数据库子系统和数据库的关系一样，数据库管理系统按照开发理念的不同可以管理两类模型，分别是标准模型和新建模型；按照某些常用的程序设计语言开发的模型叫作标准模型，标准模型建立完毕后需要存放在库中；另外，根据用户的数据建模语言而建立的模型已经是标准模型。模型库管理系统同样需要支持决策问题的定义以及形成概念的模块化，同时维护模型库，包括建立连接、修改模型、增删模型等；用户可以通过模型库子系统与人机界面的交互，执行对模型的访问和操作；模型库子系统可以通过与数据库子系统的连接，获取各种模型需要的数据；在与方法库子系统进行连接的过程中，可以实现对方法的搜索、分析和虚拟仿真运行等。因此，通过与各方面的交互，模型库子系统能够方便地引导决策者利用自己熟悉的程序语言建立和维护模型库。

3. 系统的方法库子系统

作为一个软件系统，方法库将数据库和程序库综合起来，提供完整的信息决策支持。同样方法库系统（MBS）包括方法库管理系统（method base management system，MEBMs）和方法库（method base，MEB）。作为方法库，首先是要把决策支持系统中常用的方法作为子方法存入方法库中，方便用户的查询和操作；而方法库管理系统的功能是对方法库进行维护和调用，作为决策支持系统发展的产物，并不是所有的决策支持系统都有方法库子系统。

采用以上的数据库技术，以高校共享数据中心平台为基础，将分散在各部门的数据集中到一起，以教师、学生角色为主线，提供跨部门立体式的人事、教学、学工、科研、设备资产、财务经费等综合信息服务。支持面向主题（如教师利用率）的多维查询和个性化查询。同时通过全面的数据分析，给院系领导、校领导决策提供数据支持。

对高校而言，教室利用率不高是一方面的问题，还有一个对立的方面是教室资源常常不能满足自习的学生。许多学生为了能够有地方学习，长期占座。这无疑是一个滚雪球的行为，本身就有学生找不到教室的位置进行学习，还有学生占座。对于学生来说，如果能够最快地得知哪间教室有座位，那么他们也就不必占座或者抢座了。所以将教室的座位资源以可视化的形式展示给学生是一件无论对管理者还是学生都十分有益的事情。

二、智慧校园用户行为特征分析

用户行为是指用户在浏览器上打开网站后所产生的所有操作，比如当用户在搜索网页上输入查询语句、点击目标链接，在社交网站上更新状态、点评状态，在门户网站上访问页面、评论新闻，在电商网站上搜索并浏览商品，对商品进行购买和后续的评价，以及在网页内的各种行为都可称为用户行为。用户行为数据是指在这些用户行为发生的过程中，将一些状态进行记录，所产生的日志数据。具体如下：

（1）用户点击日志：用户点击超链接时所产生的日志数据。此时，该数据包括网页地址、用户ID、时间戳、停留在超链接的时间、点击页面的title。

（2）用户浏览日志：用户打开页面时所产生的日志数据。此时，该数据包括用户ID、时间戳、页面title、页面类型、页面特征信息。

（3）用户查询日志：用户在搜索框中输入查询语句时所产生的日志数据。此时，该数据包括网页地址、用户IIX 时间戳、查询语句、跳转查询语句。

（4）用户学习记录：用户在校园网的网络课程平台上进行学习所产生的记录数据，包括课程信息、网络考试信息、网络作业、网络答疑等。

图7-21所示为某公司用户行为分析系统框架结构示意图，用户特征数据统一分析平台可以划分为数据采集模块、数据预处理模块、模型建立模块和用户特征查询模块。其中数据采集模块可以分为基础子模块和应用数据采集子模块，数据预处理模块可以分为基础子模块和应用预处理子模块，模型建立模块按不同的分类算法可以分为朴素贝叶斯分类子模块、支持向量机分类子模块和Adaboost分类子模块。特征查询模块可以划分为缓冲区子模块、查询服务子模块。基于这个平台可以实现特征数据相关的不同应用。

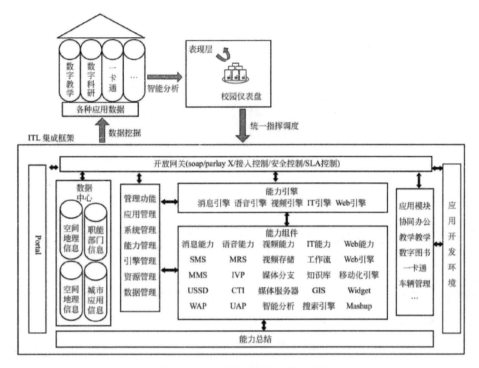

图7-21　用户行为特征分析示意网

用户特征数据统一分析平台是建立在海量数据挖掘基础上的一个用户特征数据分析平台，它统一了校园内部不同数据源的获取方式，可以采集不同数据挖掘应用所需的数据。用户属性平台建立了一个统一预处理的框架，对用户数据进行过滤、清洗、抽取、转换等预处理，它定义了数据挖掘算法的使用接口，利用数据挖掘的相关算法对数据进行挖掘。用户属性平台提供了应用扩展接口，平台应用方可以使用扩展接口实现各自的应用，完成对数据的分析。用户属性平台分析出的特征存储在统一的数据仓库中。同时，平台给用户提供统一接口进行特征查询。情景感知信息基本上来源于校园环境中的基础传感设施，因为传感设施分布异构的问题，导致感知的情景信息可能有多种类型信息源，因此存在来源的异构性。

第八章　智慧校园技术应用

第一节　基于网络智慧校园的技术架构及其实现

随着科学技术的不断发展，我国已逐渐迈入了信息化的时代，网络技术也被运用到社会的方方面面逐渐成了社会发展的一项重要的推动力量。网络智慧校园作为教育的信息化的一大表现，对于教育的现代化的发展具有极大的促进作用，加快了教育领域的转型与升级的步伐，是现代教育发展的过程中不可缺少的一部分。网络智慧校园的技术架构及其实现对于教育的发展具有深刻的影响和深远的意义。

一、对于网络智慧校园的技术构架的分析

网络智慧校园主要具有网络化、智能化、感知化、互动性这四个特点。现代社会中的网络智慧校园的建设需要一定的技术上的支持，还需要网络技术的保障。云计算作为网络技术中的一项重要的组成部分，其运用是网络智慧校园构建的基础，也是网络智慧校园的技术架构不可缺少的应用技术，对于社会的发展具有极强的促进作用。它极大地提升了校园教育发展的效率，为教育的发展提供了大量的信息资料，它也对信息进行一定的整合与分析，这对于教育的发展来说具有极为深刻的影响。网络智慧校园主要指的是网络学习，这一学习方式这在一定程度上打破了时间与空间的界限，让学生可以随时随地地进行学习，提升了学生的学习效率，提高自己的自主学习能力也增强了学生的学习能力，同时还可以让学生在日常生活中进行知识的学习。网络智慧校园的运用也让学生的学习环境更加的网络化，有利于提升学生的学习效率及教师的教学效率，这在极大程度上增强了校园的整体教学水平，为学校的发展注入了极为重要的推动力量。对于网络智慧校园的技术架构来说，现代先进的、有效的网络技术的发展为网络智慧校园的运行与发展提供了极为重要的技术上的支持与发展。而云计算技术、物联网以及泛在网作为网络智慧校园的发展的重要的技术支撑在网络智慧校园的发展过程中发挥着极为重要的作用。其发展也有利于将各种材料整合在一起，对于网络智慧校园的经营模式的改进具有不可磨灭的作用，是现代教育发展

的一大亮点，让互联网技术可以联通整个校园，是校园教育的发展过程中的一项重要的技术进步。

二、基于网络智慧校园的实现的意义

在现代社会发展的过程中，网络智慧校园的实现对于教育的发展具有极为深刻的促进作用，是现代社会教育进步的一大表现。网络智慧校园的产生与发展在教育教学活动中具有深刻的意义和深远的影响。网络智慧校园的产生促使学生的学习方式以及教师的教学方式发生了改变，它在一定程度上打破了时间与空间的界限，扩大了学生的学习时间，让学生可以在课下对知识进行一定的学习，增强了学生的自主学习的能力。网络智慧校园还可以为学生提供充足的学习资料和练习资料，让学生在学习的过程中可以进行充足的练习，这大大增强了学生对于所学知识的理解。网络智慧校园还丰富了学生的学习内容，在许多的学校中教师只负责教导学生的基本学科，无法再顾及学生自身的爱好与喜好，这就导致了许多学生的爱好无法进行一个较为系统的学习，而网络智慧校园的运行则可以为学生提供相关的教程，让学生可以利用网络智慧校园来进行自身爱好的学习，让学生的学习内容更为丰富，让学生可以全面的发展。网络智慧校园的实现是时代发展的结果，是现今社会发展的过程中教育教学活动发展的一种重要的表现形式，是现代社会发展的过程中教育进步的一项不可缺少的重要的组成部分，是教育发展的一个重要的环节，对教育的发展具有深刻的意义以及深远的影响。

三、网络智慧校园的技术架构及实现的措施

（一）增强信息化技术的运用

在现今社会不断的发展过程中，将信息化技术运用到社会的各个方面也是现在社会发展的重中之重。网络智慧校园的技术架构更加离不开信息化技术的支持，信息化技术的运用在极大程度上促进了网络智慧校园的发展。网络技术是信息化技术的重要组成部分，因此，信息化技术的发展对于网络智慧校园的促进与推广具有极为重要的作用，它的发展同时也是网络智慧校园发展的科技基础，让网络智慧校园的产生具有了可能性，因此，信息化技术对于网络智慧校园的技术架构具有极为深刻的影响，它也是现代社会中网络智慧校园发展的技术支撑。信息化技术就是包括云计算、物联网等极为重要的网络技术及平台，它们在现在社会发展过程中发挥着极为重要的作用。信息化技术为网络智慧校园的发展奠定了一定的基础，而且现在社会中人们之间的交流多通过互联网这一信息化的平台来进行，因此，网络智慧校园技术的发展可以加深人们之间的交流，让人更好地接受这一技术。信息化技术的发展促进了信息的传播，也为人们提供了一个了解各项信息的一个平台，人们

可以通过信息化技术更快地了解到自己想要了解的各种信息知识。网络智慧校园也可以通过信息化的平台来宣传自己的作用，让人们尽快地了解到网络智慧平台发展的意义以及其发挥的积极的影响，它的运用为人们提供了一个了解网络智慧校园的有效的途径，增强了人们对于网络智慧校园的认同感，让网络智慧校园可以得到更好地普及，增强了网络智慧校园使用的普遍性。信息化的平台还可以让人们参与到网络智慧校园的建立与发展的过程，让网络智慧校园根据人们的建议进行一定的改变，让其发展更加符合人们的标准，让其发展满足人们自身的需求。

（二）需要社会的支持

网络智慧校园的建立需要大量的资金、技术以及人才的支持，单凭一方的力量很难做到构建一个完整的网络智慧校园。这就需要加强政府对于网络智慧校园的构建的重视，并且要制定与完善相应的法律法规来维护网络智慧校园的发展与使用，为网络智慧校园的发展保驾护航。在社会中需要加强对于网络智慧校园的宣传，让网络智慧校园的发展为人们所了解，让人们充分地明白网络智慧校园的作用及影响，让人们对于教育的观念进行一定的转变。网络智慧校园的运转也需要大量的技术人才，因此，要想促进网络智慧校园的发展也需要招聘大量的人才来维护网络智慧校园的发展。网络智慧校园的技术架构也需要先进的技术上的支持，这需要社会各界的支持，为网络智慧校园的建立提供技术上的支持。况且网络智慧校园还需要进行一定的宣传，这也需要得到社会各界的支持，让网络智慧校园的宣传可以更加顺利地进行下去。社会的支持对于网络智慧校园的发展具有深刻的意义，它对网络智慧校园的进步与发展起到了极为重要的推动作用，是网络智慧校园发展的不可缺少的一项重要的力量。

随着时代的不断进步，网络技术逐步渗入社会的各个方面，教育的发展也离不开网络技术的发展。网络智慧校园就是网络技术在教育中渗透的一大表现，对于社会中教育的发展与进步具有极为深刻的促进作用。网络智慧校园的构建不仅需要技术的支持同时也需要符合社会发展的需求，让网络智慧校园的作用充分地发挥出来，让其发展更加贴合人们的实际需求与标准。

第二节　5G网络技术与智慧校园系统的应用

目前中国移动、中国电信、中国联通已启用5G网络的商用，我国正式进入了5G时代。5G时代将会是高度信息化、智能化的万物智联时代，5G网络的部署必将为社会各行各业带来巨大的创新活力和全新的业务体验。本节通过分析5G移动通信技术优势和特点，聚焦智慧校园业务需求，给出5G技术可在智慧校园中应用的各类业务场景。随着5G技术在教育行业的逐步应用，各类智慧校园业务与5G技术的深入融合，将为智慧校园业务创新发展带来新的机遇，使智慧校园业务的信息化、智能化水平进一步提升，为实现教育信息化 2.0 行动计划提供强大助力。

一、5G 技术优势

5G 技术相对于目前的 4G 技术，具备高速率、低时延、大连接的特点，3GPP 定义了其三大应用场景：增强型移动宽带（eMBB）、超可靠低时延通信（uRLLC）、大规模机器通信（mMTC）。

1.eMBB

5G 网络具备高速率的特点，其网络速率可达 100~1000Mbps，是 4G 网络的 10 倍，因此更加适用于网络直播 / 互动、高清视频点播、VR/AR、游戏娱乐等业务场景。

2.uRLLC

5G 网络的低时延特点是由于在网络中引入了移动边缘计算技术（MEC），将核心网向用户侧下沉，从而降低端到端的网络时延，可以达到毫秒级，因此使 5G 网络更加适用于工业控制、车联网等业务场景。

3.mMTC

5G 网络大连接能力是由于应用了超密集组网等技术，使网络最大连接数可以支持 100 万 / 平方公里的设备接入，适用于环境监测、智能家居、智慧城市等业务场景。

二、5G 技术在智慧建设中的应用场景

（一）5G+ 高清视频

5G 网络提供的超高网络速率，为智慧校园的高清视频业务提供了带宽保障，可使高清视频用户体验得到质的飞跃。

1.5G 平安校园

5G 技术应用于平安校园中，使高清视频监控终端可以摆脱需要布线的限制，将其部署在任意位置，组网更为便捷。同时 5G 网络的 MEC 技术，可有效提高监控系统视频管理、人脸识别、视频分析的效率和反应速度，再结合 AI 算法，从而更加有效地实现对校园安全的智能化保障。

2.5G 网络教学

网络教学通过在线直播 + 互动或点播 + 留言的方式，使教师的教学打破时间和空间限制，教师和学生在任何时间、地点，只要连接互联网就可以进行教学和听课。5G 技术的引入将大大提高网络教学的视频和语音效果，同时使教师和学生的互动效果更佳，如果再结合 VR 技术，可以使学生感受身临其境的课堂效果。

3.5G 智慧双师课堂

双师课堂可将名师的教学视频通过直播的方式传送到其他学校，尤其是教育资源欠缺的区域，从而使更多学生可以享受优质的教学资源。5G 网络的引入，可以使课堂教学视频更清晰、流畅，同时结合 AI 等智能技术，更加便捷地进行教学成果评价、在线评估、助力学校间的交流，促进教学服务深化与创新，提升教学质量。

（二）5G+AR/VR

5G 网络高速率、低时延的特点是将 AR/VR 技术应用于智慧校园，提升用户体验的关键因素，可有效支持 AR/VR 应用三维图像传输所需要的超高分辨率视频，同时大大降低视频时延。

1.5G+AR/VR 虚拟实训实验室

利用 5G+AR/VR 技术，可以在学校中建设虚拟实训实验室，5G 网络大带宽、低时延的特性可很好地满足 AR/VR 图像的传输要求，同时 5G 的网络切片、MEC 技术可充分保障用户体验。5G+AR/VR 技术应用于工程类实验教学、医学院手术演示等场景具有良好的效果，可以将教学模型等制作成 AR/VR 虚拟模型，学生通过佩戴可视化 AR/VR 装置，直观感受 3D 成像的虚拟模型，同时可对虚拟模型进行模拟操作，使课程更加生动有趣，为师生提供全新的学习体验。

2.5G+VR 在线全景教学

VR 在线全景教学，通过 VR 全景摄像机实现对教学课堂的无死角拍摄，用户通过终端设备观看教学视频时可随时自由调整观看角度，全方位体验教学内容。利用 5G 网络可显著提升 VR 全景视频的分辨率和显示效果，降低视频时延，使教学视频显示更加逼真，使用户的沉浸式业务体验更好。

（三）5G+ 物联网

5G 网络可以支持 100 万 / 平方公里的设备接入，为智慧校园的物联网业务提供良好的网络基础，可实现校园智慧教室、校园环境管理等功能。

1.5G 智慧教室

基于 5G 的各种传感器、控制器应用于智慧教室内，结合 AI 算法实现对教室的灯光、温湿度、空气质量、能耗、摄像机等设备的控制，可支持对各教室实时工作状态、历史数据进行集中监控和分析，包括教室环境数据、设备运行状态、能耗数据、课堂考勤、实时影音、录播等数据资源。

2.5G 智慧校园环境管理

在校园内部署的通过 5G 网络传输的环境感知设备，可实时监测校园室内外空气质量、温湿度、饮用水质量等，并且可通过 AI 系统对环境数据进行分析后，联动教学楼、宿舍内的空调、灯光、新风、水控等系统，更加全面、准确地对校园环境进行管理。5G物联网应用于垃圾分类，实现对校园垃圾的精准识别，引导学生规范投放。总之，5G物联网技术在校园环境管理方面的应用，可有效地节省学校人力成本，实现使校园环境管理智能化，提升校园环境管理效率和管理效果。

5G移动通信技术具有重大创新的新一代通信技术，其在智慧校园领域的应用将是一个逐步深入的过程，它本身具备的高速率、低时延、大连接的特点，以及网络切片、边缘计算等新技术将成为智慧校园业务创新的重要驱动力。

第三节　计算机网络安全技术在智慧校园建设中的应用

在建设智慧校园的过程中，网络安全技术的科学应用具有重要的价值，相关人员需要对其进行深入分析，确保能够对网络安全进行有效的保障，使其相关用户能够更为高效地应用校园网络，强化学生和学校的信息安全。为了进一步明确在进行智慧校园建设过程中如何更为高效地应用网络安全技术，特进行本次研究。

一、科学搭建校园网络

首先需要完善硬件设施，在搭建校园网时，网络设备具有一定的基础价值。相关人员在进行具体工作时，需要进行防火墙设备的合理配备，同时还需要对其做好安全设施，科学设计访问控制策略，对外来人员进行有效的屏蔽。与此同时，还需要利用树形结构进行网络拓扑结构的科学选择。另外，对双核心交换机进行合理应用，确保能够使其故障率得到有效减少，进而实现安全系数的有效提升。最后还需要选择性能较高的汇聚交换机，确保能够使其冲突域得到有效划分。合理搭建网络设备是对其网络安全问题进行科学完善的重要基础。

其次还需要对校园网络软件具有的缺陷进行有效弥补，在完成硬件基础搭建之后，还需要科学选择软件。其中，在提供校园网络服务时，可以选择使用linux操作系统。该系统为开源软件，在出现漏洞之后，也可以得到有效解决；和windows系统相比，能够有效预防漏洞攻击具有更高的安全系数。相关人员在具体应用中需要及时更新补丁，确保能够对其系统漏洞进行有效修补。与此同时，还需要科学构建杀毒防御系统和入侵防护系统，学校需要对其计算机设备安装杀毒软件，尤其需要在校园网内进行杀毒防御软件的合理安装，并对其病毒库进行及时更新升级，定期进行杀毒，对校园网进行有效的保护；同时还需要使用正版软件，将有风险的邮件和网站直接过滤；最后还需要做好备份工作，通常情况下，学校具有庞大的信息量，相关人员需要及时备份重要数据，在具体备份数据之前，需要注意查杀病毒。

二、合理构建防护体系

首先，需要对网络安全进行整体规划，针对数据安全、网络安全、内网安全、出口安全等多个方面，结合智慧校园具体建设进行校园网络安全的整体规划，强化网络边界防护，科学部署性能较高的防护系统，合理构建网络配置，科学制定访问策略。与此同时，还需要隔离保护重点区域，确保能够实现防护体系的有效形成。另外，根据宿舍楼、活动楼、教学楼、办公楼、机房等区域的要求和访问权限，进行不同访问策略的科学制定，确保能够实现不同时间、不同区域、不同人员的用网控制。同时，在监控室强弱电井机房等重点区域，还需要合理设置访问控制，确保能够对其非正常访问进行有效拦截，强化隔离保护。

其次，还需要强化用户入网管理，在校园网络中部署身份认证系统。用户在接入网络时，需要对其进行认证，根据入网用户的地理位置、入网终端和身份信息设置入网规则。例如，需要根据学生作息时间进行夜间断网，与此同时，在上班时间和上课时间，需要过滤掉办公楼和教学楼内游戏软件和游戏网站的网络接口，避免对教师教学和学生学习造成不良干扰。

最后，还需要对网络行为进行有效的管理，通过应用监控系统和校园行为管理，确保能够充分掌握相关用户的具体行为，对所有用户行为进行实时关注和严格记录，并对其进行有效的过滤和分析。同时还需要进行事后追踪查询，针对用户网络行为进行安全分析、行为分析和流量分析，如敏感事件、图书馆资源、沉迷网络、校园网贷等事件，有效避免爆发恶性事件，协同相关部门共同管理，确保能够有效扑杀网络有害信息。

三、强化网络安全保障

针对网络科学制订安全应急预案，还需要对网络安全科学制定信息标准、网络资源、网络设备实施细则等各项制度，对其网络安全进行有效的规范管理，确保能够对其运维管理工作进行合理规范；明确运维队伍在日常工作中的具体流程和职责权限，对其安全隐患进行及时排查，确保能够严格监管校园网络，实现网络环境安全的有效提升。在进行具体工作时，需要有效结合随机抽查、定期巡检、远程监管等多种方式，对其操作系统及时升级安全补丁。同时还需要对其服务程序和数据库进行及时更新，确保能够全面掌握终端活动情况和部署情况；对其各个终端可能出现的外设接入流量异常、病毒传播攻击入侵等安全隐患进行全面检测，进而确保能够对其数据信息安全进行更为有效的保障。与此同时，还需要确保能够对隔离网内部安全状态全面、实时响应各类风险，使得用户信息被窃取的风险得到有效降低；结合应用全网运维监控，定期评估安全风险，确保能够及时发现不当问题，并对其进行有效处理，实时响应程序启动。最后还需要对其信息系统的管理人员联系人和责任人进行安全技能培训，有效结合案例分析、专题讨论和集中学习等多种方式，强化相关人员防护意识，使其具有更高的防护能力。

　　总之，在智慧校园建设过程中，通过科学搭建校园网络，合理构建防护体系，强化网络安全保障，能够确保科学应用网络安全技术，保证相关部门能够有序开展各项工作，对学校信息和学生个人信息进行有效的保护，确保有效避免不法分子非法入侵，进而更好地推进校园建设发展。

参考文献

[1] 陈林，廖恩红，曹杰."互联网+"智慧校园技术与工程实施 [M]. 成都：电子科技大学出版社，2017：09.

[2] 高国华. 智行校园 慧享学习 苏州市智慧校园示范校项目创建成果汇编 [M]. 苏州：苏州大学出版社，2018：03.

[3] 胡文，吴庆元. 智慧搭建 [M]. 北京 / 西安：世界图书出版公司，2019：01.

[4] 黄美仪，王玉龙，蒋家傅，马莉，钟勇. 基于教育云的智慧校园系统构建 [M]. 北京：北京邮电大学出版社，2016：01.

[5] 金玉苹，张索勋. 云数据背景下的高校智慧校园建设 [M]. 北京：冶金工业出版社，2019：08.

[6] 李进生，林艳华，宋玲琪，黄晋，汪萃萃. 全媒体数字教材 智慧校园基础 [M]. 北京：首都经济贸易大学出版社，2021：02.

[7] 刘东志，刘峰，孟少卿. 智慧校园构建实例详解 [M]. 天津：天津大学出版社，2018：10.

[8] 刘怀亮，张玉振，赵舰波. 智慧校园"一网通办" [M]. 西安：西安电子科学技术大学出版社，2021：08.

[9] 刘晓洪，翁代云，张艳. 教育大数据视域下的智慧校园建设与应用研究 [M]. 北京：冶金工业出版社，2019：12.

[10] 刘雍潜，孙默. 智慧校园 数字校园综合解决方案 2016 版 [M]. 北京：教育科学出版社，2016：04.

[11] 罗辉. 职业院校智慧校园建设与应用指南 [M]. 成都：电子科技大学出版社，2019：01.

[12] 罗金玲. 互联网+时代智慧校园建设探索 [M]. 长春：吉林大学出版社，2018：05.

[13] 王磊，赵红梅，李赫男. 探究智慧校园建设与信息技术应用 [M]. 哈尔滨工程大学出版社，2019：08.

[14] 谢明，肖齐凯. 未来智慧校园运维技术力提升与应用 [M]. 成都：成都时代出版社，2019：04.